佛學叢書

福　嚴　道　上

田博堯◆編/譯

文津出版社 印行

國家圖書館出版品預行編目資料

福嚴道上 / 田博堯編譯. ‑‑ 初版. ‑‑ 臺北市
 ：文津，2007﹝民 96﹞
　　面 ；　公分. ‑‑（佛學叢書）

　ISBN 978‑957‑668‑830‑0（平裝）

　1. 佛教 – 修持

225.79　　　　　　　　　　　　96012071

福　嚴　道　上

編 譯 者：田　　　博　　　堯
發 行 人：邱　　　家　　　敬
出 版 者：文 津 出 版 社 有 限 公 司
　　地址：台北市 106 建國南路二段 294 巷 1 號
　　E‑mail：twenchin@ms16. hinet. net
　　http://www. wenchin. com. tw
　　電話：(02)23636464　傳真：(02)23635439
　　郵政劃撥：00160840（文津出版社帳戶）
　　登記證：行政院新聞局局版台業字第 5820 號
公 元 二 ○ ○ 七 年 七 月 初 版 一 刷
ISBN　978‑957‑668‑830‑0　定價：新台幣 300 元

序

　　學佛者志在成佛。那麼，學佛者從發心以來，到底需要經過多少時間的修行才能成佛呢？依據《大毗婆沙論》（大正27·891中－下）的說法，學佛者發心以來，是要經歷三大阿僧祇劫，才能成佛的。不過，龍樹菩薩在《大智度論》（大正25·92中）卻說：「佛言無量阿僧祇劫作功德，欲度眾生，何以故言三阿僧祇劫？三阿僧祇劫有量有限。」

　　菩薩在無量阿僧祇劫中，修六度萬行，「但願眾生得離苦，不為自己求安樂」；這對一般人來說，是難行的，但是菩薩卻能做得到；更重要的是，菩薩不把它看成是難事。菩薩為什麼做得到呢？因為菩薩能夠以般若（智慧）照見一切法空，既然一切法畢竟空，「難行」或「難事」也是空的，何難之有？菩薩雖然照見一切法畢竟空，但是也看到眾生在生死輪迴中受無量苦，所以「空生大悲」，終能「鏡花水月作佛事，慈悲喜捨度眾生」。這種悲智雙運的菩薩行，正是大乘佛法的特色。

　　凡夫的善行，時間上是間斷的，空間上是局限的，對象上是分別的，心境上最多是愛人如己的，所以依舊跳脫不出「我·我所」的範疇。反之，菩薩的大悲行，時間上是無窮的，空間上是無限的，對象上是無分別的，心境上是「無我·無我所」的。這種以「空」來貫通慈悲喜捨的菩薩行，的確是超越世間的至善行。另一方面，沒有菩提心，沒有菩薩的事

行，只有般若空性的證入，則只是聲聞的自了漢，當然也不是大乘行者之所當為。

菩薩行的二大任務是「福德莊嚴」和「智慧莊嚴」。就「福德莊嚴」來說，有些人有福無慧，不論他們是否具有世間智，到頭來仍舊在生死輪迴中。就「智慧莊嚴」來說，有些人專重智慧，卻不修福報，最多只能證得個人的生死解脫。菩薩發心與上述兩種人不同，菩薩不但修福沒有滿足的時候，就是修慧也沒有停止的時候。其實，福與慧是相輔相成的。

就修慧來說，我們從多聞正法做起，深徹的信解佛法；進一步，深入地思惟觀察，悟解佛法；再進一步，修持禪定而開啟智慧，乃至斷煩惱，而現證無漏慧。我們在修慧的過程中，要能沉得住氣，不攀緣，不傲慢，認真努力地去用功，自然能夠雲開月現，大開圓覺。

就修福來說，我們要不爭名利與權位，但為發心和服務，只問「我能為眾生、為佛教做些什麼」？我們一方面發心遠大，另一方面也務實地隨緣隨分、盡力而為，只要真誠發心和精進不已，自然會有實現理想的一天。

本書的內容是來自於閱讀各種英文書刊報導中，採擷感動人心的片段，加以翻譯而成。書名《福嚴道上》，讚歎世間的仁人善士，為創造更美好的新世界而努力，是一個好的開始；更讚歎佛教中的「敗壞菩薩」，雖暫時絆倒在地，但是只要菩提種不失，終有重新再出發的時候；最讚歎「與空相應」的真實菩薩，帶給世間無限的光明和溫暖。

感謝善友的護持，感謝益友的協助打字、校對和排版；由於他們真心誠意地付出和無怨無悔地幫忙，本書才能夠順利地出版。最後，我要對所有與我有恩的人，致上衷心地感激，我

不會忘記您們的恩德；我也要對所有與我有怨的人，表達最深的懺悔，我會學習改善我的缺點和不足。希望在善法和佛法的薰習下，我們都能不斷地向上向善成長，並終能攜手同行於菩提道上。

田博堯

二〇〇七年六月序於台南

目　次

一、菩薩看起來像什麼？

像一位矮小的老婦人，她昨天撿到你的錢包還你。

像一位計程車司機，他告訴你，當你微笑時，你的眼睛點亮這個世界。

像一位小孩，他讓你看到，簡單的東西的奧妙。

像一位窮人，他提議要與你分享他的午餐。

像一位富人，他讓你看到，假如你真的相信，所有的事情都是可能的。

像一位陌生人，當你迷路時，他剛好走過來。

像一位朋友，當你不認為你還有一個人要去感動時，他觸動你的心。

菩薩以不同的大小、形狀、年齡和膚色而現身，

有些有雀斑，有些有酒窩，有些有皺紋，有些什麼都沒有。

他們假扮成朋友、敵人、教師、學生、情人和愚人。

他們不會把生活看得太嚴肅，他們輕裝簡行。

他們沒有留下轉寄的地址，他們不要求任何東西來回報。

當你閉起眼睛時，你很難發現他們。

但是，當你選擇要去看時，他們就在你視線所及之處。

二、分享光明

從前，有一次，有一個人聽到，在很遠的外國地方，有聖火點燃著。所以，他離家動身，去尋找聖火，想帶一些光明回來。

他想：「當我有光明時，我就有快樂和生命，所有我愛的人也將有光明。」

他旅行到很遠的地方，最後，他發現了聖火。然後，他點燃了光明。在回家的路上，他只有一個憂慮：光明會熄滅。

在路上，他遇到一位快被凍死，而沒有任何火的人。後者要求他，給他一些火。有光明的人遲疑了一會兒。他的光明不是太珍貴、太神聖，以致於不能夠給像那樣的普通人嗎？儘管有這些懷疑，他決定將他的一些光明，分給這位在黑暗中，快凍死的人。

這個人繼續他的回家旅程。當他幾乎快到家時，一場可怕的雷雨大作，他試著去保護他的光明免於狂風暴雨。最後，他的光明熄滅了。

再回到聖火燃燒的遙遠地方是不可能的，因為他沒有足夠的體力能夠走那麼遠；但是，他可以支撐、走到在路上他曾經幫助過的那個人那裡，…而且藉著那個人的光明，他就能夠再點燃他自己的光明。

三、海浪非浪

　　小浪花在海洋裡隨風飄浮，一直很得意自在。它享受涼風和新鮮的空氣，一直到它注意到，它前面的浪拍打海岸而消失無影。

　　「好可怕啊！」它說：「什麼事會發生在我身上呢？」

　　後浪緊隨在它身後而來。後浪看見前浪很沮喪的樣子，就問它說；「你為什麼看起來這麼傷心呢？」

　　前浪說：「你不知道嗎？我們都會拍打岸邊而粉身碎骨。所有的我們都會終歸於無。那不是一件很可怕的事嗎？」

　　後浪說：「喔！你難道不知道嗎？你並不是一個真實的浪，你只不過是海水所組成的。」

四、馬丁・路德・金恩的智慧

不一樣的要求

　　當我生命終了時，假如你們之中，任何一位就在附近，請不要為我舉辦一個冗長的告別式。假如你們請人宣讀悼文，請告訴他們，不要講太久。我時常思考，我希望他們說些什麼。請告訴他們，不要提到我得過諾貝爾和平獎，因為那並不重要。請告訴他們，不要提到我擁有三、四百個其他獎項，因為那並不重要。請告訴他們，不要提到我進那個名校就讀，因為

那並不重要。

那一天，我寧願有人提到，小馬丁・路德・金恩嘗試奉獻他的生命去服務別人。那一天，我寧願有人說，小馬丁・路德・金恩嘗試去愛人。那一天，我要你們說，我嘗試在戰爭的問題上有正確的立場。那一天，我要你們能夠說，在我的生命中，我的確嘗試給沒衣服穿的人衣服。那一天，我要你們能夠說，在我的一生中，我的確嘗試訪問監獄裡的犯人。那一天，我要你們說，我嘗試去愛和服務人類。是的，假如你們要說，我是一位樂隊隊長，請說我是一位追求正義的樂隊隊長，請說我是一位追求和平的樂隊隊長，請說我是一位追求公正的樂隊隊長。

奮鬥的人生

假如你不能飛，那麼用跑的。
假如你不能跑，那麼用走的。
假如你不能走，那麼用爬的。
但是，不管你做什麼，繼續往前移動。

最終的評價

一個人最終的評價標準，不是他在舒適和方便的時候，站在何處；而是他在面臨挑戰和爭議的時候，站在那個地方。忠實的鄰居，將冒著他的地位、威望，甚至面臨生命的危險，來利益別人。在危險的山谷和有害的道路上，他將扶持一些受到折磨和被毆打的同胞，走向一個更高尚和尊貴的生活。

五、成佛的障礙

老和尚堅持：我們成佛最大的障礙，是「佛」這個字和這個觀念。

這種說法激怒了一位年輕比丘，他怒氣沖沖地來向這位老和尚興師問罪。

「『佛』這個字能引導我們成佛嗎？」年輕比丘問。

「它能夠，」老和尚平靜地回答。

「一件東西如何能夠既有幫助，又是障礙呢？」年輕比丘又問。

老和尚回答：「載你到門口的驢子，並不是你進入房子的工具。」

六、絕不放棄

不論發生什麼事，
絕不放棄。

開發你感性的心，
絕不放棄。

在你的國家，太多的精力已花在

開發理性的心，而不是感性的心。

要有悲憫心，
不只是對你的朋友，
而是對每一個人。

要有悲憫心，
為你內心和世界的和平而努力。

再說一次，
不管你的周遭發生什麼事，
絕不放棄。

七、非凡人物

我們活著的每一秒，都是宇宙一個新和獨特的時刻，
一個絕對不會再回來的時刻。
我們正在教導我們的孩子什麼呢？
我們正在教導他們，
二乘二等於四，和巴黎是法國的首都。
我們何時也將教導他們，
「他們是什麼」呢？
我們應該對他們每一位說：
你們知道你們是什麼嗎？

你們是一位非凡的人物。

你們是獨特的。

在所有已經消失的歲月中，

從來沒有一位小孩長得像你們一樣。

你們的腳，你們的手臂，你們靈巧的手指，和你們移動的
方式。

你們可以成為莎士比亞，米開朗基羅和貝多芬。

你們有能力成就任何事情。

是的，你們每一個人都是一位非凡的人物。

當你們長大時，

你們能傷害任何其他像你們一樣的非凡人物嗎？

你們必須努力，

我們全體都必須努力，

來使這個世界，值得孩子們居住。

八、生活中的兩種選擇

　　傑利是你又愛又恨的那種人。他總是有好心情，總是說一
些正面的事情。每當有人問，他是如何辦到的？他總是說：
「假如我是更好，我將是雙胞胎！」

　　他是一位獨特的經理，因為有幾位侍者，總是追隨著他，
從一家餐廳換到另一家。這些侍者追隨傑利的理由是因為他的
態度。他是一位天生的鼓舞者。假如員工有不順利的一天，傑
利總是在那裡告訴員工，如何看情況的積極面。看到這種風

格，真的使我很好奇。所以，有一天，我走到傑利的前面，並問他：「我不瞭解！你不可能是一位全天候正面的人。你是如何做到的呢？」

傑利回答：「每天早上醒過來時，我對自己說：『傑利！你今天有兩種選擇。你能選擇有好心情，或壞心情。』我選擇有好心情。每一次，有不好的事情發生，我能選擇成為受害者，或從它學習。我選擇從它學習。每一次，有人來向我抱怨，我能選擇接受他們的抱怨，或指出生活的積極面。我選擇生活的積極面。」

「是啊！對的，它並不是那麼容易。」我抗議。

「是的，它是，」傑利說：「生活全是關於選擇。當你排除所有無用的東西，每一個情勢將是一種選擇。你選擇如何去回應情勢。你選擇人們將如何影響你的心情。你選擇有好心情或壞心情。底線是：你如何過生活是你的選擇。」

我反省傑利所說的話。不久之後，我離開餐飲業，開始自己做生意。我們失去連繫，但是每當我對生活做一種選擇，而不是回應它時，我時常想起他。

幾年後，我聽到傑利做了一些你在餐飲業絕不應該做的事情：一天早上，他讓後門開著，被三位武裝搶匪以槍挾持。當他試著打開保險箱時，他的手由於緊張而顫抖，以致號碼鎖滑落。搶匪慌張地朝他開槍。幸運地，傑利很快地被發現，立刻被送到當地的外傷中心。

經過十八小時的手術和數星期的加護病房照顧之後，傑利出院了，但是彈片仍然留在他的體內。

大約在那個意外事件之後六個月，我看到傑利。當我問他，覺得如何？

他回答：「如果我有更好，我是雙胞胎。要看我的疤痕嗎？」

我拒絕看他的傷痕。但是卻問他：當搶劫發生時，他的內心在想什麼？

「浮現在我心中的第一件事情是，我應該把後門鎖好，」傑利回答說：「然後，當我躺在地上時，我記得我有兩個選擇：我能選擇活或死。我選擇活。」

「你不害怕嗎？你失去意識嗎？」我問。

傑利繼續說：「醫護急救人員非常好。他們持續告訴我，我將會沒事。但是當他們把我推進急診室時，我看到醫生和護士臉上的表情。我真正地很害怕。在他們的眼中，我讀到了：『他是一個死人。』」

「我知道我需要採取行動。」

「你做了什麼？」我問。

「喔！有一位粗壯的護士大聲地問我問題，」傑利說：「她問我，是否對任何東西過敏？『是的！』我回答。醫生和護士都停下工作，等待我的回答。我深吸一口氣，然後我叫喊『子彈。』在他們的笑聲中，我告訴他們『我正在選擇活著。幫我動手術，好像我是活的，而不是死的。』」

傑利活了下來，由於醫生的技術，但也因為他有令人驚奇的態度。我從他學到，每天我們可以選擇充分地活著。態度畢竟是最重要的。

九、十二份生日禮物

　　很久以前，王子和公主住在遙遠的王國；當王室的子女出生時，他們都會收到十二份特別的禮物。每當新王子或新公主出生時，王國中，十二位智慧的女人或所謂仙女般的教母，會迅速地來到城堡。每一位仙女般的教母，會宣佈一份高貴的禮物給王室的嬰孩。

　　隨著時間的經過，智慧的女人瞭解，十二份王家嬰孩出生的禮物是屬於在任何地方、任何時間出生的每一位小孩。她們渴望宣佈這些禮物給所有的孩子，但是王國的習俗不允許她們那樣做。

　　有一天，當智慧的女人聚集在一起時，她們做了這個預言：

　　「有一天，世界上所有的小孩將獲悉他們高貴繼承的眞理。當那種情況發生時，一項奇蹟會出現在地球的王國。」

　　這一天是近了。

　　這些是他們要你知道的祕密：

　　在你出生的奇妙時刻，當你第一次呼吸時，天上有舉行一個慶典，並給你十二份莊嚴的禮物。

　　第一份禮物是「力量」。每當你需要時，記得依靠它。

　　第二份禮物是「美麗」。願你的行為，反應它的深度。

　　第三份禮物是「勇氣」。願你的言行充滿信心，而且使用勇氣，走在自己的道路上。

　　第四份禮物是「悲憫」。願你溫柔地對待自己和別人。願

你原諒那些傷害你的人，以及當你犯錯時，願你原諒自己。

　　第五份禮物是「希望」。經歷每一個變遷和季節，願你信任生命的美。

　　第六份禮物是「喜悅」。願喜悅使你的心開放，並充滿光明。

　　第七份禮物是「才能」。願你發現自己的特殊才能，並把它們貢獻給一個更美好的世界。

　　第八份禮物是「想像力」。願它豐富你的眼光和夢想。

　　第九份禮物是「虔敬」。願你感恩你的奇妙和所有創造的奇蹟。

　　第十份禮物是「智慧」。智慧將透過知識，指導你的道路，引導你去瞭解。願你聽見它柔和的聲音。

　　第十一份禮物是「愛」。每一次，當你送出愛時，它將會成長。

　　第十二份禮物是「信仰」。願你相信。

　　現在你知道有關於你出生的十二份禮物。但是比起智慧的女人所知道的，其實，人生還有更多的秘密。善用你的禮物，你將會發現其他的禮物，其中有一份禮物是你獨特的。在別人那裡，觀看這些高貴的禮物。分享這個真理，並準備迎接奇蹟的到來，如同智慧的女人所預言的，它將成為真實。

一〇、負擔給我們翅膀

　　很久以前，上帝有很多負擔，他希望能夠從地球的一端，

搬到另一端，所以他要求動物們伸出援手。但是牠們都開始找藉口，不肯幫忙：象太有威嚴，獅子太驕傲等。最後，鳥來到上帝面前說：「假如你把負擔綁成小捆。我們將很高興為你攜帶它們。我們雖小，但是我們願意幫忙。」

　　所以，上帝就在每一隻鳥的背上，綁上一小捆；然後，牠們全部動身，走過平原，向目的地去。當牠們走的時候，牠們唱歌，而且似乎一點都不覺得牠們負擔的重量。每一天，負擔似乎愈來愈輕，直到這些包袱似乎在舉起小鳥，而不是小鳥在攜帶負擔。

　　當鳥抵達目的地時，牠們發現，當牠們放下包袱時，那個地方卻長出了翅膀，翅膀使牠們能飛到天空和樹頂。

　　牠們已經學習如何攜帶負擔，牠們的包袱已經變成翅膀來載牠們。我們為別人所攜帶的負擔，會變成精神上的翅膀，帶我們到我們從來不知道的快樂。

一一、一個人能夠影響重大

　　法蘭克・梅菲德醫生正在參觀丟克斯柏理療養院。當他在離開的途中，意外地與一位正在掃地的老婦人相撞。梅菲德博士為了掩飾這個尷尬的場面，開始問一些問題：

　　「你在這裡做多久了？」

　　「幾乎從這個地方開張以來，我就在這裡工作，」清潔婦回答。

　　「你能告訴我，有關這個地方的歷史嗎？」他問。

「我不認為我能告訴你任何事情，但是我能帶你看一些事情。」

接著，她牽著他的手，帶他到這棟大樓最古老部份的地下室。她指向一間看來像小牢房的地方，鐵條也隨歲月而生銹了。她說：「那就是過去他們用來安置安妮的房間。」

「安妮是誰？」醫生問。

「安妮是一位年輕的女孩，她被帶到這裡，因為她是不能被矯正的，意思是沒有人能為她做任何事。她會咬人，對人尖叫，並且向人丟食物。醫生和護士甚至不能檢查她或做任何事。我看見他們試著，但是她對他們吐口水，並抓他們。我只比她小幾歲。我過去常想，『我確定會痛恨被鎖在像那樣的房間裡。』我要幫助她，但是像我這樣的人能做什麼呢？我不知道能做些什麼。所以，有一天晚上，下班後，我為她烤了一些巧克力蛋糕。第二天，我帶著這些蛋糕，很小心地走到她的房間，對她說：『安妮！我只為你烤了這些巧克力蛋糕。我將把它們放在地板上，假如你要的話，可以來拿。』然後，我儘快地走出去，因為我害怕她會把蛋糕丟向我。但是她沒有這麼做。她真的拿蛋糕吃。之後，當我在她房間附近的時候，她對我有好一些。有時候，我會跟她講話。有一次，我甚至讓她笑出來。有一位護士注意到這種情形，而告訴醫生。他們問我，是否我能幫助他們治療安妮。我說，假如我能夠的話，我願意。所以每一次他們要看安妮或檢查她時，我會先去她的房間解釋給她聽，使她平靜下來，並且握住她的手。那就是他們如何發現，安妮幾乎是盲的。」

在他們治療安妮約一年後，那是很艱困的一年，伯金斯盲人學院開辦。他們能夠幫助她，她繼續學習，自己也變成老

師，後來安妮回到丟克絲柏理療養院去訪問，並去看她能幫些
什麼忙。最初，主任並未說什麼，然後，他想起剛收到的一封
信。一個人寫信給他，談到他的女兒，她幾乎是像動物般的難
以駕馭。

　　他被告知，她是像「瘋子般的」，又盲又聾。他的父親是
智窮才竭，但是他不要把她放到養育院。所以，他寫信到這裡
來問，我們是否知道任何人或任何老師願意到他家，去教育他
的女兒。那就是安妮・蘇利文如何成為海倫・凱勒的終身伴
侶。

　　當海倫・凱勒接受諾貝爾獎時，她被問到誰對她的生活有
最大的影響。她說：「安妮・蘇利文。」但是安妮說：「不！
海倫。對我們的生活有最大影響的女人是在丟克斯柏理療養院
的一位清潔婦。」

一二、生活的真諦

　　生活不是關於記錄得分。它不是關於你有多少朋友，或多
少人打電話給你，或你是多麼地被接受或不被接受。不是關於
這個週末，你是否有計劃。或你是否孤獨。它不是關於你正在
與誰約會，你常與誰約會，你已經與多少人約會，或你從未與
任何人約會。它不是關於你與誰親吻。它不是關於性。它不是
關於你來自什麼家庭，或他們多有錢。或你開什麼車。或你就
讀那個學校。

　　它不是關於你有多美或多醜。或你穿什麼樣的衣服，什麼

樣的鞋子，或你聽什麼樣的音樂。它不是關於你的頭髮是否金黃色、紅色、黑色、褐色、或綠色。或你的皮膚是否太淺色或太深色。

它不是關於你得到什麼成績，你多麼聰明，其他人以為你多麼聰明，或標準化的考試說你多聰明。或這位老師是否喜歡你，或這位男生/女生是否喜歡你。或你參加什麼俱樂部。或你在運動上有多傑出。它不是關於用一張紙來代表整個你，而看誰會「接受寫在上面的你」。

但是，生活是關於你愛誰和你傷害誰。它是關於你有意要使誰快樂或不快樂。它是關於保持信任或背信。它是關於友誼是用來做為神聖？或做為武器？它是關於你說什麼和意指什麼，也許是有害的，也許是激勵的。它是關於造謠和愛講閒話。它是關於你說什麼和為什麼，以及你的判斷和講給誰聽。

它是關於你有意地忽視了誰。它是關於嫉妒、恐懼、痛苦、無知和報復。它是關於攜帶內心的恨和愛，讓它成長和擴散。

但是，大部份，它是關於以一種不能單獨發生的方式，用你的生活去感動或毒害別人的心。只要你正確地選擇影響這些心的方式，正確的選擇就是生活的真諦。

一三、我是第二

有一位男孩，在同年齡的孩子中，很受歡迎。

在學校團體中，他是一位優秀的領導者。

　　一位朋友去看他，看見他的房間裡，有一個自製的匾牌，上面寫著：「我是第二」。

　　這位朋友問他，那是什麼意思。

　　他回答：「那是我嘗試用在生活上的座右銘。意思是，別人第一，我是第二。」

　　我們生活中的驅動力，應該是關懷別人的需要和快樂。將我們自己的快樂放在第二，我們才是真正快樂的人。

一四、珍貴的禮物

　　從前，當神已經完成創造這個世界時，祂要把祂的一片神性，一絲祂本體的火花，和一個對人的承諾，假如人努力所能夠成就的，都留下來。祂要尋找一個地方，去藏匿這份珍貴的禮物。祂解釋，因為人太容易能夠發現的東西，他們絕對不會去珍惜。

　　「那麼，你必須把這份禮物，藏在地球上最高的山峰。」祂的一位顧問說。

　　神搖搖頭說：「不！因為人是一種冒險的創造物，他們很快就能夠學會爬到最高的山峰。」

　　「喔！偉大的神，那麼把它藏在地球的深處。」

　　「我不這樣想，」神說：「因為有一天，人會發現，他們能夠挖掘到地球的最深處。」

　　「主人，那麼，把它藏在海中央？」

　　神搖搖頭說：「你知道，我曾給人一個頭腦，有一天，他

們將學會造船，並且橫過最大的海洋。」

「那麼，應該藏在那裡呢？主人！」祂的顧問叫喊著。

神微笑說：「我將把它藏在每一位男人和女人都能找到的地方，假如他們很誠心深入地看。我將把它藏在他們的心中。」

一五、紅色玻璃珠

在大蕭條的年代裡，在愛達荷州東南方的一個小社區，我慣常停在密勒先生的路邊攤，來買當季的新鮮農產品。食物和錢仍然非常稀少，以物易物廣泛地被使用。

有一天，密勒先生正爲我裝一些早出的馬鈴薯。我注意到一位小男孩，纖弱的身材，衣衫襤褸但是很乾淨，饑餓地看著一袋新鮮採收的綠碗豆。我付了馬鈴薯的錢，但是爲這些新鮮的綠碗豆所吸引。我最愛吃奶油烹調的碗豆，和新鮮的馬鈴薯。看著這些碗豆，我無意中聽到密勒先生和我旁邊這位穿破舊衣服的男孩之間的談話。

「喂！巴里，你今天好嗎？」

「喂！密勒先生，很好，謝謝你。我只是欣賞這些碗豆…的確看起來很好。」

「他們是好的。巴里，你的媽媽好嗎？」

「好，越來越健康了。」

「好！我能爲你做些什麼嗎？」

「不！先生，我只是驚嘆這些碗豆。」

「你要帶一些回家嗎？」

「不！先生，我沒有錢支付它們。」

「喔！你有什麼東西，可以交換一些碗豆呢？」

「我所有的是這個可貴的玻璃珠。」

「是這樣嗎？讓我看一看。」

「這就是，它是一件極品。」

「我看得出來。唯一的事情是這一顆是藍色的，我喜歡紅色的。你家中有像這樣的紅玻璃珠嗎？」

「不完全，⋯但幾乎是。」

「我告訴你怎麼辦，把這一袋碗豆帶回家，下一次來時，讓我看一看那顆紅玻璃珠。」

「一定！謝謝，密勒先生。」

　　密勒太太一直站在附近，她走過來招呼我。她帶著微笑說：「在我們社區裡，有兩位像他的男孩，他們三位都很窮。吉米熱愛以碗豆、蘋果、蕃茄或其他東西，來與他們交換。當他們帶紅玻璃珠回來時，他們總是會帶，他決定他畢竟不喜歡紅色的，他會給他們一袋農產品，來交換綠色玻璃珠，或橘色玻璃珠。」

　　我離開這個攤位，對著自己微笑，並對這個人印象深刻。不久之後，我搬到柯羅拉多州，但是我從未忘掉這個人、這些男孩和他們以物易物的故事。幾年經過了，每一年似乎都比前一年過得更快。我最近正好有機會去拜訪我在那個社區的一些老朋友，當我在那裡時，獲悉密勒先生死了。

　　那一天晚上，有遺體瞻仰。由於我的朋友要去，所以我同意與他們一起去。在我們抵達殯儀館時，我們排隊去見死者的家屬，並致意安慰的話。在我們前面，有三位年輕人。一位穿

著陸軍制服，另外兩位頭髮整齊，穿黑衣服、白襯衫，看起來很專業的樣子。他們走近密勒太太，她微笑而鎮靜地站在她丈夫棺木的旁邊。每一位年輕人擁抱她，親吻她的臉頰，簡短地與她說話，然後向棺木移動。她淚水盈眶的淡藍色眼睛，跟隨著他們。每一位年輕人依次短暫地停留，並把他們自己溫暖的手，放在棺木裡冰冷而蒼白的手上。每一位都笨拙地離開殯儀館，並擦拭著他們的眼淚。

輪到我們見密勒太太時，我告訴她，我是誰，並提到她曾經告訴我有關於玻璃珠的故事。她的眼睛亮起來，拉著我的手，引導我到棺木旁邊。

「剛才離開的那三位年輕人，就是我告訴你的那三位小男孩。他們剛才告訴我，他們有多感激吉米與他們『交換』東西。現在，當吉米不能夠再對顏色或大小改變心意時，他們來付他們的欠債。」

「我們從未曾擁有很多這個世界的財富，」她繼續說：「但是，現在，吉米應該認為他是愛達荷州最富有的人。」

用愛心的溫柔，她拿開她丈夫沒有生命的手指。在那下面，放著三顆美妙發光的紅色玻璃珠。

一六、最偉大的小男孩

最偉大的小男孩，戴著棒球帽，拿著球和球棒，站在場地上。他說：「我是最偉大的運動員。」他把球棒放在他的肩膀上，把球往上投。

球往上飛，球再往下掉落，他用盡全力，揮動他的球棒。

這個世界是如此的安靜，當球掉到地上時，你能夠聽到球落地的聲音。

現在，小男孩不發一語。…撿起他的棒子，他並未受到嚇阻。他說：「我是曾經有過最偉大的運動員！」他咬緊牙齒，他再試一次。

球往上飛，球再落下。他用盡全力，揮動他的球棒，這個世界是如此的平靜，當球落地時，你能夠聽到球掉地的聲音。

他沒有藉口，沒有害怕，他只是閉上眼睛，傾聽鼓掌聲。

現在，小男孩調整他的球棒，拾起他的球，瞪著他的球棒。他說：「我是最偉大的運動員。球賽輸贏在此一舉。」所以，他最後一次用盡全力。

球往上飛，像月亮般明亮。他用盡全力揮棒。這個世界是如此的平靜，球掉到地上，那是三振。

現在是晚餐時間，他的母親叫他。小男孩帶著他的球棒和球，開始回家。

他說：「我是最偉大的運動員。那是一件事實。…但是我甚至不知道，我能夠像那樣地投球！」

一七、每一個人都能打球

在一個為身心障礙兒童學校，所辦的募款晚餐上，有一位學生家長說了一段話，讓與會者終身難忘。在讚揚學校和其奉獻的教職員之後，他提出一個問題：

「當不受外來的影響所干預時，自然所做的每一件事情，都很完美。然而，我的兒子喜伊，不能如其他小孩一樣地學習事情。他不能如其他小孩一樣地瞭解事情。在我的兒子身上，事情的自然秩序，在那裡呢？」

在場的聽眾對這個問題鴉雀無聲。

這位父親繼續說：「我相信，當一位像喜伊這樣身心障礙的小孩，來到這個世界時，一種實現人性的機會出現了，它來自於其他人對待那位孩子的方式。」

然後，他說出下列的故事：

喜伊和他的父親走過一座公園，喜伊認識的一些男孩，正在那裡打棒球。

喜伊問：「你認為他們會讓我參加嗎？」

喜伊的父親知道，大部份的男孩不要像喜伊的人，在他們的隊裡；但是，這位父親也瞭解，假如他的兒子可以打球，儘管他身心障礙，那會給他很需要的歸屬感，和被別人接受的一些信心。

喜伊的父親走向場上的一位小孩問喜伊是否能夠參加，但是沒有期望很多。這位男孩看看四周說：「我們現在落後六分，目前是第八局。我想他能加入我們的球隊，我們會嘗試安排他在第九局打擊。」

喜伊掙扎地走到該隊的休息區，並且很開心地穿上球隊的制服。他的父親眼中泛起淚水，內心感到溫暖。孩子們看見這位父親，因為兒子被接受而歡喜。在第八局下半局時，喜伊的球隊攻下好幾分，但是仍然落後三分。在第九局上半局時，喜伊戴上手套，防守右外野。

即使打出去的球，沒有飛向他這個方向，他正因為能夠比

賽，並很明顯地在場上，非常快樂。當他的父親從看台上，向他揮手時，他露齒地微笑。

在第九局下半局時，喜伊的隊伍再次得分，現在是兩出局，滿壘，可能的勝利分在壘上，喜伊輪到下一棒打擊。

在這個關鍵時刻，他們會讓喜伊打擊而喪失可能贏球的機會嗎？令人吃驚地，他們給喜伊球棒。每一個人都知道，安打是不可能的，因為喜伊甚至不知道如何適當地握棒子，更不要說打球。

然而，當喜伊走向本壘板時，投手知道，另一隊為了喜伊生命的這一刻，放下了輸贏。他往前走幾步，柔和地投出慢速下手球，使得喜伊至少能夠打到球。第一球投過來，喜伊笨拙地揮棒落空。投手再往前走，柔和地向喜伊投球。當球投進來時，喜伊揮向這個球，擊出一個投手背後，緩慢的滾地球。

假如，投手撿起這顆柔軟的滾地球，並把球輕輕地投向一壘手，比賽現在已經結束。喜伊將已經出局，而比賽結束。

反之，投手把球投向一壘手的頭上，超過所有隊員能夠接住的範圍，看台上的每一個人，和兩隊的人都叫喊著：「喜伊！跑向一壘！跑向一壘！」

在喜伊的一生中，從來沒有跑那麼遠，但是他設法到了一壘。他睜大眼睛和非常吃驚地跑在兩壘相連的線上。

每一個人都叫喊著：「跑向二壘！跑向二壘！」

喜伊喘了一口氣，並笨拙地跑向二壘，閃耀和掙扎地設法到二壘。當喜伊向二壘跑去時，守隊最小的孩子、右外野手已經拿到球，他有機會第一次成為他的球隊的英雄。他能把球投給二壘手，來觸殺出局，但是他瞭解投手的意思，他也有意地把球投得很高，遠超過二壘手的頭。當喜伊前面的跑者，繞壘

跑向本壘時，喜伊特別興奮地跑向二壘。所有的人都在叫喊著：「喜伊！喜伊！喜伊！繼續跑！喜伊！」

喜伊到達二壘時，守方的游擊手跑來幫助他，把他轉向三壘，而叫著：「跑向三壘！喜伊，跑向三壘。」

當喜伊繞到三壘時，兩隊的男孩和觀看比賽的人都站起來叫喊：「喜伊！跑回本壘。」

喜伊跑回本壘，並踩上本壘板，被當做是擊出「全壘打」的英雄而受到歡呼，並為他的球隊贏得比賽。

那一天，現在已經淚流滿面的父親柔和地說：兩隊的小孩將一份真愛和人性，帶到這個世界上。喜伊過不了另一個夏天；在那一年冬天，他就死了。喜伊未忘掉成為英雄如何使他的父親如此的快樂；回家時，他的母親含淚地擁抱當天她的小英雄。

一八、我必須至少嘗試

一九八五年六月，英國登山家喬伊‧辛普森和賽門‧亞提斯，成為第一次攀登秘魯境內，二萬一千呎白雪覆蓋的大休拉山西側的人。它是一場非常艱困的攻頂，但是比起接下來的結果，就不算什麼。在下山之初，辛普森跌斷他的右膝。亞提斯能夠丟下他不管，但是，用一系列困難的下降方式，加上由於雪寒而視線不清的挑戰，仍然設法找到一種把他降下山的方法。後來，辛普森掉到一個裂縫裡，亞提斯最後沒有別的選擇，只有切斷繩子，完全相信他的朋友現在死了。

後來，在出版有關爬山的書，《接觸虛空》，喬伊‧辛普森寫著：「當我凝視遙遠的冰積石，我知道我必須至少嘗試。在那些圓石堆裡，我可能會死在那裡。這樣的想法並沒有警告我，它似乎是合理的事實，那是它如何是。我可以針對一些事情去設法解決。假如我死了，那沒有什麼好驚奇的，但是我不能只是坐以待斃。死亡的恐怖，不再如同在裂縫裡，那樣的影響我。我現在有機會去面對它，並與它奮鬥。它不再是如此淒涼黑暗的可怕，只是像我跌斷腿和凍傷手指的事實，我不能害怕像那樣的事情。當我跌倒時，我的腳受傷了；當我不能起來時，我會死。」

亞提斯自己的存活是很特殊的。辛普森多少在十二小時之後，找到一條爬出裂縫的方法；然後，事實上他連爬帶拖自己六哩，回到營地。他走了三天三夜，沒有吃喝；在這個過程裡，他瘦了十九公斤，並得上酮基酸血症。假如它不是如此的真實，將是英雄小說的材料。事實上，經過六項手術，和兩年之後，他甚至回來登山。這都是因為對抗所有的不利和困難，他仍然嘗試了…。

一九、亞瑟王和女巫

年輕的亞瑟王被鄰國的國王伏擊而監禁。國王本想把他殺掉，但是，被亞瑟的年輕和理想所感動。所以，國王提議：只要他能回答一個很困難的問題，就要還給他自由。亞瑟將有一年的時間去想出答案。假如，一年後，他仍然沒有答案，他將

會被處死。

　　問題呢？「…一位女人眞正要的是什麼？」這樣的問題會
使即使最有知識的人感到困惑。而對年輕的亞瑟，它似乎是一
個不可能的問題。但是，因爲它總是比死好些，所以亞瑟接受
國王的提議，一年之後給予答案。

　　他回國之後，開始民意調查每一個人：公主、神職人員、
智者、甚至宮廷的小丑。他與每一個人談話，但是沒有人給他
一個滿意的答案。很多人勸他去求教於老巫婆，因爲只有她有
答案。但是，代價將是很高的；因爲，在整個王國裡，老巫婆
以收費昂貴而聞名。

　　一年的最後一天到了，亞瑟沒有別的選擇，只有去與老巫
婆商談。她同意回答這個問題，但是他必須先同意她的價格。
老巫婆要與蘭斯洛先生----圓桌騎士中最尊貴的人和亞瑟最密
切的朋友----結婚。年輕的亞瑟很害怕。她是駝背和可怕的，
只有一顆牙齒，身體聞起來像污水的味道，做出猥褻的吵鬧
聲。在他一生中，他從未遇到這樣一種討厭的創造物。

　　他拒絕強迫他的朋友去與她結婚，並忍受如此可怕的負
擔。但是蘭斯洛獲悉這個提議，便去找亞瑟。他說：比起亞瑟
的生命和保持圓桌，沒有什麼事是更重大的犧牲。

　　因此，婚禮公布，巫婆回答了亞瑟的問題：「一個女人眞
正所要的是什麼？」她回答：「…要管理自己的生活！」

　　在王國裡的每一個人立刻知道，巫婆已經說了眞話，亞瑟
的生命得救了。所以，鄰國的國王允許亞瑟自由，蘭斯洛和巫
婆將有一個美妙的婚禮。

　　洞房花燭夜的時辰到了，蘭斯洛自己硬起心腸，準備面對
一個可怕的經驗，而進入臥房。但是，等待他的是一幅美麗的

畫面。他所見過最美麗的女人，躺在他前面的床上。

驚愕的蘭斯洛問她：「這到底是怎麼回事？」

美人回答說：因爲他曾經在她以巫婆的身份出現時，對她這麼的親切，所以她將只有一半的時間是畸形的自我，而另一半的時間是美少女。他要選擇那個先？美少女在白天？或在晚上？

蘭斯洛仔細思考這個窘境：在白天，一位美少女可以誇示給他的朋友；但是到了晚上，在他私人的城堡裡，一位老巫婆？或他寧願在白天是一位可怕的巫婆，但是到了晚上，一位美麗的女人與他享受親密的時光？

高貴的蘭斯洛說：他會允許她自己去做選擇。

在聽到這些話之後，她說：她將做一位一切時候都是美麗的女人，因爲他已經足夠尊重她，來讓她管理她自己的生活。

二○、選擇興高采烈的生活

星期一早上，在內華達大學拉斯維加校區八點的課，我很高興地問學生們，週末過得好嗎？一位年輕人說：他的週末過得不好，他拔了智齒。

這位年輕人進一步問我：爲什麼我總是似乎如此快樂。他的問題提醒我一些我以前曾經讀過的東西：每天早上，當你起床時，你對於那一天如何過你的生活，有一種選擇。

我對這位年輕人說：「選擇興高采烈的生活。」

「讓我舉一個例子。」我繼續說。

　　班上其他六十位學生停止他們的交談,並傾聽我們的對話。我除了在這間大學任教以外,也在離我的住處十七哩的韓德森社區學院兼課。

　　幾個星期前,有一天,我開十七哩路到韓德森社區學院。我下了高速公路,轉到大學路,我只須再開1/4哩路就到學校。但是,就在那時候,我的車子壞了。我試著再發動,但是引擎轉不動。所以,我開了警示燈,拿著書,走到學校。

　　我一到學校,就打電話給美國汽車協會,請求他們派一輛拖車。教務長辦公室的秘書,問我發生了什麼事。

　　「這是我幸運的一天。」我笑著回答。

　　「你的車壞了,而今天是你幸運的一天?」她困惑地說,「你的意思是什麼?」

　　「我住的地方離這裡十七哩,」我回答說,「我的車子可能在高速公路沿線任何地方壞掉。它並沒有那樣,反之,它在完美的地方壞了;遠離高速公路,而且在學校的走路距離內。我仍然能夠上課,我也能夠安排讓拖車在下課後與我碰面。假如今天我的車壞掉,它不可能以更方便的方式來安排。」

　　這位秘書眼睛張得很大,然後她笑了。我也回報一笑,並走向教室。

　　我在內華達州拉斯維加校區的經濟學課程,對學生的故事就說到這裡。

　　我瞄著教室的六十張臉。儘管時間很早,似乎沒有人睡著。我的故事多少已經觸動他們。

　　事實上,它是從一位學生觀察「我是興高采烈的」開始。有智慧的人曾經說:「你是誰,比起你能說的任何事情,說得更大聲。」

我想，它應該是如此。

二一、不同的觀點

一位部長搭乘火車、汽車和船，旅行到該國最遙遠的小島之一。當他眺望著荒蕪但啓發靈感的風景時，他轉向一位當地的村民說：「你們這裡很遙遠，不是嗎？」

這位村民回應：「離什麼地方很遙遠？」

二二、三場比賽

在古代，寓言曾說年輕的運動男孩渴望成功的故事。對這位男孩來說，贏是最重要的事，成功是由這種結果來測量。

有一天，小男孩準備參加當地小村莊的賽跑。他和另外兩位年輕的男孩參加比賽。很多群眾聚集，來目睹這場運動的壯觀場面。一位有智慧的老人，聽到這位小男孩，也從很遠的地方來見證。

比賽開始了，在終點時，看起來像是一場勢均力敵的火拼，但是這位男孩努力不懈，依賴他的決心、體力和力量…他第一個到達終點線，贏得比賽。群眾是忘形的，並且向這位男孩揮手歡呼。這位智者保持不動和平靜，沒有表示任何感覺。然而，小男孩覺得驕傲和重要。

　　第二場比賽又安排了。兩位年輕而體格不錯的新挑戰者，挺身而出，與這位小男孩比賽。比賽開始，小男孩再一次得到成功，贏得第一。群眾再一次忘形，並向男孩歡呼和揮手。這位智者再一次保持不動和平靜，沒有表示任何感覺。然而，小男孩覺得驕傲和重要的。

　　「另一場比賽！另一場比賽！」小男孩請求。這位智慧的老人走上前來，並給這位小男孩帶來兩位新挑戰者，一位年老體弱的婦人和一位眼盲的男人。

　　「這是什麼？」小男孩問。

　　「沒有比賽。」他叫喊著。

　　「比賽！」智者說。

　　比賽開始，男孩是唯一跑到終點的人，其他兩位挑戰者仍站在起跑點。小男孩是得意忘形的，他很高興地舉起手臂，然而，群眾是安靜的，對小男孩沒有表達任何感覺。

　　「發生了什麼事？為什麼人們不祝賀我的成功呢？」他問智慧的老人。

　　「再比賽一次，」智者回答，「這一次，一起跑到終點。你們三位一起跑到終點。」

　　小男孩想了一會兒，然後站在眼盲的男人和體弱的老婦人之間，手牽著這兩位挑戰者。比賽開始，小男孩走得很慢，慢慢地走向終點線，並跨過它。群眾是忘形的，向男孩歡呼和揮手。智者微笑，並輕輕地點頭。小男孩覺得驕傲和重要的。

　　「老人家，我不瞭解。群眾在為誰歡呼？我們三個人中的那一位？」小男孩問。

　　智慧的老人看著小男孩的眼睛，把手放在男孩的肩膀上，輕柔地回答：「小男孩，這場比賽，你已經比你以前所參加的

比賽，贏得更多，這場比賽，群眾不是爲任何贏家而歡呼！」

二三、名惡？性惡？

納爾森‧曼德拉被關在羅本島十九年期間，有一位特別的指揮官是其中最殘忍的。

在巴登豪斯特離開之前幾天，我被叫到辦公室。史特因將軍要來探視這個島，而且要知道我們是否有任何抱怨。當我研擬要求的項目時，巴登豪斯特在那裡。當我完成時，巴登豪斯特直接對我說。

他告訴我，他將要離開這個島，並加了一句話：「我只是要祝福你們好運。」我不知道我是否看來楞住了，但是我很震驚。他像人般說這些話，並顯現出我們以前從來沒有見過的另一面。我感謝他的祝福，並祝福他在事業中幸運。

此後，長久以來，我都會想到這個時刻。巴登豪斯特也許一直是我們在羅本島最無情和野蠻的指揮官。但是那一天在辦公室，他揭露他本性的另一面，這一面雖然一直被隱藏住，但是它仍然存在著。

它是一個有用的提醒，所有的人，即使似乎是最冷血的，仍有一顆端正的心；假如他們的心被感動，他們能夠改變。最後，巴登豪斯特不是邪惡的；他的殘忍是被無人情味的制度所強加在他身上的。他的行為像畜生是因為殘酷的行為，他會被獎賞。

二四、大火和小水

　　在墨西哥原住民阿里特克人中，據說，很久以前，覆蓋我們地球的森林，發生大火災。人和動物開始跑，嘗試逃離火海中。我們的貓頭鷹兄弟也正逃離開時，牠注意到一隻小鳥在最近的河和大火之間來回忙碌。牠朝向這隻小鳥飛去。

　　牠注意到那是我們長尾的美鳥兄弟，正跑向河裡，在牠的喙裡，裝著小滴水。貓頭鷹接近長尾的美鳥，向牠叫喊：「兄弟！你在做什麼？你是愚蠢的嗎？你這樣做是不會實現任何事情的。你嘗試要做什麼呢？你應該為你的性命而逃！」

　　長尾的美鳥停下來，看著貓頭鷹，然後回答：「我用我所有的，去做我能夠做得最好的事。」

　　祖父母提醒我們，很久以前，當覆蓋地球的森林發生大火時，是由一隻小的長尾美鳥，一隻貓頭鷹，很多其他動物和人，一起把火撲滅。

二五、真理的追求者

　　經過幾年的追尋之後，真理的追求者被告知去一個洞穴，在裡面他會找到一口井。「問這口井，真理是什麼？」他被告知，「這口井將揭露真理給你」。追求者找到了這口井，問了最基本的問題，來自於井最底層的答案是：「到村莊的十字路

口；在那裡，你將會找到你所要追求的東西。」

　　這個人充滿了希望和期望，跑到十字路口，卻只發現三家引不起興趣的商店。一家商店賣金屬，另一家賣木頭，第三家賣薄弦。那裡似乎沒有與揭露真理有關的東西和人，。

　　這位追求者很失望的回到井邊，要求解釋。但是，他只被告知，「你在未來將會瞭解。」當這個人抗議時，他所得到的所有回響是他自己叫喊的回音。在當時，他覺得被愚弄而感到憤怒。這位追求者繼續徘徊，去追尋真理。幾年過去了，他在井邊的經驗記憶，逐漸地褪色。直到有一天晚上，當他在月光下走路時，西他的音樂聲，引起他的注意。它是一種美妙的音樂，而且是很精通和啟發地被彈奏。

　　這位真理的追求者深深地被感動，覺得被拉向演奏者。他看著在弦上躍動的指頭。他知道西他本身。然後，突然地，他爆發出喜悅地領悟的叫喊：西他是由弦、金屬和木頭所做成的，正如同他曾經在三間店裡所看到的東西一樣，而當時以為，它沒有任何特別的重要性。

　　最後，他瞭解井的信息：我們已經被給予我們所需要的每一件東西，我們的工作是用適當的方法，去整合和利用它。只要我們只覺知分開的斷片，沒有事情是有意義的。但是一旦斷片被整合在一起，一個新的客體出現了。只考慮斷片，我們不能夠預知它的性質。

二六、「黃金窗」的房子

小女孩住在山丘上一間狹小而很簡陋的房子。隨著她長大，她可以在小花園玩；隨著她長大，她能夠高過花園籬笆，看透山谷，看到另一座山丘頂上一間美妙的房子。這間房子有金光閃耀的「黃金窗」，以致小女孩夢想，住在這樣有「黃金窗」的房子長大，而不是像她自己的普通房子，是多麼不可思議的。

雖然她愛她的父母親和家人，但是，她渴望住在這樣一棟「黃金屋」裡，整天夢想著，住在那裡應該感覺多麼美妙和興奮。

當她到達一個年齡，得到足夠的技術和敏感，可以走出她們家的花園籬笆時，她問媽媽，是否她能把腳踏車騎出門外和騎到路上。在她向母親請求之後，母親最後允許她，但是堅持她要在房子附近騎，而不要離開太遠。

這一天是美麗的，小女孩真正知道她要去那裡。騎在路上，穿過山谷，她騎到另外一座山丘的「黃金屋」門口。

她從腳踏車下來，把它靠在門柱上；她把焦點放在通向房子的路上，然後到房子本身，…當她瞭解所有的窗戶沒有裝飾，相當的髒，反映出這間房子疏於照顧而被拋棄時，她非常地失望。

她是如此的傷心，以致她沒有再往前走，就折回了。當她再騎上腳踏車時，心都碎了。…當她往上看時，她看到一幅令她驚奇的景觀。…在穿越道路她所住的山谷那一邊，有一棟小

房子，窗戶卻閃亮著金黃色，…當太陽照射在她的小房子時。她瞭解到她一直住在她的「黃金屋」，她發現愛和關心，使得她的房子成爲「黃金屋」。她所夢想的每一件事情，就在她的眼前。

二七、没有事情是已經寫下

我最喜歡的影片是「阿拉伯的勞倫斯」。對這一部電影，假如我有一個喜歡的情景，我想，它是勞倫斯回去拯救阿拉伯人格西姆，而從尼華德沙漠勝利回來。跨越尼華德沙漠，即使是當地的阿拉伯人，也認爲是不可能的的任務。但是，勞倫斯說服他們說，用這種方法，他們可以從背後，攻下土耳其的阿卡巴港。

阿拉伯人格西姆從駱駝上跌下來，而且無疑的正在沙漠中的某處垂死。勞倫斯被告知，任何拯救的想法是無效的，而且無論如何，格西姆的死亡已經「寫下來了」。當勞倫斯達成不可能的任務，帶回仍然活著的格西姆時，行政長官阿里向他承認：「眞的，對某些人來說，没有事情是已經寫下來了，除非他們寫下它。」

當這部影片首映時，我是一位印象深刻的青少年，震驚於勞倫斯的勇氣和無私，回到尼華德煉獄，在浩瀚的火燄地帶，企圖發現一位他幾乎不認識的人。我深受這個人的使命感所感動，他決定不把任何事情看做已經寫下來了，而去塑造他自己的命運。這種反命定論，和相信任何事情都是可能的，一直跟

隨著我，而且，在大小事情上繼續啓發我。

二八、耶誕禮物

它只是一個小小的白色信封，放在我們耶誕樹的樹枝上。沒有名字，沒有認同，沒有題銘。在過去十年左右，它一直看穿我們的樹枝。

事情的開始是，因爲我的丈夫邁可討厭耶誕節————喔！不是耶誕節的眞精神，而是它的商業面，…過份揮霍，…最後一分鐘瘋狂地跑上跑下去爲哈利叔叔買領帶，爲祖母買香粉…拼命地送這些禮物，因爲你想不起任何其他東西。知道他這樣的感覺，我有一年決定迴避慣常的襯衫、毛衣和領帶等。我爲邁可設想了一些特別的事情。

靈感是來自於不尋常的方式。我們的兒子凱文那一年十二歲，在就讀的學校是輕量級的摔角選手。在耶誕節之前不久，有一場非聯盟的比賽，對抗由內部城市教會贊助的一支隊伍。這些年輕人穿的運動鞋是如此破舊的，以致唯一把他們綁在一起的似乎是鞋帶，與我們的孩子穿著耀眼的金藍色制服和閃亮的新摔角鞋，呈現尖銳的對比。當比賽開始時，我警覺到，另一支隊伍沒有戴護耳的頭盔在摔角。它對這一支沒有錢而穿著衣衫襤褸的球隊來說，是一種奢侈品。結果，我們痛宰了他們，我們贏取每一量級。當他們的每一個小孩從蓆墊起來時，他們穿著破衣，虛張聲勢大搖大擺地走路，一種不認輸的街頭驕傲。邁可坐在我的旁邊，傷感地搖頭。

「我希望他們之中，有一個人能夠贏，」他說：「他們有
很多潛能，但是像這樣輸掉，能夠把他們的心也帶走。」

邁可愛所有的小孩，而且他也知道他們。他曾經做過小聯
盟足球、棒球和長曲棍球的教練。這就是給他禮物想法的來
源。那一天下午，我到本地的一家運動用品店，買了摔角頭盔
和鞋子，並匿名地把他們送到內部城市教會。在耶誕節的前
夕，我放了一個信封在樹上，裡面的便條告訴邁可我所做的
事，而且那是我給他的禮物。那一年和接下來的幾年，他在耶
誕節的微笑是最開心的。因爲每一個耶誕節，我都遵照傳統
----有一年送一群身心障礙的年輕人去看曲棍球、另一年送一
張支票給一對年老的兄弟，因爲他們家的房子在耶誕節之前的
一個星期，已經被燒爲平地。信封變成是耶誕節的高潮，在耶
誕節的早上，它總是最後被打開的禮物。我們的孩子們，忽視
他們的新玩具，會站著並張大眼睛期待著，等他們的父親從樹
上拿信封，並揭露其內容。當孩子長大時，更實際的禮物取代
了玩具，但是信封仍未失去其誘惑力。這個故事並未就此結
束。

你知道，去年我們失去了邁可。當耶誕節靠近時，我仍是
被痛苦包圍著，以致幾乎不能裝飾耶誕樹。但是耶誕節前夕，
我把一個信封放在樹上。第二天早上，在上面還放有三個信
封。我們的每一個孩子，在彼此不知道的情況下，已經爲他們
的父親各自放了一個信封。這個傳統一直在成長，有一天甚至
將擴大到我們的孫子。當他們的父親拿下信封時，他們站在樹
旁邊，張大眼睛看著。邁可的精神，將永遠與我們在一起。

二九、沙漠中的花

在乾涸和淒涼的沙漠中，開著一朵小花。它獨自成長…享受每一天…小花問太陽說：「我什麼時候會長大？」太陽說：「要有耐心----每一次我觸摸你，你會長大一些。」…小花是如此地高興，因為她有機會，把美麗帶到沙漠的一角，…而且這是所有它要做的事情----帶給這個世界一點點美麗。

有一天，獵人從旁走過，踩到了這朵花----小花即將枯萎而死----它覺得很傷心。不是因為它正走向死亡，而是因為它將不再有機會，帶給沙漠的這個角落一點點的美。

三〇、幻想谷

從前，有一座城鎮叫做幻想谷，它是一個每個人假裝是不同人物的劇場。他們都為了樂趣，享受扮演各種角色。

在城鎮的一邊，有一位男士想像自己是一位穿著醒目盔甲的騎士。在城鎮的另一邊，一位婦女理想化自己是一位痛苦的少女。他們特有的角色，使得彼此互相吸引。仍然，有其他人幻想他們自己是天使，負有拯救世界的使命。

起初，每一個人喜歡一天扮演一個人物，隔天扮演另一個角色。但是，不久之後，他們的娛樂變成單調辛苦的工作，他們三番五次扮演相同的角色。不久之後，幻想谷的人已經演了

他們的角色如此之久，以致他們開始相信他們幻想的角色。他們發現，愈來愈難除掉他們的偽裝，最後，他們的面具開始黏在他們的臉上。

有一天，一位聰明的魔術師經過這座城鎮。他看到人們難於除掉他們的面具，以致他到一家當地報社，發了一則免費展示「奇蹟面具去除劑」的廣告。「沒有黏的飛沫或散亂的粉，」這則廣告說：「繼續使用，保證除去面具。」

在幻想谷的每個人幾乎都看到這則廣告，但是只有少數人露臉。魔術師瞭解，大多數人在成長中，已經習慣於他們的面具，以致他們不再相信他們戴了面具；他知道，他們不認為他的展示對他們有任何意義。

在展示的晚上，他分發免費的「面具去除劑」的樣本和如何使用的說明。他催促參加者瞭解，他們正從虛構的想法在扮演角色。他向他們解釋，他們太認同於他們所扮演的角色。

「你們已經戴面具太久了，」他說：「以致你們甚至不知道你們戴了面具。但是，假如你們每天依照這些說明練習，」魔術師繼續說：「你們的面具最後將掉落。」然後，他消失了。

有些人覺得這位聰明人有好的產品，但是並不相信他們自己戴著假面具。他們帶著瓶子回家，而從未打開他們，並繼續扮演他們面具上的角色，而且一直相信那正是他們自己。

有些人甚至痛恨魔術師說他們不是他們以為是的人，他們到處告訴幻想谷的其他人，這位魔術師是騙子。

但是也有些參加展示的人嘗試「面具去除劑」。大部分的人忘掉每天使用它，因為對他們來說，它是一項新活動。但是，每當他們記得時，他們應用魔術師的指示。直到他們的面

具開始鬆動，他們才眞正地相信他們戴了面具。

　　實踐魔術師指示的勇敢的人，逐一非常歡喜地再發現他們眞正的特徵。每一個人知道，這是他過去慣常知道的熟悉外表，而對這位智者的來訪，覺得感激。他已經幫助他們回到他們原先的樣子。有趣於發現你們眞正的認同嗎？有三個簡單的規則要記住。

　　第一，你不需要做什麼，只要瞭解一些事情。很重要地要記得你眞正的特徵，是與很多你認爲你應該是所獲得的認同，混在一起。你不是你的身體、你的人格、思想、感覺、家、事業、銀行戶頭或任何你對於自己也許有的觀念。你不同於這些事情，正如你不同於早上所穿的衣服。

　　當你除掉錯誤的認同，有些先前似乎合適的生活領域，將不再合適。品味和知覺的轉變，時常伴隨認同的轉變。有些健康的事在運轉中，最清楚的信號之一是清除、揀選和放棄舊的衣服、報紙和所有物。你一半的衣服也許會開始看起來可笑的。你也許決定要修補長沙發或只是把它丟掉。音樂的性向也許會改變。也許甚至有自然發生的唱歌和跑步出現。總之，你眞正的品味和個人的身分將開始出現。你所一直在做的是擦拭你內部的鏡子。直到現在，在你和你眞正的自己之間，一直很模糊。但是，當你放下認同，你的影像變得更清楚，而它也許會令你吃驚。你將發現你一直沒有承認眞正的好惡。你也許喜歡常春藤，所以這就是爲什麼你反而擁有那些仙人掌？你不喜歡褐色，難怪你穿上其他人喜歡的褐色毛衣，只是你從來沒有覺得對。當我們被支配去接受其他人對我們的定義時，這種出現的個體性時常似乎能任性地橫衝直撞。其實它不是。

　　第二，不要假設你已經知道有關你自己的每一件事情。包

含你的全部，有比你所理解的還要更多；你以爲目前瞭解自己，其實是像凝視著冰山的尖端，而自以爲已經看見全部的事情。事實上，大部分你所做和所說的事是下意識決定的。例如，大部分我們的行爲，一直是下意識地模仿別人而學來的。世人是奇怪的。好像我們有一種天生的機制，自動地使我們模仿我們所看到或聽到的任何事情。相信與否，幾乎我們所做和所說的每一件事情，都是因爲我們已經聽到別人先做和先說它。

我曾經做了一個實驗，去瞭解是否在不知情的情況下，其他人能被影響去做不同的行爲。我給它一個月的時間限制。每天，在我與他們談話時，我三番五次重覆相同無意義的姿勢。

猜猜看結果如何？在這個月過去之前，他們之中有兩位已經在做我愚蠢表演的原版。這證實我的懷疑，人們會下意識地模仿任何行爲，只要他們看到其他人先做的話。

但是看見它是多容易去影響別人，並未準備我從這個實驗中，得出驚人的結論。這件意想不到而令人大開眼界的事件是，假如我要別人改變他們的行爲，我必須首先改變我的行爲。爲什麼？

因爲人不會做一件新行爲，直到別人先顯示給他們它看起來像什麼。一旦他們看見它如何被做，他們無疑將自動地模仿這種新行爲。「模仿你所看到的」似乎是下意識的法則之一。

最後，理解到沒有人或情況能阻止你去經驗這種自然狀態。你天生的自己是，你能在今生於地球上享受的一些事情。它是一種再發現你基本上是什麼，而不是保留給少數特權的稀有存在。它是一種內部的成長爲精神的成熟。

隨著耐心和堅持，你將開始瞭解你是誰，和更重要地，瞭

解你不是什麼。瞭解到你只需要從現在的你開始，而不需要從任何特別的地方開始，以及你真誠的努力絕對是不會浪費的。從這樣的想法開始，只是一點點的光明，會引導到更多的光明。它總是這樣做的。

沒有人走向一位國王，而只要求一分錢。嘗試去應用這個相同的原則到你的內在生活，而且做一個大膽的要求，從一端到另一端去經驗你真正的本性。只要你膽敢挑戰很多，你將得到很多，甚至保證得到全體。

三一、最後一位

老人彎腰駝背地向前移動，他的頭稍微偏向一邊。他懷疑他到底在那裡。也許這只是一個夢；也許他死了。多年來，他一直孤獨地住在靠近古老的沼澤附近的一座黑暗的洞穴裡。

他打量著大廳。雖然大廳只用燭光照亮著，卻沒有陰影；每一件東西似乎裝著它自己透明的光。老人瞄著眼睛，研究這些人。

他們之中有一個人對著他笑。他皺著眉頭，並摸著鬍鬚。他不瞭解為什麼他是特別來賓。他們告訴他，他是最後一位，不管那是什麼意思。他一直拒絕與他們之中的任何一個人談話，害怕他們也許會發現他過去所做過的事情。

突然地，大廳陷入一片沉靜，一位穿著垂懸白袍的白髮婦人走向大理石另一端，在一張像王座般大椅子上坐下來，這張椅子很類似大廳的這一端老人所坐的椅子。

「歡迎大家，」白髮婦人的聲音，像水晶般響澈大廳。然後，她看著老人說：「我們一直找你很久，現在，終於找到你，你是最受歡迎的。」

老人凝視著她。她是難以想像的老，然而在微弱的燭光下，她看起來是難以置信的年輕和美麗。他不記得以前曾經見過她；然而她喚醒了他內心深處長久遺忘的記憶。

「這是一個慶祝的日子，」白髮婦人繼續說：「如同我們的習俗，我們用那時候的故事開始慶祝。」她停一會兒，然後開始說：「在很久以前，人類像一隻蝴蝶即將從黑暗的繭出來。但是，牠是一隻膽小的蝴蝶，害怕離開牠所知道的舒適。回到那時，人類有每件他們需要向前的東西，然而，他們固執他們的舊方法。在恐懼中，他們抱持他們的舊信仰。生活在愛中的人很難去想像恐懼的緊握，但是，人類生活在恐懼中，是恐懼拖住了人類。人類不能夠再愛，因爲恐懼充滿他們的內心，他們被帶到他們最害怕的世界末日。世界末日，並非如同每個人所曾預期的，來自於戰爭。它是以一起結束戰爭的方式而出現。在那個時候，海洋中了人類恐懼之毒，開始死去。」

老人向前傾，他知道那個時候。那是他的時代，而殺死海洋的並不是恐懼。

「當海洋死去的時候，我是在那裡，」他要咆哮他們：「當科學家發現流進海洋的工業廢棄物，正在殺害海中的每件東西，甚至包括幾乎小到看不見的浮游生物。當他們發現震驚世界的事情，即事實是我們大部分的氧氣並不是來自於樹，而是來自於這些微不足道的稱爲浮游生物的海洋創造物。一旦浮游生物死去，除了住在森林深處的一些動物以外，吸取氧氣的每一件東西也都會死去。當科學家預言，我們只有兩年可以活

的時候，我是在那裡。」

　　老人想要站起來，大聲說出他所知道的事。但是他沒有，他很害怕，他害怕他們會發現他所做的事情。

　　白髮婦人繼續說：「恐懼把世界各國團結在一起。在那個時候，除了恐懼，沒有任何東西可以團結這個世界。假如在兩年內，他們都會死，戰鬥有何意義呢？所以，世界各國在一起聚會，經過很多日以繼夜的談論之後，他們選出四位領導人去協調拯救海洋的工作。首先，這四位領導人從每一個國家召集專家，一起來解決這個問題。其次，他們下令將食物運到有人饑餓的地方，沒有一個人需要感到饑餓的恐懼。但是，這四個人所做最重要的事情是讓地球上的每個人知道正在發生的事情。這是摧毀控制這個世界的恐懼的第一步----使得每個人都知道真相。他們用一種允許人們在遠距離彼此看到和聽到的一種裝置，而做到了這件事。」

　　當這位白髮婦人敘述電視機的時候，老人對著自己微笑，他記得它是如何運作。地球上每個家庭都發了一台，每天在約定的時間，他們一直看著電視去瞭解是否對於正在死亡的海洋，已經發現了救濟的方法。

　　最後，只剩十四個月，領導人宣佈，已經發現一種化學製品，也許能夠中和毒性。老人記得很清楚，他們日以繼夜一直著手於製造足夠的化學製品，來散佈在海洋上。每一個人都很努力工作，而且他們仍然一直做得很愉快。在那段時間，即使是陌生人都會停下來，彼此交談。

　　最後，重要的這一天來臨了，數以千計的船裝滿了化學品，航向海洋。此後，有幾個星期的等待，來看化學品是否有效。在宣佈結果的那一天，老人是二十二歲。海洋沒有被中

和，他們失敗了。

二十二歲，他的人生正要開始，而現在它要結束了。老人緊握著拳頭，回憶起那個時候。他看著白髮婦人，好像那是她的錯。

但是，她繼續說她的故事。「世界各國的確未能成功地拯救海洋，但是它也不是真正的失敗，它只是似乎那個樣子。你知道，世界各國停止戰鬥，戰爭已經結束，那是真正的成功！」

老人凝視著她。他曾經在那裡，他們失敗了。他們全都要面對死亡。當她繼續時，他不相信地聽著她：

「世界上的人很震驚和憤怒。他們曾經努力地嘗試，他們仍然在失敗的幻影裡。真相是，在世界史上，第一次，地球上的人曾經一起工作於一個目的。現在，他們彼此信任。他們預備好下一步。」

老人陰鬱地看著她。當四位領導人宣佈地球只剩五個月的氧氣時，他記得。他們曾談論預想不到的一些事情發生的可能性，也許甚至人類可能進化成不需要氧氣。老人知道，它們一直是完全地絕對無意義。他瞪著白髮婦人，好像慫恿她，告訴他不同的事。

白髮婦人對他笑，由於某些理由，他突然記得領導人之一是一位婦人，曾因為治癒癌症而贏得世界歡呼的一位婦人。一位記者曾稱呼「世界仙女般的教母」的一位白髮婦人，甚至在那之後，她一直簡單地被稱為教母。她是一位資深的領導人，所以在四位領導人中，總是最後一位說話。她曾說過的話浮現在他的腦海中：

「有一條解決之道，我們能夠改變。我知道你們大部分的

人相信，要真正地改變成與你們現在不同的一些事情是不可能的。但是，首先，我們必須放下舊信仰，我們必須接受我們每一個人要爲所發生的事負責的事實，我們不能彼此責備。」

老人甚至不要想起他所曾做的事，他讓他的心飄到其他事情上，但是白髮婦人用她的話，把他拉回來：「最後那幾個月是人類史上最重要的時代。人們開始瞭解，正在污染這個世界和殺害海洋的是他們自己的恐懼。即使正義的人開始瞭解，他們也是出於恐懼，而不是愛、行動。然而，即使在他們最黑暗的時刻，人類能夠莊嚴的動作，來自全世界的人開始送信息給教母：『找出一些拯救小孩的方法。我們的小孩是年幼而不害怕的，他們並未與舊方法連繫。對他們而言，沒有什麼事情是不可能的，也許他們能夠改變。也許在森林深處，至少有足夠的氧氣，給他們活得足夠長時間，去嘗試發現一些拯救小孩的方法。』這是一種超越自己和家庭的世界性的關懷意識，它是蝴蝶準備好要離開繭的徵兆。」

白髮婦人停下來，研究老人一段長時間。他看來瘋狂似的，好像他要從廳裡跑出去。她知道她現在必須向他伸出援手，否則他將永遠地失落了。她將必須冒著將他帶入她的故事的危險。

「所以，每當大而古老的樹仍然能夠被找到，小孩們被送到森林，因爲那是可能有足夠氧氣供他們生活的地方。而且隨著每一隊的小孩，有一位身強力壯的年輕人，他是有愛心和無畏的，他是被挑選出來的，因爲他曾經允諾要保護小孩。」

在老人的腦海中，這些話重重地打擊。「停！停！」

「今晚與我們在一起的人，是很久以前被送去保護小孩的這些人之一，他是我們的貴賓。」

　　每個人轉向看著老人。在他的腦海爆出這些字：「它是謊言！它是謊言！」

　　突然間，他理解到，他已經站起來，對著他們全體叫喊，「它是謊言！」

　　他現在知道他必須告訴他們，他曾做了什麼事。

　　「是的！我是被送去保護小孩之中的一位。但是我並不是無畏的或是有愛心的，我去是因為我害怕；我並不關心小孩，我只是不想死。你能瞭解那樣嗎？我並非被挑選出來的，是我懇求他們讓我去。然後，森林中，奇怪的日子來臨。每一件事都充滿使人眩目的光，它是如此強有力，它應該是來自於一些可怕的、大破壞的一種輕的爆發。我跑了，是的，我跑離開小孩，並藏在一個洞穴裡，此後，我一直住在洞穴裡，我不知道小孩們發生什麼事？」

　　突然地，他有一個奇怪的想法：看著他的這些人是那些小孩們長大成人，他們已經回來審判他？

　　「是的！」，他說話是緩慢而斷斷續續地：「我離開你們，讓你們在令人眩目的光中死去，我所想的全是我自己，我被自己的恐懼嚇壞了，這是為什麼我如此做的原因，我希望有不同的做法。」

　　他坐回他的椅子，無力地看著地板，然後羞恥、罪惡和舒解的眼淚流在臉上，他以前從未告訴任何人。白髮婦人等待老人提起眼睛，然後問：「你想要知道，當你跑進洞穴時，發生什麼事嗎？」他點頭。

　　「你想要知道我們的故事如何結束嗎？」

　　「是的，我要！」傾向他的椅子前面，他說。

　　「喔！在小孩到森林之後，那些留下的我們沒有選擇，只

有接受我們的命運。當我們如此做時，我們的恐懼消失了，我們不再害怕，即使是世界末日。偉大的和平橫掃地球，然後，最後一天來臨了。每個人在約定的時間，守在電視機前面，他們稱爲教母的臉出現在每一個人前面，以下是她所說的話：『你們的工作已經做好了，你們已經把戰爭改變成和平，把恐懼轉化爲信任。我要對每一個人說，你們做得很好。下一個步驟是如此的簡單，你們的心將會拒絕它，但是，你們必須要團結在一起，用一種聲音說話。把自己打開給你們內在的力量，因爲你們現在已經準備妥當去知道你們存在的全部眞相，你們現在能夠被賦與信任。從時間開始以來，就已經鎖在你們內心的宇宙力量。你們現在準備好，過一個更快樂的世界，來讓我們一起走過去。讓我們彼此打開心扉，而用一種聲音說話！』

這些是地球上每個人說的話：『我們地球上的人，把我們的理智和情感的心，開放給眞理和愛的力量。』地球上每一位有愛心的人，及時在同一時間說出這些話。每一件事情都改變了，蝴蝶離開恐懼和黑暗的繭，地球像天上的一顆眞珠照耀著。」

老人坐在那裡，慢慢地點頭。現在，他知道在森林裡奇怪的那一天發生了什麼事。使人眩目的閃光，一直是鎖在人們內心裡的力量的爆發力。但是，人類命運的那個時刻，已經從他旁邊溜過，他在恐懼中跑向洞穴；而小孩已經向前走。

他渴望另一次機會。當他坐在那裡時，教母站起來，開始朝他走來，他知道他們是爲他回來，它是眞的。他站起來，走向前去會見她，他的手伸出來招呼。當她握著他的手，而對著他的眼睛微笑時，他覺得自己充滿了光明，他的內心也充滿了愉快。當他能夠聽到歌聲和笑聲時，他的嘴唇綻開了微笑。慶

祝已經開始，最後一位已經穿過黑暗而進入光明。

三二、相信你所感覺的

　　這一天，摩利說，他要我們嘗試一種練習。我們要站著，背對我們的同學，往後仰，依賴另一位學生抓住我們。我們大部份人對這個練習都很不自在，我們只後仰幾英吋就停止，我們困窘地笑。

　　最後，一位瘦小、安靜和黑髮的女學生，我注意到她幾乎總是穿著笨大和白色的漁夫毛衣，把她的手臂交叉在胸前，閉上她的眼睛，毫不畏縮地向後仰，就像李普曼茶葉廣告中，模特兒在水池裡濺起了水。

　　一時，我以爲她將會撞到地上。最後一瞬間，她被指派的伙伴抓住她的頭和肩膀，用力地將她猛拉起來。

　　「哇！」幾位學生叫喊著。有些學生鼓掌。摩利最後笑了。你知道嗎？他對著這位女孩說：「你閉上了眼睛，那就是差異點。有時候你不能相信你所看到的，你必須相信你所感覺到的。假如你想讓其他人相信你，你必須覺得你能信任他們，即使你是在黑暗中，即使當時你正倒下。」

三三、再走額外的哩數

當我請問父親如何接近工作的世界時，我是二十歲，而正完成我的第一個學位。他在印度軍隊中有長久而傑出的事業，而且晉升爲百萬人的指揮官。他是軍人中的軍人，而且，他的部屬很崇敬他。他的態度是嚴格和堅定的，但是，他很友善。他感激和信任人，並且給他們自由。

「假如你要與我談論工作，到我的辦公室來。」他說。

所以，我與他辦公室的秘書預約，並且去見他。他有一間大辦公室，讓我顯得很渺小。

「你正要開始，你將被賦與很多工作去完成，」他說。「第一件事，總是要盡你最大能力去做。然後，第二件事，你做事的時候，再額外地努力。」他所正在說的是：「主動的；改革的；有創造力的；總是要設法再走額外的哩數。」

三四、老師和學生

一位來自於英格蘭北方工業城市的年輕教師，接受了位在威爾斯北邊最孤立的農村地區的一份工作，去教四歲的兒童班。她的第一個課題是與 S 字母有關，所以她拿著一張彩色的大綿羊照片說：「現在，誰能告訴我，這是什麼？」

沒有人回答。二十張茫然和沉默的臉看著她。「來吧！誰

能告訴我，這是什麼？」她叫喊著，斷然地輕拍這張照片，不相信孩子們是如此地無知。當她繼續用擴大的挫折來質問兒童時，這二十張臉變成憂慮和甚至是害怕的。

最後，一位勇敢的小孩勉強地舉起小手。「是的！」她叫著並高舞著那張快照：「告訴我，你認爲這是什麼？」

「對不起，老師，」這位男孩小心地說：「它是一隻三歲的博德‧萊斯特羊嗎？」

三五、國際糧食危機

最近，進行一個世界性的調查，唯一被問的問題是：「請你對於解決其他世界的糧食缺乏，給與最誠實的意見？」

不奇怪地，這個調查是一個大失敗，因爲：

在非洲，他們不知道「糧食」是指什麼？

在東歐，他們不知道「誠實」是指什麼？

在西歐，他們不知道「缺乏」是指什麼？

在中國，他們不知道「意見」是指什麼？

在中東，他們不知道「解決」是指什麼？

在南美洲，他們不知道「請」是指什麼？

而在美國，他們不知道「其他世界」是指什麼？

三六、心靈會議

　　馬丁花了兩星期的時間與他的兄弟在紐約相處之後，正回到他倫敦的辦公室工作，他懷著沉重的心情回來。它不只是一個美妙假日的結束；不只是他嚴重受到時差之苦；它是星期一早上，總是由團隊會議開始。而且幾個月來，他已經變成憎恨這些會議。

　　馬丁知道同事們帶著隱藏的議程，來參加這些會議；他們沉迷於玩遊戲；他知道人們不誠實和不開誠佈公。會議本身是夠壞了，但是會後，還有很多的抱怨。

　　「普通人說普通事。」「我能改善那個想法，但是我將不會說出來。」「我想到要提出建議，但是我不要被打擾。」

　　當早上會議開始時，馬丁支撐自己去面對通常的愁眉苦臉和單調。但是，當會議進行時，他感覺到一個奇怪的背景雜音。最初，他以為他仍然聽到來自把他帶回倫敦的飛機引擎聲，他那時坐在機翼旁，而且這種聲調是恐怖的。但是，當他全神貫注在這些吵雜聲中，它變得更清楚些。

　　令他驚奇地，他瞭解他能夠聽到同事們正在想和正在說的。當他愈專心，他發現，他真正能聽到他們正在說的和同時他們正在想的。比起他得到這股奇特力量，更令他驚奇的是，他發現人們所說的，並不是他們所想的。他們沒有把他們的保留說清楚。他們並不支持他們以為不受歡迎的觀點。他們並不貢獻他們新的透視力。他們不志願他們的新想法。

　　馬丁發現他不可能不回應他的新知識。所以，他開始基於

他所能聽到他的同事所想，而不是聽到他們所說，來做溫和的干預。「所以，約翰，你眞正說的是…」「蘇珊，你眞正認爲那樣嗎？」「湯姆，你對於我們如何能夠把這個帶向前，有一個想法？」他知道，他的同事受到這些干預的透視力，而感到不安。他們迷惑地看著他。事實上，他覺得相當驕傲於他新得到的才能。

　　現在，馬丁忘記通常參加這種會議的痛苦，並大膽地開始自己評論起來。然而，他逐漸覺得他的一些同事怪異地看著他。一、二個甚至在他們的嘴唇上有溫和的微笑。逐漸地，它也發生在他的身上----他們能夠聽到他的想法，他並沒有眞正說出他所想的。

　　當會議進行時，馬丁感覺到事件的聲調和形式的改變。現在，對他來說，很清楚地，會議的每一個成員，都能依次學習如何傾聽其他人的想法，這也正微妙地改變他們彼此之間如何互動。玩遊戲的心態開始褪落了；人們開始更直接地說話；觀點被更好地理解，氣氛變成愈來愈開放和信任。會議結束。所有的人離開了房間，馬丁發現，他仍然能夠聽到他們正在想的。「那是我們所曾參加過最好的會議。」「所有的會議都應該如此。」「未來，我將說出我所想的。」

三七、蒲公英的問題

　　一位很自傲於他的草坪的人，發現草坪上長了一群蒲公英。他嘗試他所知道的每一種方法，要除去它們。但是它們仍

然困擾著他。

最後，他寫信給農業部。他列舉所有他曾嘗試的事情，然後在信的結尾問說：「現在我該怎麼辦？」

在適當過程裡，回信來了：「我們建議你學習去愛它們。」

三八、在同一艘船上

兩個人坐在同一艘船上出海。

他們之中有一個人開始在船底鑽洞；另一個人吃驚地問：「你在做什麼？停止鑽洞！」

第一個人回答：「有何不可？我只是在我這一邊鑽洞。」

三九、快樂的秘密

一個店主的兒子去向世界上最有智慧的人學習快樂的秘密。

這位少年在沙漠徘徊四十天，最後在山頂上找到一座美麗的城堡。那裡是智者所住的地方。

我們的英雄在進入城堡的主房後，首先，看見一個吵鬧的活動場所，而不是看見聖人。零售商來來去去，人們在角落裡談話，一個小型管絃樂團正在演奏柔和的音樂，有一張放著很

多大盤子的桌子，盤子上盛放那個世界最美味的食物，智者在與每個人談話。這位男孩等了兩小時之後，才輪到他去見智者。

智者注意聽男孩解釋他為什麼來，但是告訴他，他沒有時間只是解釋快樂的祕密。他建議這個男孩在邸第裡到處看看，兩個小時後回來。

「同時，我要你做一些事，」智者說，並交給男子一個有兩滴油的茶匙，「當你到處走時，帶著這個茶匙，不要讓油濺出來。」男孩開始在邸第的很多樓梯走上和走下，並把眼睛固定在茶匙上。兩小時後，他回到智者所在的房間。

「唷！」智者問：「你看到掛在我餐廳的波斯掛氈嗎？你看到園丁長，花十年所創造的花園嗎？你注意到我圖書館裡的羊皮紙嗎？」

男孩很困窘，供認他沒有觀察任何東西。他唯一關心的一直是智者所信託給他的----不要把油濺出來。

「那麼回去觀察我的世界裡驚奇的東西，」智者說：「你不能信任一個人，假如你不知他的房子。」

男孩如釋重負，撿起茶匙，回去探索這座邸第，這一次，他觀察所有天花板和牆上的藝術品。他看見花園，他周圍的山，百花的美，和所被挑選的每一件事情的品味。在回到智者處時，他詳細地敘述他所曾看到的每件事情。

「但是我信託給你的油滴在那裡？」智者問。

男孩看著他所拿的茶匙，油已經不見了。

「唷！我只能給你一件忠告，」最有智慧的智者說：「快樂的祕密是去看所有世界驚奇的東西，但是絕對不要忘記茶匙上的油滴。」

四〇、日本大師

　　一位日本大師接見一位來向他請問智慧的大學教授。大師請教授喝茶。他在訪客的杯子裡，倒滿了茶，並且繼續倒。

　　教授看著茶溢出來，直到他再也不能壓抑自己。

　　「它溢出來了，再也倒不進去了！」

　　「像茶杯一樣，」大師說：「你充滿了自己的意見和理論。除非你先把你的杯子空了，不然我如何能顯示智慧給你呢？」

四一、總是傾聽著

　　在我離開曼徹斯特中學幾年後，我受邀去幫忙學校的耶誕節義賣會，我決定扮演耶誕老公公。最近我首次長滿完整的鬍鬚。我認為我能夠在鬍子上抹麵粉，來扮演這個角色。我對自己說，我看來相當光彩奪目；的確，我吸引很多顧客。

　　帶一點魔術味，我給如此多的年輕小孩子禮物，所以我過得非常快樂；但是我被一位來第二次，甚至第三次的小男孩所迷惑了。我所提供的禮物是真正地可憐，所以我問他，為什麼如此頻繁地來看我。他簡單地回答：「我只是愛和你談話。」

　　在那時，我理解到，在很多的家庭裡，父母親不鼓勵他們的孩子談話，且沒有真正地傾聽他們的心聲。這是我這一生一

直帶著的一個教訓。所以,在家庭、工作場所和社交上,總是鼓勵家人、朋友和同事,談論他們自己和他們的感覺,而且真正地傾聽著。

四二、美洲原住民的倫理規律

1、日出的時候,起來祈禱,獨自祈禱,時常祈禱;假如你只是說,上蒼會聽到的。

2、容忍那些迷途的人。無知、自負、忿怒、嫉妒和貪婪,來自迷失的心。祈禱他們會找到嚮導。

3、為自己追求,由自己追求。不要讓別人為你造路。它是你的路,你單獨的路。別人也許能與你同行,但是沒有人能替你走。

4、以更多的體諒,對待家中的客人。以最好的食物,服務他們,給他們最好的床,並以尊敬和榮譽,對待他們。

5、不是你的東西不要拿,不管它是來自於一個人、一個社區、荒野或一個文化。假如不是自己賺得或別人給的東西,它不是你的。

6、尊敬所有地球上的事物,不管是人或植物等。

7、尊重別人的思想、願望和談話。不要打斷別人,不要嘲弄或粗魯地模仿他們。允許每一個人表達的權利。

8、不要用壞的方式去說別人。你釋放消極的能量到宇宙中,它會加倍回到你的身上。

9、所有的人都會犯錯。所有的錯都能夠被原諒。

10、壞思想會引起身、心、靈生病。練習樂觀。

11、自然不是為我們而存在，它是我們的一部分。它是我們世界家族的一份子。

12、兒童是我們未來的種子。把愛播種在他們的心中，用智慧和生活的教訓，灌溉他們。當他們長大時，給他們成長的空間。

13、避免傷害別人的心。你傷害別人的毒，會回到你身上。

14、一切時間中，要保持真誠。誠實是宇宙中，一個人意志的考驗。

15、保持自己各方面的平衡。你的身、心、靈和情緒，都需要保持強壯、淨化和健康。鍛鍊身體，以強化內心。在靈性上，豐富地成長，以治癒情緒上的苦惱。

16、對於你會是什麼樣的人和你會如何反應，做出自覺的決定。

17、尊敬別人的隱私和個人的空間。不要碰別人的私有財產————特別是神聖和宗教的物品，這是被禁止的。

18、首先，要對你自己真誠。假如你不能先養育和幫助自己，你如何能養育和幫助別人。

19、尊重別人的宗教信仰。不要把你的信仰，強迫灌輸在別人身上。

20、把你的幸運，分享給別人。參與慈善事業。

四三、身體最重要的部位

我的母親慣常問我，身體最重要的部位是什麼？

這些年來，我會猜測我認爲正確的答案。當我比較年輕時，我以爲聲音對我們人類很重要，所以我說：「我的耳朵，媽咪。」

她說：「不，很多人耳聾。但是你繼續去想它，不久，我會再問你。」

當她再問之時，幾年已經過了。自從我第一次回答她之後，我一直在思考正確的答案。所以，這一次，我告訴她：「媽咪！視力對每個人來說都很重要，所以它應該是我們的眼睛。」

她看著我說：「你學得很快，但是這個答案不對，因爲有很多人眼盲。」

然後，去年我的祖母死了。每個人都很傷心。每個人都在哭，甚至我的父親也哭了。我特別記得那件事，因爲那是我第二次看到他哭。當輪到我們對祖母告別時，我的媽媽看著我。她問我：「親愛的！你知道身體最重要的部位嗎？」

當她那時問我的時候，我很震驚。我總是認爲這是她和我之間的一個遊戲。

她看著我臉上的迷惑，然後告訴我：「這是一個很重要的問題。它顯示你已經眞正活在你的生活中。過去你給我的答案，我已經告訴你，那些是錯的，我也已經舉例告訴你爲什麼。但是，今天是你必須學習這重要一課的日子。」

她用只有一位母親能夠的方式，看著我。我看到她的眼睛充滿眼淚。

她說：「親愛的！身體最重要的部位是你的肩膀。」

我問：「那是因為它支撐我的頭嗎？」

她回答：「不，那是因為當朋友或親人哭泣時，它能夠支撐著他們。在生命中的某一些時候，每個人都需要有一個肩膀可以去哭。親愛的，我只希望你有足夠的愛和朋友。當你需要時，你總是有一個肩膀，可以倚著哭。」

那時候在那裡，我知道身體最重要的部位不是自私的。它是對別人痛苦的同情。人們會忘掉你所說的話，…人們會忘掉你所做的事，…

但是人們絕對不會忘掉你如何使他們感覺。

四四、智慧的老人

在喜馬拉雅山的高山上，住著一位智慧的老人。

他會定期下山，到當地的村莊，並用他特別的知識和才能，去娛樂村民。

他的技能之一，是通靈地告訴村民，他們的口袋、箱子或心裡的東西。

一些村裡的小男孩，決定要對這位智慧的老人開玩笑，以損害他的特殊才能。

一位男孩想出抓住一隻鳥在他手中的辦法。當然，他知道，智慧的老人會知道，在他手中的東西，是一隻鳥。

這位男孩設計了一個計劃。

明知這位智慧的老人會正確地說出他手上的東西是一隻鳥，這位男孩將再問老人，這隻鳥是死的或活的。假如智慧的老人說，這隻鳥是活的，男孩會把手中的鳥握死，以致他手上鳥是死的。假如智慧的老人說，這隻鳥是死的，他會打開他的手，讓這隻鳥自由飛走。所以，不管老人怎麼說，男孩將證明，老人是一位騙子。

下一週，智慧的老人從山上，下山來到村莊。男孩立刻抓住一隻小鳥，握在他的手中，使人看不見。男孩走到智慧的老人前面，問他說：「老人！老人！在我的手中，有什麼？」

智慧的老人說：「你的手中，有一隻鳥。」他是對的。

然後，男孩問：「老人！老人！告訴我，這隻鳥是活的或死的？」

智慧的老人看著這位男孩說：「這隻鳥是由你選擇它是活的或死的。」

你的生命也是一樣如此。

四五、加爾各答兒童之家箴言

人們是不合邏輯的，不理性和自我中心的。無論如何，要愛他們。

假如你行善，人們會指控你自私和隱藏的動機。無論如何，要行善。

假如你是成功的，你會贏得不好的朋友和真正的敵人。無

論如何，要成功。

你今天所做的善事，明天會被忘掉。無論如何，要行善。

誠實和坦白，會使你容易受傷。無論如何，要誠實和坦白。

具有最偉大思想的偉大的人，能被具有最狹小心胸的小人所射倒。無論如何，要想得遠大。

人們喜歡劣勢者，但是只追隨得勢者。無論如何，要為一些劣勢者奮鬥。

你花費多年所建設起來的，也許在一夜之間會被破壞。無論如何，要建設。

人們真正需要幫助，但是假如你不幫助他們，他們也許會攻擊你。無論如何，要幫助他們。

把你最好的獻給這個世界，你可能會正面被踢。無論如何，要把你最好的獻給這個世界。

四六、一滴海水

「我們自己覺得，我們正在做的只是海洋中的一滴水。但是假如那一滴水沒有落在海洋中，我認為，海洋會因為少了那滴水，而比較少。」----德蕾莎修女

四七、做得好由於行善

　　我想告訴你們一個人。他的名字是山迪‧葛林柏格。山迪年輕時是一位很好的學生，但是他來自一個貧窮的家庭。所以，他獲得獎學金，進入哥倫比亞大學；在那裡，他遇到也是接受經濟援助的室友。

　　當山迪是哥倫比亞大學二年級的學生時，他的眼睛有病，最後證實為青光眼。困擾的是，它沒有被及早診斷，以致他變成法律上眼盲。我要求你們所有的人暫時想像，在你們的生命中一直都能夠看得見，然後，突然之間，在一所競爭的學校，必須面對喪失視力而不能夠再閱讀的情況。這就是發生在山迪‧葛林柏格的事。

　　但是，還有一些發生在山迪的其他事情，也許會令你們吃驚。山迪說，當他喪失視力時，他的室友每晚會讀教科書給他聽。

　　所以，我將把你們放在那個情境上，在一間像哥倫比亞大學或約翰‧霍普金斯大學如此競爭的學校。假如你們的室友有嚴重的身心障礙，你們會每晚花時間讀教科書給他聽嗎？你們知道，你們花愈多時間讀教科書給你的室友，你們的其他活動也許不會做得那麼好。那並不是一個如同它最初出現時，那麼容易的問題。

　　但是對山迪來說，很幸運地，他的室友做到了。結果，山迪以好成績繼續攻讀研究所。他得到傅爾布萊特獎學金，然後到牛津去進修。他仍然很窮，但是他說，當他前往牛津時，他

已經設法儲蓄了五百元美金。

　　同時，他的室友也繼續進入研究所攻讀。有一天，山迪在牛津接到他的電話。他的前室友說：「山迪，我眞的很不快樂。我眞的不喜歡在研究所讀書，我不要做這個。」

　　於是，山迪問：「唷！你要做什麼呢？」

　　他的室友告訴他：「山迪，我眞正地熱愛唱歌。我有一位彈吉他的高中朋友。我們眞想要在音樂界試一試身手。但是，我們需要製作一張促銷的唱片，爲了如此做，我需要五百元美金。」

　　於是山迪・葛林柏格告訴我，他拿出他的終身儲蓄，把它寄給他的室友。他告訴我：「你知道，我還能做什麼嗎？他成就了我的生命，我需要幫助他，成就他的生命。」

　　所以，我希望你們記得，由於行善而做得好的力量。你們每一個人，在你們自己的生命中，將會面對你們沒有預期或期望的挑戰、障礙或問題。你們如何能夠處理逆境，會受到在這一路上你們如何處理其他事情不小的影響。你們所得到的，很多將端視你們所付出的。那是由於行善做得好故事的結尾。

　　啊！我幾乎忘了。你們可能要知道山迪的室友是誰。我想你們曾經聽過他。山迪的室友是亞特・加芬喀，他與另一位音樂家保羅・西蒙是同一個樂團。那五百元美金幫助他灌製一張唱片，最後錄成「寂寞的聲音」。最近，我們很快樂去參加山迪女兒的婚禮，當山迪伴著女兒走下禮堂的甬道時，亞特・加芬喀唱著歌。

　　當你們到我的年紀時，（對你們之中的一些人，我眞正的老了，雖然對我來說，我一點也不覺得老），你們會發現你們開始問自己，我的生命關係重大嗎？

　　那是個人清算總帳的日子。我以為，面對它唯一的方法是在你生命中的每一天思考著：我如何能為別人做一些事情？我如何能夠回饋給其他人？它也許是教書，它也許是成為一位醫生，你們也許在事業上是成功的————不論你們的事業之途是什麼。

　　總是會有回饋的機會。機會將會呈現在：付出你們的時間，付出你們的金錢，但是最重要的是付出你們自己，付出你們自己的心和靈。

　　今天，當你們畢業了，有新的開始，我希望，你們總是要保持讓你們的眼睛張開給那些付出的機會，並且擁抱他們，來做為你們「做得好」最確定的方法。

四八、你是那一棵樹？

12月23日－1月1日	蘋果樹
1月2日－1月11日	樅樹
1月12日－1月24日	榆樹
1月25日－2月3日	絲柏樹
2月4日－2月8日	白楊樹
2月9日－2月18日	雪松樹
2月19日－2月28日	松樹
3月1日－3月10日	垂柳樹
3月11日－3月20日	歐椴樹
3月21日	橡樹

3月22日－3月31日　　　榛子樹

4月1日－4月10日　　　花楸樹

4月11日－4月20日　　　楓樹

4月21日－4月30日　　　核桃樹

5月1日－5月14日　　　白楊樹

5月15日－5月24日　　　栗樹

5月25日－6月3日　　　梣樹

6月4日－6月13日　　　鵝耳櫪樹

6月14日－6月23日　　　無花果樹

6月24日　　　　　　　樺樹

6月25日－7月4日　　　蘋果樹

7月5日－7月14日　　　樅樹

7月15日－7月25日　　　榆樹

7月26日－8月4日　　　絲柏樹

8月5日－8月13日　　　白楊樹

8月14日－8月23日　　　雪松樹

8月24日－9月2日　　　松樹

9月3日－9月12日　　　垂柳樹

9月13日－9月22日　　　歐椴樹

9月23日　　　　　　　橄欖樹

9月24日－10月3日　　　榛子樹

10月4日－10月13日　　　花楸樹

10月14日－10月23日　　　楓樹

10月24日－11月11日　　　核桃樹

11月12日－11月21日　　　栗樹

11月22日－12月1日　　　梣樹

12月2日－12月11日	鵝耳櫪樹
12月12日－12月21日	無花果樹
12月22日	山毛櫸樹

蘋果樹————愛

苗條的體格，很有魅力，討人喜歡和有吸引力，快樂的氣息，愛調情的，愛冒險的，敏感的，總是在戀愛中，要愛人和被愛，忠實和柔和的伙伴，很慷慨，科學的才能，活在今天，有想像力而無憂無慮的哲學家。

樅樹————神秘

特殊的品味，尊嚴，有教養的風度，愛任何美麗的東西，喜怒無常，傾向於自我主義，但是關懷那些親近他或她的人，相當謙卑，很有野心，有才能，很努力，不滿足的愛人，很多朋友，很多敵人，很可依賴。

瑜樹————高貴的心靈

快樂的輪廓，有品味的衣服，謙卑的要求，傾向於不原諒錯誤，興高采列，喜歡領導但是不要服從，誠實和忠實的伙伴，傾向於自以為無所不知的態度和替別人做決定，高貴的心靈，慷慨，有幽默感，很實際。

絲柏樹————忠實

強壯，肌肉發達，適應性強，拿生命所必須給的，快樂，滿足，樂觀，需要足夠的錢和知識，憎恨孤獨，不能被滿足的熱情愛人，忠實，性急，任性，學究式的和漫不經心。

白楊樹----不確定

看來很裝飾性的，沒有自信的行爲，如必要時才勇敢的，需要善意和快樂的環境，很愼重選擇，時常是孤獨的，有大敵意，藝術本質，好的組織者，傾向於哲學，在任何狀況下都可靠的，認眞對待伙伴。

雪松樹----信心

稀有的美，知道如何調適，喜歡奢侈，健康，一點也不害羞，傾向於輕視別人，自信，堅決，沒有耐心，要給別人印象深刻的，有很多才能，勤奮，健康的樂觀，等待一個眞愛，能夠迅速做決定。

松樹----特異性

愛宜人的朋友，很健康，知道如何使生活舒適，很主動，自然的，好伴侶，但是很少友善，很容易戀愛但是熱情也很快地用盡，很容易放棄，直到發現理想爲止，有很多的失望，值得信賴，很實際。

垂柳樹----憂鬱

美麗但是充滿憂鬱，有吸引力，很神入，愛任何美和有品味的東西，愛旅行，夢想家，好動，善變，誠實，能被影響但是容易相處，過份要求，直覺好，在愛中受苦但是有時候能找到一位可靠的伴侶。

歐椴樹－－－－懷疑

以鎮定的方式接受生活所分配的，憎恨鬥爭、緊張和勞力，傾向於懶惰和安逸，柔和及溫和，為朋友犧牲，很多才能但是不夠持續使他們開花，時常哭泣和抱怨，會妒忌，很忠實。

橡樹－－－－健康的本性

勇敢，強壯，不屈不撓，獨立，敏感，不愛改變，腳踏實地，行動的人。

榛子樹－－－－獨特

有魅力，不要求，很體貼，知道如何使人印象深刻，為社會理由的積極鬥士，受歡迎，心情不穩和任性的愛人，誠實和容忍的伴侶，精確的判斷。

花楸樹－－－－敏感性

充滿魅力，喜悅，有天份，沒有自我主義，喜歡引起注意，熱愛生命，活動，不穩定和甚至混亂，既依賴又獨立，好品味，藝術的，熱情的，情緒的，好伴侶，不易原諒的。

楓樹－－－－獨立的心

不尋常的人，充滿想像和創作力，害羞和保留，野心，驕傲，自尊，渴望新經驗，有時候焦急，很多的情結，好記憶，易學習，複雜的愛的生活，要使人印象深刻。

核桃樹————熱情

不屈不撓，奇怪的和充滿對比，時常自己本位，進取，高貴，預想不到的反應，自發，無限的野心，沒有彈性，困難和不尋常的伴侶，不總是受到喜愛但是常被讚美，有發明才能的戰略家，很妒忌和熱情，不妥協。

栗樹————誠實

不尋常的美，不要使別人印象深刻，完善的正義感，快活，有趣，天生的外交家，但是時常由於缺乏自信在人前過敏和敏感，有時表現出眾，感覺不被瞭解，只愛一次，有困難找到一位伙伴。

梣樹————野心

非常有吸引力，快活，衝動，過份要求，不在乎批評，野心，智能高，有才能，喜歡與命運遊玩，能是自我中心的，很值得信任，忠實和謹慎的愛人，有時候理性統治感性，但是對於合夥很認眞。

鵝耳櫪樹————品味好

很酷美，在乎外表和狀況，品味好，傾向於自我本位，盡可能使生活舒適的，過著合理和有紀律的生活，追求親切，一位情緒上的伙伴，夢想稀有的愛人，很少隨其感覺快樂，不信任大多數人，絕不確定它的決定，很有良心。

無花果樹————感性

很強壯，有一些任性，獨立的，不允許矛盾或爭論，熱愛生命、家人、孩子和運動，穿著時髦的人，有幽默感，喜歡安逸和懶惰，有實際的才能和聰明。

樺樹————靈感

快活，有吸引力，端莊，友善，不裝模作樣，謙卑，不喜歡過分的事，厭惡無教養，熱愛生命於自然和平靜，不很熱情，充滿想像力，沒有野心，創造一種平靜和滿足的氣氛。

橄欖樹————智慧

愛太陽，溫暖和親切感，有理性，平衡的，避免侵犯和暴力，容忍，愉快，平靜，完善的正義感，敏感，神入的，不妒忌，愛讀書和與久經世故的人爲友。

山毛櫸樹————創造力

有好品味，關心外表，唯物論者，善於組織生命和事業，節約，好的領導者，不採取不必要的冒險，有理性，卓越的，終身的伴侶，精通於保持適度（飲食、運動等）。

四九、我們自然的復原本能

　　沒有更多的弗洛伊德，沒有更多的百憂解，法國精神科醫

師大衛‧塞凡－史克萊柏解釋，身體如何能夠治療緊張、焦慮和憂鬱。

當大衛‧塞凡－史克萊柏從巴黎一家超級市場的架上，取下一罐沙丁魚時，「看，」他說：「這個標籤敘述『富有歐米加----三脂肪酸。』」他放兩罐在他的籃子裡，「在我的書出版之前，你們將不會已經看到那個情況。」

他的書，《復原的本能：治療憂鬱、焦慮和緊張，不需要藥和不需要談話治療》，吸引一百萬法國人注意歐米加----三脂肪酸的重要，甚至更重要的，提供藥物和談話治療以外的另一種選擇，做為處理創傷、驚慌的突然發病、憂鬱和緊張的方法。塞凡－史克萊柏提出許多補充的治療，比起傳統的治療，不僅時常是更便宜和更簡單的，而且是更有效的。

因為這樣，這位四十五歲的精神科醫師，已經在法國帶來一個小革命，法國人比起任何其他地方的人，服用更多的抗抑鬱藥和鎮定劑。百分之二十二的法國人遭受憂鬱之害，其中每七個人中有一位服用藥物去治療它。幾乎有四分之三去看家庭醫生的病人是直接與緊張有關。在大部分的病例裡，病人都帶著處方箋離開。法國人也不是獨特的：在西方世界，緊張和憂鬱比起吸煙，對大眾的健康，呈現更大的威脅。

大衛‧塞凡－史克萊柏做為一位作者，受惠於大多數法國人認知的姓。他的父親是有名的新聞記者、政治家和工程師，潔因－賈客‧塞凡－史克萊柏，在很多事情中，他創辦有名的《快遞週報》，而且是季斯卡‧戴斯亭和法蘭西斯‧密特朗總統的個人顧問。大衛的叔叔也是有影響力的《心理學》月刊的傑出總編輯。但是，塞凡－史克萊柏的書變成法國以外地區的暢銷書----它已經被翻譯成包括中文在內的三十七種語言----

的事實，指出比起一個有名的名字，他有更多有利他的行爲。
這本書不僅值得一讀，而且也十分可信的，因爲塞凡－史克萊
柏是一位傳統訓練出來的精神科醫師，有高尙的服務記錄。他
在美國賓州匹茲堡，卡內基・美崙大學學醫，然後領導那裡一
間有聲望的精神科研究實驗室，現在是該大學和法國萊恩醫學
院的教授。在全法國，沒有一位精神科醫師曾經在像《一般精
神科醫學和檔案》那樣受尊敬的科學期刊，發表像他這麼多的
文章。然而，大衛・塞凡－史克萊柏曾經一度正如同普通精神
科醫師一樣，對有關「不同選擇的」治療，持懷疑的態度。

轉捩點是五年前，當他參加無國界醫師而旅行到印度時。
在喜馬拉雅山的達瑪沙拉鎭----西藏流亡社區的中心，有一
天，他走進一家醫院，瞭解到他們正在使用他以前從未見過的
治療方法。西藏的醫師只是把脈、看舌頭和驗尿，就無瑕疵地
診斷病人。塞凡－史克萊柏回憶說：「我一點也不瞭解它。在
一個時候，我也看到一位醫師，在一個人的拇指和食指之間，
施壓力，『關掉』腦的恐懼中心。」

回到美國後，他開始檢視有關這些治療的醫學文獻。他驚
嘆爲什麼他一點都不知道它們？爲什麼他沒有在醫學院學到這
些技術？

在塞凡－史克萊柏有品味的公寓裡，他取出沙丁魚罐、沙
拉、生薑、蔥和草莓。我們來到他的書房，展望一座典型的巴
黎中庭，鐵鑄的洋臺和洗衣房，垂掛在微風中。在塞凡－史克
萊柏的印度經驗之後，他做任何正直科學家會做的事：研究。
他試驗所有爲人所知的「不同選擇的」治療方法，來追求精神
病學的問題----從針灸到營養，從呼吸練習到高科技電腦軟
體，到經年累月的靜坐技術。

　　他最有趣的發現之一是情緒的腦————我們的本能和情緒的反應所來自的地方————是直接被心臟所影響。塞凡—史克萊柏說：「心臟和腦之間有持久的交換。研究顯示，有條理的心的韻律，能帶給情緒的腦休息。當你的心臟以健康的方式在跳動時，你能夠治療壓力、憂鬱、緊張和其他精神的苦惱。」

　　為了說明他的觀點，他用電極把我與一台電腦鈎上。在螢幕上，一個圖表不僅顯示我的心跳，而且我心臟的韻律————二個心跳之間的韻律。他說，那個韻律決定心臟和情緒的腦之間的關聯。這個圖表顯示，直到精神科醫師告訴我從9573倒數到0時，都非常穩定的。然後，這個圖表顯示，在心臟的韻律裡主要的尖端。當他告訴我，想像我正「呼吸經過我的心臟」，這個圖表顯示一條美麗均勻的曲線。當他要我想起一些使我覺得快樂和高興的事情時，心臟————腦的連結，變成是最佳的。塞凡—史克萊柏解釋說：「要達成心臟和腦之間連貫，最簡單和最快速的方法，是透過積極的感覺。假如有一種具有同樣效果的藥丸，它將是一種奇蹟藥。」

　　這種使心臟和腦合拍調的方法的結果是令人驚奇的。這個領域的先驅者加州心數學研究所，提供一系列的練習。一群過度緊張的經理，百分之四十七患有心悸，在經過六星期的心數練習之後，發現他們的症狀減少到百分之三十。身體緊張的症狀從百分之四十一降到百分之六，不眠症從百分之三十四降到百分之六，困頓不堪從百分之五十降到百分之十二，劇痛從百分之三十降到百分之六。這個方法不僅影響身體的安康而且影響心理的安康：有定期緊張的人從百分之三十二降到百分之五，他們對工作的不滿意從百分之三十降到百分之九，他們的憤怒水平從百分之二十降到百分之八。

　　塞凡－史克萊柏評論說：「使用心理分析和談話治療，你不能達到這些結果的理由是，這些方法不直接向情緒的腦說話，而是向新大腦皮層----分析的腦，說話。但是，那不是恐懼、緊張和未被加工的創傷儲存的地方。他們被儲存在情緒的腦，就如同身心治療的直覺和自然的能力也儲存在那裡。心數學的方法證明，情緒比思想更快速和有力，以及心臟----當它說到疾病和健康----是比腦更重要的。用你的腦積極的思想是有幫助的，但是從你的心召請積極的感覺，對你的健康，和有效而創造力的功能，會給與巨大的刺激。」

　　塞凡－史克萊柏也探究「眼睛動作」（使脫敏感和經再加工）的練習。這個於一九八九年由美國心理學家弗蘭西恩‧夏普洛，所提出的發現，提供一個治療創傷強有力的方法的希望。塞凡－史克萊柏放映他的一個病人的錄影片。我們看到瑪莉是如此厭惡她自己，以致她不能裸體站在鏡子前面而不會感覺作嘔。在「眼睛動作」（使脫敏感和經再加工）期間，塞凡－史克萊柏要求她想像自己站在鏡子前面。瑪莉對這個練習的困難，從她臉上的表情是清楚的。

　　「在一到十的刻度上，」心理學家問：「這個經驗是多痛苦？」

　　「十五！」瑪莉啜泣著。

　　「很好，持續這個影像，並看著我的食指。」瑪莉的眼睛隨著手，定期地像一個鐘擺，在她的面前來回地移動。一系列痛苦的回憶發生，直到瑪莉達到最創傷的一個：在她懷孕的末期，他的丈夫告訴她，她是「他所曾看過最可怕的創造物」的那一刻。

　　當瑪莉由於憤怒、羞恥和悲傷而發抖時，她的眼睛繼續跟

隨心理學家的手。慢慢地但是確定地，她痛苦的強度減少了，
直到它似乎完全消失了。她做了兩次深呼吸，然後直接地看她
的前面。當塞凡－史克萊柏再一次要她觀想她自己裸體在鏡子
前面，最多六分鐘已經過了。瑪莉照著做，並很震驚：情緒已
經消失了。

　　「我仍然不習慣於這種方法運作得多麼迅速和有效，」塞
凡－史克萊柏承認：「最初，我想：『這是不可能的。假如它
運作，效果將是暫時的。』但是一年後，被提及的病人仍然免
於他們後創傷緊張症候群。」

　　在「眼睛動作」（使脫敏感和經再加工）的背後思想是，
使眼睛移動如同我們的眼睛在「快速眼睛動作」睡眠，所展示
的來回移動，有同樣的效果。在這個睡眠的階段裡，經驗由腦
部加工，然後把他們分配到我們長期記憶的地方，減少情緒的
負荷。

　　塞凡－史克萊柏接著說：「正如身體有處理身體創傷的方
法，如治療傷口的方法，腦也是如此。『眼睛動作（使脫敏感
和經再加工）』是一種把痛苦的情緒，有效的帶到表面的方
法，使得病人免於淹沒自己。因為當記憶來到表面時，你正在
使你的眼睛來回地移動，你維持一種距離的程度。你不會在裡
面打滾，你也沒有把它推開。事實上，你做你在靜坐中所做的
真正同樣的事情，而靜坐已證明是一種強有力的治療情緒痛苦
的工具。」

　　午餐時間：當大衛・塞凡－史克萊柏洗萵苣時，他著手觀
察食品的重要性：「你必須有一個醫學學位被足夠洗腦去相
信，糧食對身體和情緒的健康沒有主要的影響。對大多數人來
說，它的重要性是完全不待言的。然而，在我的研究中，我只

能花四天學習有關營養：我們獲悉吃太多會使你胖，太多鹽會使你高血壓，假如你有糖尿病，你應該吃較少的糖，假如你的膽固醇太高，你需要減低脂肪。這是營養教學結束的地方，儘管世界衛生組織現在說，在全世界，死亡的第一個原因是慢性病。慢性病背後的主要理由是什麼呢？營養不良。」

　　他提出他自己的執業例子：「當我對學習有問題的孩子給與基本脂肪酸的處方時，他們的學習變成兩倍快。在市場上，沒有一種藥能夠達到那種效果。它是邏輯的：百分之二十的腦是由我們不能自己製造的基本脂肪酸所組成的。假如你不吃它們，你沒有它們。不在盤子上，就不在腦裡。」

　　他倒了兩罐沙丁魚到沙拉碗裡，並做了一個大膽的預測：「當史學家回頭看，來分析二十世紀的醫學史時，我相信將有兩個重要的轉捩點。第一是發現抗生素，第二是發現，的確在西方社會裡，營養是疾病最重要的原因。」他與法國衛生部鄭重的討論，解釋改變飲食習慣是能夠做到的最好的經濟投資。

　　「沒有其他的方法會更銳利地緩和我們社會的財產負擔，」他宣佈：「但是，假如我與部長談論它，然後他打電話給一位知名的營養專家，該專家將說服他，情況並不是如此可怕的。重點是大多數研究者————特別是在美國————是由製藥工業所支助。他們沒有任何興趣去發現，健康問題的自然解決辦法。」

　　他把沙拉放在桌子上，倒了兩杯酒，然後說：「這裡是另外一個例子：有很多令人信服的研究指出，體能運動對緊張和焦慮，有如同藥劑相同或更好的效果，卻沒有副作用。真正沒有醫生開這樣的處方，那是瘋狂的。」

　　塞凡－史克萊柏一直慣常於起來反對既有的醫學界。當他

參加談話性節目和小組討論會時，幾乎總是有一位醫生，有關於他寧願以寵物為處方，而不願用百憂解為處方的事實，會做一個開玩笑性質的發言。「多數人不願閱讀相關研究的麻煩，」他說：「但是證據是無法抵抗的。簡單地照顧一棵植物，幫助老人之家的死亡率減少百分之五十。當一群過度壓力的地產經紀人在美國水牛大學的凱蓮‧亞倫博士的照顧下，沒有被給藥丸，而是一隻狗或貓時，他們的血壓不僅在十八個月的時間裡急劇地下降，而且他們對緊張的反應也很不同。他們更能處理他們的情緒，他們的專心也改善了。」

　　問題是，醫生們幾乎都從與製藥工業有密切連結的同樣科學來源，取得他們的資料。結果，大部分的醫生不知道簡單和有效的其他選擇的治療。最近，當塞凡－史克萊柏與一位專長於治療焦慮的有名同僚碰面時，這件事被他證實。他們彼此之間已經有十年沒有見面，立刻進行一場生氣蓬勃的談話。

　　「然後，我開始談到以不同選擇的治療方法來處理精神上的問題。他的反應是：『有任何方法嗎？』當我告訴他，真正有不同選擇的治療，而且有些比傳統的方法治療得更好時，他要我舉例子。我提到「眼睛動作（使脫敏感和經再加工）」的方法，接著說，百分之八十患有後創傷憂鬱的病人，在三個九十分鐘的期間，已經完全地復原，這種治療的百分比可以與抗生素相比。兩分鐘之後他走了，因為他『要去對一些其他人說話』」。有時候同僚的缺乏瞭解是有傷害的。

　　「畢竟，那是我自己的同夥，我自己的團體。我覺得與其他科學家，有一種很強烈的親近性；我們分享同樣的價值和好奇。那就是為什麼我時常發現那是不能理解的，即所謂「不同選擇」的治療方法很清楚地可行，卻不假思索地被駁回。那使

我憂慮。」

　　他簡短地停頓下來，深吸一口氣。我懷疑他是否正在有意識的與他的心臟接觸，觀想快樂的經驗，來使他的情緒平靜下來。看來似乎是如此，當他以溫和的音調繼續說：「懷疑論是好的，我喜歡它，因爲當你不是懷疑論的，你能在醫學上做愚笨的事情，但是封閉的心是不好的。因爲科學的挑戰和冒險，我開始研究醫學。你能沿著常軌繼續，但是我喜歡看軌道外的。那是眞正有興趣的地方，即使那裡時常是黑暗的。很多科學家已經喪失冒險的精神。我瞭解醫生們害怕失去他們的地位，我也瞭解他們對他們不瞭解的方法感到膽怯的。但是我不認爲那是即時拒絕這種方法的一個好理由。抑有進者，很多醫生所忘掉的是，神經系統科學家仍然不知道百憂解是如何發生作用的。」

　　塞凡—史克萊柏並不計劃以他的頭去衝撞牆，來嘗試改變這個制度。他寧可把他自己奉獻於進一步的探究，和推動自然和有效的治療方法。他正著手設立一個網站，讓人們能夠報告他們不同選擇的治療經驗。這使得資料能夠系統地收集和記錄。它將及時創造一個知識和證明的來源，塞凡—史克萊柏相信會如同雙重盲檢法的醫學研究的結果一樣啓示的。

　　塞凡—史克萊柏預測，未來的健康照顧，將有主要的改變。

　　「我預測科學的景觀，不久將改變得無法辨認。現在，上年紀的生育高峰期出生的人，由於需要，開始巨大地增加他們的參與醫學制度，他們將逐漸不容忍被所謂的專家所教誡。只是白上衣是不夠的。「專家」統治的時代是結束了。愈來愈多的人開始把他們的健康，交到他們自己的手上，而且，據透過

網際網路所可利用的資料，來決定他們將採取何種的治療方
法。」

　　最容易使用的治療，也許是最強有力的。塞凡－史克萊柏
用它來做書的結尾：愛。研究顯示，沒有東西，對我們的安康
是如同連結感、被愛和愛人的感覺、以及覺得我們是一個較大
的整體的一部分，一樣重要的。這裡也是，他說，今天很多的
治療師偏離基礎。「有一個世界的驅勢，強烈地安裝朝向『自
我』。它全都關於個人的成長、自我發展、自律、獨立、個人
自由和自我表達。當然，所有都很好，但是我們所付出的代
價，時常是孤獨、隔離、喪失意義和目的的緊急感。」

　　大衛‧塞凡－史克萊柏從他的電腦和他所研究的腦部掃
瞄，看到這些情緒的效果。他看見離婚的影響（在法國和美
國，離婚率現在幾乎到達百分之五十），和他看見對別人親切
感的影響。他也看到，若給與機會，身心有治療它們自己的自
然傾向。

　　他記得小時候與父親一起散步。

　　「我們沿著塞納河走。我的父親告訴我，我的祖父慣常在
河裡游泳，『但是，』他接著說：『這條河現在是如此污染，
以致沒有人能在河裡游泳。即使魚都已經消失了。』」

　　大衛的眼睛由於回憶他的父親而亮起來，但是也因為塞納
河現在是比較乾淨些。至少，魚已經回來了。他傾向前說：
「我們唯一需要去做，去改變事情的是，停止污染河水。讓河
水安息。假如你給它機會和時間，它會清洗自己。正如我們，
我們有治療的本能。」

五〇、沙上的足跡

　　昨夜，我做了一個夢，我夢見我與佛陀沿著海灘走。我一生的情景浮現在天空。每一個情景，我注意到，在沙上會有兩雙足跡：一雙屬於我的，另一雙是佛陀的。

　　在我一生最後的情景浮現之後，我回頭看沙上的足跡。我特別注意到，在我最低潮和最悲傷的很多時候的路途上，沙上只有一雙足跡。

　　這真正困擾著我，所以我請問佛陀這件事情。「佛陀，您說我一旦決心歸依您，您將與我走完全程。但是我注意到，在我一生最悲傷和最困難的時候，沙上只有一雙足跡。我不瞭解為什麼當我最需要您的時候，您會離開我。」

　　佛陀說：「善男子，我慈愛你，我絕對不會離開你。在你最苦難的時候，當你只能看到一雙足跡時，那時，我是揹著你走路。」

五一、施就是受

　　兩千年前，在耶路撒冷和耶立柯的路上，一位孤獨的旅人受到攻擊。沒有一個人————即使是剛好經過的宗教師————伸出援手，去幫助這個人。但是在他失去意識之前，他看到一張友善的臉出現在他面前，覺得有兩隻強壯的手臂把他抬起來，放

在驢子上。第二天，當他醒來時，他躺在一家旅館裡；他的傷口已經被包紮，他的渴也已解了，他的恩人繼續向前進，但是已經支付了這個人的費用。

「自動自發對我同情的這個人是誰呢？」這位旅人問。

旅館主人笑著說：「他的名字是撒馬利雅。」

我們已經知道二千年前的事，現在已經被科學證明了。撒馬利雅是稀少的。但是好消息是：利他主義能夠被學習。

當然，撒馬利雅是稀少的，因為，依照研究，他們來自強壯和愛的家庭。在困難的情況下成長的人，喪失關懷別人的自然能力。不幸地，這應用到我們大多數人。離婚、亂倫、緊張和我們每天所看的電視，使我們在年幼的時候，就失去我們的信任和天真。但是，感謝地，我們之中有一些人在生命的後期，變成是真正的撒馬利雅。似乎是，對很多人來說，治療一個困難的幼年時代和伴隨而來的缺乏自愛，涉及到學習去關懷別人。最初，比起關懷我們自己，那是比較容易的，並且幫助我們恢復自愛。如國際言論自由組織的路易斯哲說：「愛你的敵人，因為他是我。」

這種治療的一個好例子是山密，他是一位在阿姆斯特丹監獄的犯人。山密的父親是一位放肆的酒鬼，他的母親也沒有時間照顧他。在多年的犯罪和吸毒之後，山密再一次坐牢。但是他下定決心，這一次是他的最後一次。他要求被關在免於毒品的側翼，並且要求諮商。當我遇到山密時，他剛好正在完成退出症候。我教他，不要從「我是一位罪犯和毒癮者的立場，來觀察和看自己。」在幾個月的過程中，我看到他從一位不負責任且令人討厭的人，改變成逐漸知覺他的環境的好人。他開始做一些來自他出生地蘇里南的菜，給其他犯人，並且負起清理

公共地區的責任。最後，他變成犯人和管理仲裁期間，警衛的接觸點。山密再一次發現他自己，以致他能給與別人。

　　喬治‧伯納‧蕭這樣說：「關懷你自己之後所留下的是關懷這個世界。」利他主義者在那裡為別人，因為他們大致在他們自己是圓滿的。因為他們已經克服他們自己的困難，他們認為別人的問題比他們自己更重要。利他主義者已經打破他們自己煩惱的小世界，所以能夠眺望更大的整體觀。誠如荷蘭足球傳奇約翰‧克魯夫所說：「我年紀愈大，我愈能看到整個場地。」

　　創造空間去允許別人進入你的心，意指放下老問題。佛教徒稱此為「小死」----放下你必須讓其死掉的自我，以達到大徹大悟。所死掉的是「小我」，----不斷從事去滿足自己有限需求的自我。這個「小我」繼續嘗試去控制情況和人，因為它害怕喪失生活的控制。「忿怒的外面世界」是一種要求去保衛對抗的威脅。「小我」並未活著，但是殘存下來。所以，精神的成長不可避免地連結到，殺害每一個「小我」----所有我們一直認同的錯誤的人格。這種感覺像瀕死的，像一個活死亡，它像掉進一個黑暗。我們所握有的每件事情，所有我們以為我們是的，突然之間好似幻影。這樣的我是誰呢？什麼是我呢？以及為什麼是我呢？

　　那些敢於蒙受這種死的，將會再生。生命是施捨，生命是接受。簡言之，生命是要被連接。所以，測驗精神的成長，不是你穿上橘黃色的僧服看起來有多自在，或是你能盤腳坐多少小時。精神的成長是以允許別人進入你內心的包容力為特徵。是的，愛別人如同愛你自己。有的人要無條件地施捨。太陽不會思考它今天要照耀在誰身上。太陽照耀著，因為在它本質上

就是照耀。

　　做為「太陽」終歸生物學者所稱的「過剩因素」：你有如此多去施捨，以致它擴大超越你鄰近的環境。現在有一種人稱這種過剩為「感覺救世主的意識」。但是，我相信它簡單地是在我們的本性裡。每一個人自然地要施捨，每一個人要服務，但是我們大多數人是太過於為活著而忙。

　　那些抱著玩世不恭立場的人，認為人們沒有能力無條件地去施捨，而且總是需求一些東西來做回報。在問他們自己，為什麼他們以為如此時，能夠發現足夠的科學證據，證實前述的這種人是存在的。

　　舉一個例子：具有高尚能力去表現同情的一群人，沒有機會去展示那種自然的、幫助的行為。反而是別人幫助了。似乎是這些有同情心的人，對於貧窮的人受到別人幫助，正是一樣的快樂。他們明顯地有正當的願望，要去解除受害人的痛苦。

　　當我們暫時放下每件事情是「以牙還牙」的每天鬥爭，而與我們更深的內層接觸時，施捨是自然和容易的。它流動著。當我們被連結到生命能量的源頭時，我們能繼續施捨，不像那些如此做而精神上沒有再補給燃料的人。遲早，他們的電池會用光。能量失去活力；他們覺得與其他人是分開的，最後燒盡。

　　生命能量必須流動；我們必須施捨，並真正地活著。停滯的水變成污穢的，並使我們生病。我們藉由不與我們周圍的事物和生命的精神來源連結，而毒害自己。事實上，研究指出，配備他們自己去服務的人，比起不如此做的人更健康。亞蘭・路克研究三千三百位每天志願工作的人，並在2001年出版的書《行善的治療力量》中，描述他的發現。每天志願工作的人比

一年只志願工作一次的人是十倍更可能報告健康良好。涉及個
人接觸的工作的重要性也出現了。簡單地捐錢並無助於路克所
稱的「高幫忙者」。路克發現，行善不僅導致更好的健康和更
多的活力，而且也是一種好的解痛劑。事實上，波士頓哈佛大
學醫學院的羅伯・班森醫師發現，行善者經歷緊張的相反：
「假如我們行善，我們明顯地放鬆。新陳代謝、心跳、血壓和
呼吸都會更平靜，緊張、憂鬱和憤怒會減少。」

　　當然，你能盡全力去關懷別人。心數學研究所開發一種方
法，去照顧別人，而不會精疲力竭。這種「剪斷的」方法教你
到達「較高的心品質」，如慈悲和同情。研究顯示，練習它的
人產生百分之百以上更多抗老化過程的一種荷爾蒙，和百分之
二十三少的可體松————「緊張荷爾蒙」。抑有進者，心理上你
變得更穩定。這個研究所看到，太多的照顧是現代疾病最大的
來源。我們對別人過多的關懷，不僅對我們變成一種負擔，而
且對我們所照顧的人也是。如此一來，我們不但沒有幫助到別
人，我們更創造了緊張。「剪斷」是關於脫出被害者爲本的思
想，像「爲每個人，我總是必須在那裡，和沒有人考慮到
我」，並達到更深的感覺。

　　慈悲的一個美麗的例子，在艾因・蘭德的《源泉》有敘
述。當年輕的建築師霍華德・羅爾克拜訪史蒂芬・瑪洛利於其
工作室時，後者是狼狽的。他已經失去所有的希望和理想。當
瑪洛利看見羅爾克的理想是完整的，他忽然哭了起來。但是那
時：「片刻之後，瑪洛利坐起來。他看羅爾克，看見最平靜和
最親切的臉————一張沒有一點暗示憐憫的臉。它看起來不像是
見到別人痛苦而暗地快樂的人的容貌，也不像是受到需要他們
同情的乞丐的光景而提高地位的人的容貌，它並沒有呈現飢餓

的靈魂以別人的侮辱爲食的容貌。羅爾克的臉似乎疲倦，皺起太陽穴；他好像剛被打敗。但是他的眼睛是清淨的，它們安靜地看著瑪洛利，一個堅固和端正的瞭解的一瞥和尊敬。」

愛你的敵人並不等於與他一起受苦。慈悲意指，停留在痛苦之上----從痛苦分離----，以致我們在面對痛苦的情境時，能夠保持積極和建設性的。在年輕的時候，我們學習不要傷害別人，但是，我們沒有自動得到的一個教訓是，不要承受別人的苦惱。在任何情況下，我們總能加一些積極的事情，即使是最奇特的一種。這點最近被阿姆斯特丹的警察證明了。這位警察----多年來每天都在禪修----，與一位同僚，必須要替一位危險的人繳械。這個人攜著槍，還帶著一把他主要用來砍自己的刀。他曾切透他手指頭的腱。警察設法壓制他，並把他帶到醫院。醫護人員試圖給他麻醉劑，他因害怕而抓狂。需要有三個男人壓制他，才能讓護士做她的工作。兩小時後，當警察要離開這個人時，他呼叫警察，給他一個深深感動的一眼，並說：「我絕不會忘記你的眼睛。」一個簡單的人性的行爲是它所需要做的：看一眼、一個微笑、一個姿勢、一個動作。

前太空人艾加·米契爾是加州佩塔路瑪鎮，理智科學研究所利他精神計劃的創辦人，他稱此爲「認知的禮物」。利他心的人，對每一個人的尊嚴，總是有很大的敬意。我有印象，這會使人們生活改變的。

尊敬如何能改變生命，對我而言，變得很清楚；不久以前，在印度，當時我遇到一位來自紐約的熟人。我們發現我們自己在高山上的婆羅門·庫瑪利斯世界精神大學中心。這位熟人在紐約的婆羅門·庫瑪利斯中心有一個負責任的地位，他覺得去年他沒有達到標準。他與達地·珍基，這個組織的女性主

管之一，討論他的感覺。她不但沒有譴責他，還問他是否來年
願意多負擔些責任？她所顯示對他的尊敬和信心，提供所有他
需要的刺激，來使得下一年是很夢幻的一年。

　　自從一九八七年以來，利他精神計劃已經每年授與「創造
的利他聖堂獎」，給能夠發現問題、並解決問題的普通人。
「利他主義者的一項特徵是：他們在他們所做的事情上是非常
勝任的，但是通常做他們沒有直接被訓練去做的一些事情。這
也許是他們最大的力量；他們看見專門訓練人員長久以來已經
失去的解答和觀點。」

　　新聞記者轉化的行動主義者尼可里因・克魯因是一個標準
的例子。有一天晚上，當她正在看新聞，而瞭解到波斯灣戰爭
迫在眼前，她決定採取行動。她飛到日內瓦去問那些相關的
人，假如沒有別的事，要考慮兒童。幾個月之後，波斯灣戰爭
爆發，她飛到華盛頓去與布希總統個人談話。當尼可里恩決定
她不能從這些「年老的紳士」期望很多時，她親自動手。從一
九九一年以來，她已經運送超過三千噸----120卡車貨物----
的衣服、糧食、醫藥和「很多剝製的動物」給庫德斯坦、前南
斯拉夫、莫德維亞和車臣共和國的小孩，時常是單獨地做。每
一個人都認為她所做的是美好的，但是很少人加入。我們關懷
我們的鄰居，我們感覺到那些貧窮的小孩，但是…

　　一九六四年發生一個事件，促成一片研究所謂「旁觀者效
果」。在一個值得尊敬的紐約地段，有三十八個人目睹年輕的
基提・傑諾維斯被一位男人強暴，並重覆地用刀子刺她的謀
殺。沒有人干預。等到最後有人叫了警察，基提已經死了。研
究指出，人們對於如何反應，覺得不確定，每一個人都在等待
其他人採取行動。假如你涉及到，他們認為，也許你會遇到相

同的命運，去做最安全的事情是等著看每一位其他人如何反應？很明顯地，涉及的人愈多，有人會干涉的機會愈少。這種證據來自一個實驗，坐在一間等候室的人們聽到門的另一邊一位婦女跌倒，並呼叫求助。在這房間百分之七十的人會去幫助。但是當人們與陌生人一起等待，只有百分之七的人去幫助婦人。

依照也是「利他精神計劃」的湯瑪斯‧赫雷說，利他主義者確實知道他們什麼時候已經達到目標，和什麼時候該放下。赫雷把這個歸功於他們的精神練習：「他們有一些事情去投靠。」對於利他主義者來說，服務是一種生活的方式。假如他們要變成倚賴他們服務的結果，他們將喪失他們的精神基礎和他們的正直。他們將不再是利他主義的僕人，因為他們會從他們所服務的那些人，要回一些東西。眞正的服務涉及放下結果。據說甘地為了這個理由，定期地花幾天在沉默中————讓英國的談判者大為沮喪。甘地知道，假如他輸掉自己的非暴力，他會輸掉非暴力的戰鬥。

慈善的心靈，像馬丁‧路德‧金恩、德蕾莎修女和耶穌基督，也都一生努力於保持他們精神貯存的完整。他們不允許自己因名譽、財富和舒適的有限報酬而墮落。他們每一個人都有足夠開放的心，去繼續看最大可能的願景。結果，他們維持人類歷史上幾乎是保持最好的秘密之一：最大的享受是天生地來自於布施。

五二、無塵之鏡

「我已經發願要以女身證得大徹大悟————不管它花多少生。」一種特別的聲明，因為這裡是一位婦女宣佈她的意向，要達成內心完美的高峰，她所做的聲明非常大膽，因為尚未有歷史上女性的宗教領袖，沒有被記錄的女性佛。丹津・帕爾摩法師擬矯正所有那個情況。我看著她清澈和明亮的眼睛，不僅反映它的顏色，而且是一種寬廣和無限存在的特質。假如有女性的未來佛，這可能就是她。

我們坐在一個開放給壯麗的喜馬拉雅山景觀的房間裡————過去四十二年來她的家和修行場所，其中十二年是在海拔一萬三千二百呎獨居的隱避山洞裡度過。這對於住在山上刻苦耐勞的人來說是一件嚇人的工作，對於一位英國婦女而言，更不用說了，她既沒有先前高海拔生活的經驗，住在一個多天會被雪埋著的山洞，春天融雪時又會大水氾濫，而且不斷會受到雪崩和野外動物的危險。

她在這樣嚴苛的情況下，除了她大徹大悟的決心外，不受任何事情的援助，繼續她的修行，其存活的可能性為何？一位來自倫敦東端柏絲那爾・葛林魚販的女兒，穿上西藏佛教寺院的僧服，走在一條要改變這個古代智慧傳統對女人和西方人的看法的道路上的可能性為何？丹津・帕爾摩做到這兩者，而且活著要說這個故事。

她十八歲的時候，覺得與佛教很親近，足夠強烈的對她的母親說：「我是一位佛教徒！」不久，丹津・帕爾摩，或她那

時的名字，戴恩·培里，理解到假如她要進一步探究這個，她
必須旅行到印度。因爲中國侵略西藏之後，西藏的難民，包括
西藏佛教傑出的宗教師，在一九五九年已經抵達印度。丹津·
帕爾摩於一九六四年到達印度，在見過她的老師喀姆特仁波切
之前，她曾經短時間在一所學校，教年輕的喇嘛英文。

　　住在仁波切的寺院裡，做爲一百位僧侶中唯一的女性，提
供丹津·帕爾摩第一手歧視的經驗，限制女性去接近自由傳授
給男人的資料。她渴望受到教導，但是卻被排除在大多數寺院
的活動之外，因爲厭惡女人的偏見，她爲這個事實感到挫折。
這個階段持續六年。然後，她在她的老師建議下，到印度喜馬
拉雅山較高的地區拉合爾，最後她進入山洞，把她自己投入沒
有間斷，密集的精神修行。從一九七六年到一九八八年期間，
帶來很多的考驗，內心的成長和轉化（如維姬·麥肯基，於一
九九八年英國布魯母絲柏里出版社所出版的《雪洞》所記錄
的）。在她目前喧囂的生活中，孤立的洞似乎很遙遠，雖然她
保持內在的平靜。因爲她的山洞現在已經擴大到包括整個世
界，特別是那些尋找從事精神生活的女性。丹津·帕爾摩已經
變成一位授與者，透過她約十年前所建立的多加·如薩·林
庵，她正在幫助想要走在這條困難的道路上的女性打開更寬的
門。這間庵的目標在提供比丘尼教育、禪修和實際上的技術，
使她們能夠在未來管理庵堂。鼓勵更多的女性成爲佛教的老
師，也是一件迫切的事情。

　　不管佛教比丘尼所面對的性別歧視，佛教教義本身是性別
中立的，因爲基本上，如丹津·帕爾摩解釋：「他們正在處理
心的性質，如何更知覺我們的思想和我們內心的世界，超越我
們的思想去看到我們既非男又非女的未生的知覺。」她很敏銳

地在禪定的空間裡，超越了性別的議題。「假如我們看我們的心，當我們是眞正地坐和適當地禪修時，既沒有男的，又沒有女的。我們都有我們先天的無明，從那裡產生我們的貪心、侵略和嫉妒。不管是男人或女人，最後，我們都在處理我們虛幻的心，要轉化它來體現智慧和慈悲。」

追求大徹大悟的什麼？她不是一開始發願要成爲女性的佛嗎？

「是的，在我發這個願的時候，」她說：「我是受夠了男性的態度。但是開悟是一件事，要變成大徹大悟又是另一件事。即使達賴喇嘛也沒有宣稱大徹大悟，沒有人這樣說。解釋這個最容易而沒有把這些定義推得太遠的方法，是把心想成一面鏡子。它是眞正清楚和反射的，但是帶有灰塵。當我們看心時，我們所看到的是厚的灰塵。我們沒有看見光明、清楚和像鏡子般的反射。假如你拿一根針，然後在灰塵裡戳一個小洞，你會看到下面是鏡子。那是一個難以相信的突破。你突然理解，你不是灰塵。那個明亮清楚照耀的鏡子在那裡，但是在它上面，仍然有灰塵。直到我們已經擦拭每一點灰塵，我們不能證得佛性。掃除塵埃的層次很多。隨著每一次清掃，就有更明亮的鏡子和較少的灰塵。但是直到一點都沒有灰塵和灰塵也不可能再掉下來，你是不會大徹大悟的。」

丹津·帕爾摩生動的描述精神的過程，引發我一直渴望詢問一個有寺院生活經驗的人的問題。出家對精神成長是基本的嗎？或者是住在這個世界上，隨著我們的關係和責任，即使偶然有一些娛樂，精神成長也是可能的嗎？當然「假如它不是的話，那麼精神生活就沒有意義。這些日子，百分之九十九有興趣於精神生活的人，特別是在西方，不是比丘和比丘尼。所以

假如法有任何關聯的話，它必須是與每一個人有關係的。問題是人們傾向於把精神生活和禪定劃上等號。但是，那只是一個部分。在佛法裡，有六波羅蜜多：『布施』----慷慨（開放的心），『持戒』----倫理的行為，『忍辱』----在刺激下的忍耐，『精進』----努力把你的生活與精神之路相調和，『禪定』和基於禪定的『般若』。假如我們適當地注意它，我們所做的任何事情都是法的實踐。假如一個人使用其智能，做一位母親和一位妻子是法的實踐。你在那裡會比養育小孩，需要更多的慷慨和耐心呢？為了讓心扉打開，所有這些品質都需要。它不只是坐在墊子上和禪修的事情。假如我們學習如何活在現在，如何活在此地，不管我們做什麼都是法的實踐，不論我們是否在寺院裡，在工作場所或在家，都沒有關係，它是相同的。心是相同的。心沒有理光頭！」

我們談到女性自己偏見的內化，和什麼導致它們的永存。我告訴她，關於這一點，她一直是多麼關鍵的，因為她來自外面，能挑戰男性和女性，並質疑他們根深柢固的偏見。

「是的，」她說：「我想我出生做為一位女性，一位西方的女性，在那一點上是重要的。」

這個發言的後半部是重要的，因為佛教和西方的接觸已經呈現很多的議題，與用當代的範疇來重新解釋古代的智慧有關，要從文化的添加生長和墨守成規中，過濾和具體化真正的洞察力。像丹津‧帕爾摩這樣的人，在新轉法輪中，藉著作為新和舊、永恆和現代之間的橋樑，扮演一個重要的角色。

當我們的談話即將結束時，丹津‧帕爾摩走到讓喜馬拉雅山映入房間的玻璃門。她凝視著庵建設工作的進行，她提到她多愛看到所有這些完工。我想我探出一種思慕洞穴，熱望回到

禪修生活的渴望。當我離開時，她用一種意外溫和的姿勢，把她的手臂圍繞著我。她的眼睛再一次的是安靜和深沉的。就在我旁邊這裡，她是在她的山洞裡----在安靜的知覺她最深入的真實。

五三、我們能永遠年輕

年輕不是生命的時間，它是心的狀態，它是意志的氣質，想像的品質，情緒的活力，勇氣凌駕怯弱，渴望冒險戰勝熱愛安逸。

沒有人只因多活許多年而變老；人們變老，只是由於遺棄他們的理想。年代讓皮膚起皺紋，但是放棄熱忱會使心起皺紋。煩惱、懷疑、自我不信任、恐懼和絕望----這些是多年來低著頭，轉化生長的精神為塵土的因素。

不論你是七十歲或十六歲，在每一個人的心中，都有熱愛不可思議的事物，甜蜜地驚奇於群星和星般閃爍的事情和思想，不畏懼於挑戰事件，無窮盡天真無邪的渴望下一件要發生的事，和生命的遊戲。

你是如同你的信心一樣年輕，如同你的懷疑一樣老；如同你的自信一樣年輕，如同你的恐懼一樣老；如同你的希望一樣年輕，如同你的絕望一樣老。

只要你的心接受來自地球，來自人類和無限的美麗、愉快、勇氣、壯觀和力量的信息，你是年輕的。

當線路全都倒下來，所有你的心最內部的中心，被悲觀主

義的雪和犬儒主義的冰蓋住了，然後你眞正變老了。

五四、時間

　　想像有一間銀行每天早上存入你的戶頭八萬六千四百元。它每日都不能把餘額結轉。每天晚上它會刪除你在當天沒有用完的餘額。

　　你會做什麼呢？提出每一分錢嗎？當然！我們每一個人都有這樣一間銀行。

　　它的名字是時間。

　　每天早晨，它給你八萬六千四百秒。

　　每天晚上，它如同損失一樣，勾銷你所有未曾投資到善的目的那些。

　　它的餘額不能結轉，它不允許透支。

　　每天它開一個新戶頭給你。

　　每天晚上它銷掉當天的餘額。

　　假如你沒有使用當天的存款，損失是你的。

　　沒有回頭。

　　不能以「明天」爲抵押來開支票。

　　你必須用今天的存款，活在現在。

　　投資它，以便得到最大的健康、幸福和成功。

　　時鐘正在走。

　　儘量善用今天！

　　要瞭解一年的價值，問留級的學生。

要瞭解一個月的價值，問生出早產兒的母親。

要瞭解一週的價值，問週報的編輯。

要瞭解一分鐘的價值，問錯過火車的人。

要瞭解一秒鐘的價值，問剛避開意外的人。

要瞭解千分之一秒的價值，問贏得奧林匹克銀牌的人。

珍惜你所有的每一刻。爲了珍惜它，所以你與足夠特別的一些人，足夠特別去花你時間的人，分享它。

時間並不等待任何一個人。

昨天是歷史。

明天是神秘。

今天是禮物，

這就是爲什麼它叫目前（禮物）…

我們多常忽略，對我們的朋友表示，我們多關心他們。

五五、明細單

他是我在明里蘇達州摩里斯鎮聖瑪麗學校三年級班的學生。對我來說，所有我三十四位學生，都是很可愛的，但是馬克·艾克蘭德更是千中挑一的。他不僅儀表整齊，而且有活著很快樂的態度，使得他偶爾的淘氣都是很可愛的。

馬克不停地談話。我必須再三提醒他，沒有經過許可的談話是不能接受的。雖然使我印象深刻的是，每一次我糾正他的品行不端時----「謝謝你糾正我，修女！」最初我不知道它是怎麼一回事，但是不久我變成習慣一天聽到它很多次。

有一天早上，當馬克說太多話時，我的耐心變得很稀薄，然後我犯了一個新老師的錯誤。我看著馬克說：「假如你再說話，我將用膠帶黏住你的嘴。」不到十秒鐘，查克脫口而出：「馬克正在談話。」我從未要求任何學生幫助我看著馬克，但是因為我已經在全班前面說出處罰，我必須要去執行。

我記得這個情景，就好像它是今天早上發生的事。我走到我的桌子，很審慎地打開抽屜，取出一捲遮蔽膠帶。我沒有說一句話，走到馬克的位子，拿出兩片膠帶，在他的嘴上，貼了一個大×形的膠帶。然後，我回到教室的前面。當我一瞥馬克去瞭解他如何時，他向我眨眼。我走到馬克的位子，解開了膠帶，聳一聳我的肩。他的第一句話是「謝謝你糾正我，修女！」

在那一年結束時，我被派去教中學的數學。幾年飛快過去了，在我知道它之前，馬克再一次出現在我的班上。他比以前更瀟灑和一樣有禮貌。因為他必須仔細地聽我教導「新數學」，他在九年級並不如他在三年級一樣談很多話。有一個星期五，事情並不覺得好。我們已經整個星期很努力地探求新觀念，我感覺到學生們皺著眉頭，很感挫折，而且彼此是急燥的。我必須在事情失控之前，停止這種不穩定性。

所以我要求他們，在兩張紙上，列出教室裡其他學生的名單，在名字之間留下空白。然後我告訴他們，想一想看有關於班上的每一位同學，然後，把他們對每一位同學所能說最好的事情寫下來。他們花了該課程所剩下時間，來完成作業，當學生離開教室時，每一個人交給我這些紙。查理微笑著。馬克說：「謝謝你教我，修女，週末愉快。」

那個星期六，我在不同的紙上，寫下每一位學生的名字，

我列出每一位其他人對該學生所曾說過的話。星期一，我給每一位學生他或她的明細單。不久，整個班上都在笑。「眞的嗎？」我聽到耳語聲。「我從來不知道那個對任何人有意義！」「我不知道其他人如此喜歡我。」沒有人在班上再提及那些明細單。我不知道他們是否在課後或與他們的父母親討論過它們，但是那並沒有關係。這個練習已經完成了它的目的。這些學生再一次對他們自己和彼此都很高興。那一群學生繼續往前走。幾年後，在我度假回來後，我的父母親在機場接我。當我們開車回家時，母親問我有關旅行的平常問題────天氣、我一般的經驗，在談話之間有短暫的平靜。母親給父親一個側面的一瞥，簡單地說：「爹爹？」我的父親如同以往有重要事情要說之前，先清一下喉嚨：「艾克蘭德的家人昨晚打電話來。」他開始說。

「眞的嗎？」我說：「我多年來未曾聽到他們的消息，我懷疑馬克是如何了！」爹爹安靜地回答：「馬克在越南陣亡了。明天是告別式，如果你能參加，他的父母親會很高興。」

到今天，我仍然能夠正確地指出，當我的父母親告訴我有關馬克時，我們所在的州際公路494的正確地點。我以前從未看過裝在軍人棺木的軍人，馬克看起來是如此的瀟灑，如此的成熟。我那時所能想的是，馬克，假如只有你能對我談話，我將給與全世界所有的人遮蔽膠布。

教堂擠滿了馬克的朋友。查克的姐妹唱「共和國頌」。老天爲什麼要在告別式的那一天下雨呢？在墓旁，那是足夠困難的。牧師說一般的祈禱詞，喇叭手吹起葬禮號。那些愛馬克的人，一個接一個走到棺木旁，灑上聖水。

我是最後一位去棺木旁祝福的。當我站在那裡時，擔任護

柩者的一位軍人向我走來。「你是馬克的數學老師嗎？」他問，當我繼續凝視棺木時，我點頭。「馬克談到你很多，」他說。

在告別式之後，大部份馬克以前的同學到馬克的農舍去用午餐。馬克的父母親也在那裡，明顯地在等我。「我們要讓你看一些東西，」他的父親說，然後從口袋拿出皮夾來。「當他陣亡時，他們在馬克身上發現這個。我們以爲你也許認得它。」他打開皮夾子，小心地拿出兩張筆記本的紙，很明顯地已經被黏和折疊很多次。

不需要看那些紙，我知道那是，我將每一位同學對馬克所說過有關他的好事情，全部列出來的紙。

「非常謝謝你那樣做，」馬克的母親說：「如你所見到的，馬克珍藏它。」

馬克的同學們開始圍繞著我們。

查理很害羞地笑著說：「我仍然有我的明細單。它放在家裡，在我桌子的上層抽屜裡。」

查克的太太說：「查克要我把他的明細單放在我們的結婚相簿裡。」

「我也有我的，」瑪麗蓮說：「它是在我的日記裡。」

然後，另一位同學，維姬，從她的手提包中，拿出她的皮夾，展現她磨損和破舊的明細單給大家看。「我一直都帶著這個，」維姬沒有眨動一根睫毛說：「我想我們都保存我們的明細單。」

那是我最後坐下來哭的時候。我爲馬克哭，爲所有不能再見到他的朋友哭。

五六、假如你很忙

假如你是忙於仁慈的，
在你知道之前，你會發現，
你很快就忘記去想
「有些人眞的對你很不仁慈」。

假如你是忙於高興的，
並鼓舞那些似乎傷心的人，
雖然你的心也許會有一些痛，
你會很快忘記注意它。

假如你是忙於好的，
而且儘你最大可能去做得好，
你將沒有時間去責備那些，
儘他們可能去做得好的人。

假如你是忙於眞實的，
去面對你知道你應該去做的事，
你將會如此忙碌，以致你會忘記，
你曾遇到的一些人的錯誤。

假如你是忙於正確的，
你將發現你自己太忙了，

以致沒有時間去批評別人，
因爲他們是忙於錯誤的。

五七、生命中的玫瑰

我已經做了很多從未成眞的夢，
我看到它們在黎明時消失。
但是我已經足夠理解我的夢，
使我要繼續做夢。

我已經做了很多沒有回答的祈禱，
雖然我耐心和長久的等待。
但是祈禱已經足夠給我答案，
使我要繼續祈禱。

我已經信任很多失敗的朋友，
它使我獨自哭泣。
但是我已經足夠發現他們眞正的憂鬱，
使我要繼續信任。
我已經播種很多掉在路旁的種子，
使鳥可以賴以爲生。
但是我手裡握有足夠的金束，
使我要繼續播種。

我已經喝乾了裝滿失望和痛苦的杯子，
很多沒有歌聲的日子過去了。
但是我已從生命的玫瑰裡，喝了足夠的甘露，
使我要繼續活下去。

五八、有價值的眼淚

少為自己哭泣，多為別人哭泣。
把實質的意義，加在你的眼淚裡。
不要讓你自己，被它們所停止和淹沒。
讓它們成為你行動的號召，
你，只有你，才能夠開始有創造性的大改變。

五九、守護神

這個女孩赤著腳和滿身骯髒的，只是坐著在那裡，看著人們經過。她從未想要說話，她從來沒有說一句話。很多人經過，但是沒有一個人停下來。

第二天，我決定回到公園，好奇地想知道，這位女孩是否仍舊在那裡？

她就坐在昨天的位子，在她的眼中，有最傷心的光芒。今天，我要採取行動；於是，我走向這位小女孩。如我們都知

道，一個充滿奇怪的人的公園，不是小孩子玩耍的地方。

　　當我開始朝向她走去的時候，我能看到小女孩背部的衣服，說明她是畸形的。我猜想，那就是人們只是經過，而沒有努力要幫助的理由。當我更靠近的時候，小女孩略微降低她的視線，以避免我有意的凝視。我能夠更清楚地看見她的背部。它是隆起而奇怪形狀的。我微笑著，讓她知道談話是沒有關係的，我是要幫助她的。

　　我坐在她旁邊，簡單地招呼一聲。小女孩表現很震驚，在長久地注視我的眼睛之後，結結巴巴地應了一聲。我微笑，她也害羞地笑著。我們交談著，一直到天黑，公園裡已完全沒有其他的人。每一個人都走了，只剩下我們。我問這位女孩，為什麼如此的傷心？小女孩看著我，傷心地說：「因為我是不同的。」

　　我立刻說：「你是！」，然後微笑著。

　　小女孩表現甚至更傷心，她說：「我知道！」

　　「小女孩，」我說：「你使我想起一位守護神。」

　　她站了起來說：「真的嗎？」

　　「是的，女孩，你像一位守護神，被派來守望所有走過的人。」

　　她點頭和微笑著，並展開翅膀，眼睛閃亮地說：「我是！」

　　我說不出話來，的確我是看見一些難以置信的事情。

　　她說：「因為你考慮到你自己以外的其他人，所以我在這裡的工作已經完成了。」

　　我立刻站起來說：「等一等，為什麼沒有人停下來幫助一位守護神呢？」

　　她看著我，笑著說：「你是唯一能看到我的人，而且你心裡相信它。」

　　然後，她走了。隨著那樣，我的生活也戲劇化地改變。所以當你以為你是你僅有的時候，記得有一位守護神，守望著你。

六○、百萬元的微笑

　　每年這個男士團體會來兒童之家孤兒院。

　　所有的男孩和女孩，每人會領到兩塊錢。每位男士會帶我們一組五個人，到佛羅里達州傑克森米勒的市中心，去採購耶誕節的禮物。

　　我記得三年來一直都與同一位紳士去。他會帶我們去採購，然後問我們是否想看電影？當我們到電影院時，我記得緊密地看著他，我看著他拿出皮夾子，來付我們的門票。他看著我，只是大笑。在看電影時，他會買我們所想吃的爆米花和糖果。我記得，想起有人願意花他們自己的錢在像我們這一些人的身上，是多麼美妙的事。我們都對這部好笑的電影笑，並有一個真正好時光。這位紳士會笑得很大聲，然後輕拍我的頭。然後，他會再一次笑得很大聲，並摸著我的頭髮。我會只是看著他，他會繼續大笑。

　　那次電影院之旅，是我生平中，第一次覺得好像有人真正關心我。它是一種即使幾十年後的今天，我仍然不會忘記的美妙感覺。我不知道那個人是否同情我？但是我的確知道：假如

我中大樂透的話，那個人會發現他有一個百萬元的微笑。

　　這就是爲什麼我相信公益團體和俱樂部要繼續伸出援手，去幫助那些不幸的人，是很重要的。在我特殊的個案裡，這一個男人個人親切的行爲，讓我多年來都記得。只是一點點簡單地親切的行爲。這些小小的行爲會確保，有一天，當一些迷惑的小孩偏離正軌，他或她會永遠記得某些人顯示給他們親切的小閃光。那個小希望，那個善的小光明，將永遠藏在那些困惑心靈的深處。

　　我感謝你，仁慈的先生，五十年後，我現在仍與我的孩子們和孫子們，分享那個記憶。

六一、美麗的珍珠

　　珍妮是一位眼睛明亮和美麗的五歲小女孩。有一天，當她和母親在雜貨店結帳的時候，珍妮看到一條塑膠的珍珠項鍊，價格是二元五角。她很想要那條項鍊，當她問母親，是否母親能夠買那條項鍊給她時，母親說：「唔！它是一條美麗的項鍊，但是它值很多錢。我告訴你，我將買這條項鍊給你，當我們回家時，我們列出一張你能做的家事清單，來付這條項鍊。不要忘記，你生日時，祖母也可能給你一塊錢，好嗎？」

　　珍妮同意，她的母親也買了這條珍珠項鍊給她。

　　珍妮每天很努力地做家事，的確，她的祖母在她生日時，給她一張全新的一元鈔票。不久，珍妮付清了這條項鍊的錢。珍妮非常喜歡這條項鍊。她到那裡都戴著它，到幼稚園，上床

睡覺，和與母親一起出外跑腿等。

　　她唯一沒有戴它的時候是她在淋浴時。她的母親曾告訴她，那會把她的頸部變成綠色的。

　　現在，珍妮有一位很有愛心的父親。當珍妮上床時，他每晚會從他喜愛的椅子起來，爲珍妮，讀她喜愛聽的故事。

　　有一天晚上，當他讀完故事時，他說：「珍妮，你愛我嗎？」

　　「是的，父親，你知道我愛你的。」小女孩說。

　　「好，那麼，把你的珍珠送給我。」

　　「喔！父親，不要是我的珍珠！」珍妮說：「但是你能夠有我喜愛的洋娃娃蘿西。記得她嗎？去年我生日時，你把她送給我。你也能夠有她茶宴的裝備，好嗎？」

　　「喔！不，親愛的，沒有關係。」她的父親親吻她的面頰，「晚安，小可人兒。」

　　一星期之後，她的父親在講完故事之後，再一次問珍妮：「你愛我嗎？」

　　「喔！是的，父親，你知道我愛你的。」

　　「好，那麼，把你的珍珠送給我。」

　　「喔！父親，不要是我的珍珠。但是你能夠擁有我的玩具馬麗邦思。你記得她嗎？她是我喜歡的東西。她的毛是如此地柔軟，你可以與她玩，用圈鍊裝飾她和做任何事情。假如你要的話，你可以有玩具馬麗邦思，父親。」小女孩對父親說。「不，那沒有關係，」她的父親說，並再一次吻著她的面頰，「祝福你有一個美夢，小可人兒！」

　　幾天之後，當她的父親來讀故事給她聽時，珍妮正坐在她的床上，她的嘴唇在顫抖，「這裡，父親。」她說，然後伸出

她的手。她打開她的手，手中有她喜愛的珍珠。她讓它溜進父親的手中。

她的父親一隻手拿著這條塑膠項鍊，另一隻手從口袋裡，拿出一個藍色天鵝絨的盒子。盒子裡是一串眞正的美麗珍珠。他一直都帶著這一串珍珠。他在等待珍妮放棄便宜的東西，以致他可以給她眞正的東西。

所以，佛菩薩也是一樣。他們都在等待我們放棄我們生命中便宜的東西，以致他們能夠給我們美麗的寶藏。

這使我想起我所執取的東西，而懷疑佛菩薩要用什麼東西來取代它們。

六二、正確的問題

有一千個不要停下來的理由。爲了一件很重要的事，我正遲到…喔！不管是什麼理由，那一天我正遲到。高速公路是擁擠的————我很可能引起一個意外事件或一些事情。高速公路巡邏隊確定不久會上前，幫助拋錨的駕駛汽車的人是他們的責任，不是嗎？而且我穿著一套深藍色的衣服，淺藍色的襯衫和一條絲領帶。不完全是修車的衣服，你知道嗎？

讓我看一看————那一千零四個不停下來的理由。這裡是第一千零五個理由，我是世界上最差的汽車機工。名列美國汽車協會十位公共敵人名單上的第一名。

我第一次自己嘗試換我車子的機油時，我做得還好————直到我忘記加新油。修車廠的人都笑我。下一次，我記得加新

油----只是我把它加在變速器上。那件事使我接到一封來自阻
止虐待克萊斯勒協會的信，他們建議我騎馬。

　　不要誤會我。我並不爲自己感到難過。老天已經給我其他
才能，來利益人類。假如我恰好在這時向路邊停靠和伸出援
手，我不確定對那位在高速公路旁拋錨的女士會有多大的幫
助。所以，我沒有向路邊停靠。就好像那一天好幾百位其他駕
駛一樣，我開過去。但是，我覺得有罪惡感。所以我在下一個
出口，下高速公路，並開回來看，是否我至少能載她一程或做
些什麼事。但是當我開回到她拋錨的地方時，一位西班牙裔的
紳士已經把車停在她後面的路邊上，在修理她的引擎，好像知
道他正在做什麼。

　　「我能夠幫什麼忙嗎？」我問。

　　「不，謝謝你，」這位女士回答：「這位好人說，他能夠
把它修好。」在那個時候，來自車蓋有一個聲音叫喊著：「好
了，現在試試看。」

　　這位女士伸向車鑰匙，並且啓動它。引擎很順利地發動
了。

　　「那是你的彎曲帶，」這個人解釋說，並且用手擦他的褲
子。「它溜掉了。它是太舊了。你要到汽車機工那裡，換上一
條新的。」

　　這位女士嘗試要給這位高速公路的撒馬利耶人一些錢，但
是他拒絕了；當她開走時，他向她揮手。直到我們開始走向我
們的車子時，我才注意到他比我有多五個不停下來的理由，他
的家人正坐在一部休旅車上，耐心地等待著。

　　「你時常停下來幫助像這樣的人嗎？」我問。

　　他聳一聳肩。

「總有人必須要做，」他說：「假如沒有人幫助，她將怎麼辦呢？」對他而言，那是足夠的理由。

馬丁·路德·金恩博士被暗殺的前一天晚上，在他的最後佈道裡，他拿聖經裡好心的撒馬利耶人的寓言，來作教材。在這個故事裡，一位男人被盜賊襲擊，而倒在路邊。幾個旅人恰巧路過，但是他們都從旁邊經過。最後，有人停下來幫忙，雖然那是一位有理由不停下來的人。他是一位撒馬利耶人，而這位受害者是一位猶太人。他們那時並不比現在相處得更好。依照金恩博士的說法，那些從旁邊經過受傷者的人，正問他們自己錯誤的問題：「假如我幫助這個人，什麼事情會發生在我身上？」

好心的撒馬利耶人停下來幫忙，因為他問了正確的問題：「假如我不幫助這個人，什麼事情會發生在他身上？」

金恩博士終其一生都在問正確的問題。假如我們真正要尊敬他，我們也需要問自己那個問題。不管我們也許想出多少我們不需要去做的理由。

六三、好廚師

當我的兒子十一歲時，他在巡迴到我們鎮上的一個嘉年華會，找到一份小工作。

他沒有回來吃午餐，只打電話告訴我們，他很好，而且在一個展示會，找到一份幾天的工作。然而，在他工作完之後，他如常地回來吃晚餐。

　　我問他午餐如何解決？他告訴我已經在嘉年華會結交了一些新朋友，是一對雙胞胎的兄弟和他們的父母親。他們付幾塊錢給他，並邀請他一起吃午餐，來報答他幫助他們設立展示，並要他第二天回去幫忙其他雜務。

　　我很高興他已經找到新朋友，但有一點憂慮，什麼樣的人會在巡迴的嘉年華會裡？

　　「喔！媽媽，這些只是像其他人一樣，正常的普通人。他們只是在嘉年華會裡工作，而不是在商店或其他地方工作。請明天前來，親自見他們。」他說。

　　於是，第二天，我照他的指示，來到嘉年華會和展示場。結果雙胞胎兄弟是胸部連在一起的連體雙胎。

　　他並不認為這件事值得一提。當我向他提出來時，他說：「是的，我也注意到了。你知道嗎？他們的媽媽必須親自做他們所有的衣服，因為很難找到任何合身的衣服。他們也真正是好廚師。今天，右邊的那一位喬，午餐為我做了義大利麵。」

　　其他人最初所親自看到的，不是一個小孩所認為重要的。

　　當我看到的是連體雙胎時，他看到買合身衣服有困難的人，以及好廚師的年輕人。這是多年來，我已經想了很多次的一個教訓。

六四、小牛和常識

　　雷爾夫・華爾道・愛默生，是十九世紀有名的詩人和散文作家。有一天，他嘗試要把一頭小牛帶進牛舍。但是他患了

「只想到他所要的」共同易患的錯誤：愛默生推，他兒子拉。…但是這頭小牛定住了牠的腳，頑固地拒絕離開牧草地。

愛爾蘭裔的女傭看到他的窘境。她不會寫散文和書，但是，至少在這個場合上，比起愛默生，她更瞭解馬和牛。她把指頭放進牛的嘴巴，讓牛吮吸她的指頭，以致她能夠溫和地引牛進入牛舍。

這個教訓是簡單而深遠的：影響其他人最好的方法是，考慮他們的欲望，而不只是你自己的欲望。

六五、漂流者

一九八二年，史蒂夫‧卡拉翰獨自駕著帆船，撞上一些東西而沉船，當時，他正要橫渡大西洋。他不在航行的路線上，獨自在一艘救生艇上漂流著。他的補給很少。他的機會很小。然而在七十六天之後，三個漁民發現他時（在海難之後，任何人能獨自在救生艇上存活最長的時間），他仍然活著；雖然，他比起出發時更瘦，但是他仍然活著。

他敘述他如何活下來的經驗是迷人的。他的聰明----他如何設法抓魚，他如何修理太陽能蒸餾器（將海水蒸發成清水）----是很有趣的。

但是吸引我眼睛的事情是，當所有的希望似乎失去了，當繼續奮鬥下去似乎沒有目的，當他正遭受很大的痛苦，當他的救生艇被刺破了，在超過一星期，以他脆弱的身體去修理它，仍然在漏氣，而使他筋疲力竭於繼續要打氣進去。他是如何設

法讓自己繼續努力下去的？他是饑餓的，他是嚴重脫水的，他是完全地耗盡了體力，放棄似乎是唯一理智的選擇。

當人們從這些情況存活時，他們在心理做了一些事，給他們勇氣持續下去。在類似絕望的情況下，很多人屈服或發瘋了。存活者在他們的心中，做一些事情，幫助他們找到勇氣，不顧無法抵抗的劣勢，而能支持下去。

「我告訴自己，我能處理它。」卡拉翰在他的故事裡寫著：「比起其他人所經歷的，我是幸運的。我三番五次告訴我自己這些事情，增進我的毅力。…」

在我讀完之後，我把它寫下來。它讓我留下深刻的印象。當我的目標似乎是遙遠的，或當我的問題似乎是太無法抵抗的，我一直告訴自己同樣的事情。每一次我這樣說時，我總是可以回到我的理智。

眞實是，我們的情況，比起一些比較好的，只是壞一些。但是，其他人已經歷過更壞的。我已經讀了足夠的歷史而知道，比起我們的幻想，不管我們似乎是多麼不好，在我們所在的地方和時間，你和我是幸運的。它是一種健康的思想和值得思考的。所以，在極端的邊緣能存活，這裡是給與我們力量的一些話：不論你現在所經歷的是什麼，告訴你自己，你能處理它。比起其他人所經歷的，你是幸運的。三番五次地，把這個告訴你自己，它將幫助你更堅忍不拔地度過崎嶇的地方。

六六、信任的力量

　　在印地安那‧瓊斯的電影----「探索聖杯」裡，印地發現他自己在一個無底深坑的懸崖上。在深淵的另一邊聳立著聖殿。在聖殿裡面，聖杯等待著他。印地已經走遍全世界，在尋找聖杯，無視於各種老鼠、骨骸和壞人，他幾乎失去父親，並很多次冒著死亡的危險，才到達這個緊要關頭。

　　現在，他是如此的近，而且也是如此的遠。獨自站著，往下看無底的峽谷，他記得在他的旅程中，當他到達這一點時，要幫助他的預言指示是：信心。印地深吸一口氣，然後踏在深坑上。他沒有看到任何可以站立的東西，但是，他決定要遵守「信任」的勸告。他一俯身在深淵上，一座橋出現了，而且他發現，自己是在一塊堅硬的板塊上充分地被支撐著。在人類的眼中，那似乎是十分不可能的，整個深坑只是一種信心的考驗。橋一直在前面，但是它只能被那些踩在上面的人才看得到。信心是有關看不見的事情的眼光。只有那些看得見眼睛看不見的事物的人，才能做不可能的事。祝福那些看得見又相信的人，更祝福那些還未看見而仍然能夠相信的人。

　　人生中，有多少橋因為你看不見它們，而尚未跨過？你這一次如何能不同地看事情，並注意到每一個害怕或障礙裡隱藏的黃金呢？你會允許自己跳躍你害怕的深坑嗎？要知道，當你這樣做時，你不僅轉變了自己，也轉變了你的世界呢！

　　當你現在讀這篇文章時，有多少喜悅和成就，未來將被錯過的機會，正等待著你？你能看見，敢於為你自己、你的家

人、你的社區和你的世界，做一個更大的夢的可能性嗎？

可能性是無止盡的。當你變成你的世界的共同創造者，你將理解你的權力是眞正地多難以置信的。當你與其他人分享你的夢時，你也將解放他們。

敢於築夢，我的朋友。敢於築夢，你將用你未曾想像的方式，建造一座橋到你的夢中。

六七、它也許是你

在舊金山海特區，那是一個寒冷的多天晚上，雨會傷人，呼吸會形成巨大的棉花球，在柏油路上跳來跳去。

我駕著一部令人刺眼的東西，它只能被一位無恥的說謊者或好朋友指爲車子。技術上，當我向一位不客氣的鄰居買這部車子的時候，它是徹底破壞的，因爲它需要詳細的檢查引擎，會花比車子本身更多的錢。在每次的旅程裡，我都加一品脫的機油。它大部份會沿路漏掉。我試著想像我正開著一部巨大的魔術蝸牛；那樣我就不會介意慢速度和它所留下的惹人討厭的痕跡。

這部車子外面的油漆，已經轉變成可怕的銹色和褐色的混合色。引擎聽起來，像壞掉的割草機。假如任何人曾經懷疑汽車座位的內部像什麼，我的車子有答案。它是一部很難駕駛的車子，因爲你必須把手指交叉和腳趾交叉來祈求好運，使引擎發動。

那一天晚上，我應該是沒有把手指交叉，而去抓一些東

西。這部車子停在四線寬的橡樹街中間，引擎不能動彈。我儘可能地順勢滑行，希望有一個地方能夠轉入，但是整條街停滿了車，最近的十字路口，也在滑行的範圍之外。

在忙碌的晚間交通裡，我坐在那裡，沒有燈，沒有移動，許多的車子卻呼嘯而過。在我的後視鏡裡，我看到一對車前燈停靠在我的後面。我知道會發生什麼，不久喇叭會響起，有人會詛咒我。

在舊金山，在轉綠燈時，假如你停太久，別人會按喇叭。假如在「停」的交通誌號前面，你敢完全停止，你後面的車子會向你按喇叭。我猜我在惹麻煩，但是我錯了。

一位陌生人從車子出來，來到我的窗旁。他問：「你需要幫忙推車嗎？」

我很吃驚，但是很肯定地點頭。他向他的車子揮手，兩位青少年蜂擁而出，來推我的保險槓。當我被安全地推到側面的街道時，他們跳回他們的車子，重新再加入交通海中。

我還來不及感謝他們。

幾年來我已經瞭解到，停下來幫忙的陌生人的一些事情。我注意到，每一次我有煩惱時，菩薩就出現了。菩薩看來從不一樣。有時候，菩薩是一個女人。年紀和族群也不相同。但是菩薩總是在那裡。

我已經開始瞭解，菩薩是使我們成為人類的最好部份。在這個世界上，一件真正的事情是，一位陌生人所提供未被請託的親切。這種無形的繩子，把我們綁在一起，使得生命是值得的。

今天，當你發現自己，在喧鬧和混亂中，受到許多事所困擾，不知道你將如何做好每一件事時，記住這一點：在那一堆

群眾中，有一位是與眾不同的。今天，那個人也許就是你。

六八、逆境中的祝福

　　當我約五歲時，我與家人住在阿拉巴馬州企業城幾個月，當時我的父親在附近的陸克堡參加高級的飛行課程。阿拉巴馬州企業城特別使人難忘的是，在城市的中心，它有一座奇怪的紀念碑。你不可能錯過它。事實上，你必須繞著它開車，因為它位在馬路的正中央。這座紀念碑是一隻橡花象皮蟲的雕像。

　　它可能是世界上唯一建造來向一隻昆蟲致敬的紀念碑。它絕不是因為美學的觀點而建造起來，橡花象皮蟲是一種看起來特別醜的生物。令人驚奇地，它的建立是因為橡花象皮蟲曾經蹂躪附近地區的棉花農作物。

　　他們為什麼向這種昆蟲致敬呢？喔！假如不是橡花象皮蟲，當地經濟將一直繼續它不健全的依賴一種農作物，一種產品的經濟，一直到那時，每一件事情都完全地仰賴棉花。當橡花象皮蟲來襲的時候，農人和仰賴棉花農人的商人，被迫承認多樣化的需要。

　　最後，他們看到橡花象皮蟲雖然破壞他們的農作物，事實上卻幫了他們一個忙。他們的蛋（棉花）不再全部放在一個籃子裡。他們開始養豬，種花生和其他經濟作物。整個地區因為這樣，而比以前更好。

　　我想那些南方農人最大的功勞是，他們能夠把這種逆境看成是真正的一種祝福。我們太常看到為了要避免一些事情，而

要忍受一些事情。我們通常看不到其利益，假如有的話，時間也是比較後來。假如我們回顧我們生活中，最艱苦、最痛苦和最挫折的事情，我們必須承認在它上面有價值（假如你看不到這個，你可能並沒有從足夠遠的距離去看它）。

我們的生活是快樂的（的確是更有教育意義的），假如能夠將發生在我們身上的每件事情，看成只是一個事件。記得，不是發生在我們身上的事，而是我們對發生在我們身上的事的回應，使得我們生活的品質有所不同。我相信所發生的每一件事情，能夠是一個教訓。

下一次，當事情似乎沒有朝你所要的方式發展的時候，問你自己積極的面向是什麼？逆境中的利益是什麼？在過程中，你將享受更大和學到更多。

六九、行動的力量

當我是高中一年級時，有一天，我看到我們班上的一個小孩正從學校走回家，他的名字是凱爾，他看起來好像帶著他所有的書。我想：「為什麼有人在星期五要把所有的書帶回家呢？他應該真正是一位討厭鬼。」

我整個週末都已經計劃好（宴會和明天下午與朋友的足球賽），所以，我聳一聳肩，繼續走。當我走在路上時，看到一群小孩跑向他，他們撲向他，撞倒他手上所有的書，使他跌倒在泥地上。

他的眼鏡飛起來，我看到它掉在離他十呎的草地上。他往

上看，我見到他眼中非常的悲傷，我的心向著他。所以，我慢慢地走向他。他四處爬，在尋找他的眼鏡。我看見他的眼中有淚。當我把他的眼鏡交給他時，我說：「這些是不懂事的小孩，他們眞正應該受到管教。」他看著我說：「嘿！謝謝！」

在他的臉上，有一個很大的笑容，那是一種表達眞正感激的笑容。我幫他撿起書，並問他住在那裡？結果是，他住的地方離我家很近，所以我問他，爲什麼我以前從未見過他？我以前從未與私立學校的小孩一起消遣時間。我們一路談回家，我幫他拿著書。結果，他是一位很冷靜的小孩。我問他星期六是否願意與我和我的朋友一起踢足球？他說好！我們整個週末都在一起。我愈知道凱爾，就愈喜歡他，我的朋友對他也有同樣的感覺。

星期一早上來臨，凱爾再一次搬著一大堆書。我攔住他問：「笨男孩！你眞的要每天用這堆書，眞正地鍛鍊一些肌肉嗎？」在往後的四年中，凱爾和我變成好朋友。當我們是高年級生時，我們開始想到大學。凱爾決定去喬治城大學，我要去杜克大學。我知道我們將總是朋友，距離絕對不是一個問題。他要成爲一位醫生，我因足球獎學金而要從商。

凱爾代表我們畢業班在畢業典禮上致謝詞。我經常笑他是一位討厭鬼，他必須要準備畢業典禮的演講詞。我很高興，我不需要在那個場合講話。畢業典禮那一天，我看到凱爾。他看起來很好。他屬於那些在高中時代眞正找回自己的人。他長大了，而且戴著眼鏡看起來眞好看。他比我有更多的約會，所有的女孩子都喜歡他。有時候，我是嫉妒的。

今天是特別的日子。我看得出，他對於演講有些緊張，所以我拍著他的背說：「嘿！大男人，你是了不起的！」

他用那種眼光（眞正感激的那一種）看著我，笑著說：
「謝謝！」當他開始演講時，他清一清喉嚨，開始說：「畢業
是感謝那些幫助你，度過那些艱苦日子時候的人，你的父母
親、你的老師、你的兄弟、也許是一位教練…，但是，大部份
是你的朋友。我在這裡告訴你們所有的人，做爲一些人的朋
友，是你能給他們最好的禮物。我將告訴你們一個故事。」

當他談到我們第一天相見的情形，我難以置信的看著我的
朋友。他曾計劃在那個週末自殺。他提到已經清理好他的置物
櫃，使他的母親後來不需要再做，而且帶著他的東西回家。他
堅定地看著我，並給我一個微笑。「很感謝，我獲救了。我的
朋友從無言的行爲中，救了我。」

當這位瀟灑而受歡迎的男孩告訴我們，所有有關他最脆弱
的時刻，我聽到群眾喘了一口氣。我看見他的媽媽和爸爸看著
我，並同樣感激地笑著。直到那個時候，我才瞭解它的深度。
絕不低估你的行動的力量。隨著一個小姿勢，你能夠改變一個
人的生活，更好或更壞。

七〇、要資訊嗎？

當我十分年幼時，我的父親是我們鄰居中，最早裝有電話
的人之一。我很記得擦亮的舊盒子，固定在牆上。發光的聽
筒，掛在盒子的旁邊。我是太小，以致於拿不到電話，但是當
我母親對它談話時，我慣常聽得很著迷。然後，我發現在這個
美妙的裝置裡，住了一位令人驚奇的人————她的名字是「要資

訊嗎？」而且她沒有不知道的事情。「要資訊嗎？」能夠提供任何人的號碼和正確的時間。

我與這一位盒子妖怪的第一次親身經驗是發生在，有一天，我的媽媽去拜訪一位鄰居時。我在地下室的工具檯上自得其樂時，被鐵鎚打到我的手指。我的手指非常的痛，但是我似乎沒有任何理由去哭，因為沒有人在家能同情我。

我在房子裡走動，吮著我抽痛的手指，最後走到樓梯。電話！我立刻跑到起居室去拿腳凳，並把它拖到落腳處。我爬上去，從鈎子上取下起居室的聽筒，放在我的耳朵邊。我對著剛好在我頭上的話筒說：「請問資訊。」

鉢嚓一、兩聲，一個小而清楚的聲音對著我的耳朵說話：「資訊。」

「我傷到我的手指頭，」我對著電話嚎啕大哭。現在我有一個聽眾，所以眼淚就流出來了。

「你的媽媽不在家嗎？」對方提出問題。

「除了我以外，沒有人在家，」我大聲哭著。

「你有流血嗎？」這個聲音問。

「不！」我回答：「我用鐵鎚打到我的手指頭，它很痛。」

「你能打開你的冷凍箱嗎？」她問。

我說：「我能！」

「那麼，鑿下一小塊冰，握在你的手指頭裡。」這個聲音說。

在那件事之後，我任何事情都打電話給「要資訊嗎？」

我請她幫忙我地理，她告訴我費城在那裡。她幫助我數學。她告訴我，我前一天在公園裡抓到的寵物花鼠，是吃水果

和堅果的。

　　然後，有一次我的寵物金絲雀貝蒂死了。我打「要資訊嗎？」並告訴她這件傷心事。她仔細地聽，然後會說一些成人用來安慰小孩的話。但是，我是悲痛欲絕的。我告訴她：「爲什麼鳥唱如此悅耳的歌，並帶給全家人快樂，結果只落得鳥籠底部的一堆羽毛呢？」

　　她應該已經感覺到我深深地關心，因爲她安靜地說：「保羅，總是記得，有其他的世界可以去唱歌。」我多少覺得好一些。

　　另一天，我在電話上「請問資訊。」

　　「資訊，」現在熟悉的聲音回答。

　　「你如何拼寫『修理』這個字呢？」我問。

　　所有這些都發生在太平洋西北部的小城裡。當我九歲時，我們橫跨整個國家搬到波士頓。我很想念我的朋友。「要資訊嗎？」屬於老家的木箱，我絲毫也未曾想到嘗試坐在大廳的桌子上，高而閃亮的新電話。

　　當我成長爲青少年時，這些孩童時期對話的記憶，從沒有眞正離開過我。時常，在懷疑和困惑的時刻，我會回憶起，我那時有的安全寧靜感。我現在很感激，她的耐心、瞭解和親切的花時間在一個小男孩身上。幾年之後，在我到西部去上大學時，我的飛機降落在西雅圖，在轉機之間，我大約有半小時。我花了十五分鐘與我的姊姊通電話，她現在住在那裡。然後沒有思考我在做什麼，我撥了我家鄉的接線生，然後說：「請問資訊。」奇蹟似地，我聽到我非常熟悉的小而清晰的聲音，「資訊。」

　　我未曾如此計劃，但是我聽到我自己說：「你能告訴我如

何拼『修理』嗎？」有一段很長的停頓。然後，溫和可親的回答：「我猜你的手指頭到現在應該已經癒合了。」

我笑了。「真的是仍然是你，」我說：「我懷疑，你可曾知道，在那段時間，你對我的意義有多大嗎？」

「我懷疑，」她說：「你是否知道，你打電話給我，對我的意義有多大嗎？我從來沒有孩子，我慣常期待你的來電。」

我告訴她，多年來我常想起她，我問她，當我回來拜訪我的姊姊時，是否能再打電話給她？

「請打給我，」她說：「只要找莎莉。」

三個月之後，我回到西雅圖。一個不同的聲音回答：「資訊。」

我請找莎莉。

「你是一位朋友嗎？」她問。

「是的，一位很久的朋友。」我回答。

「我很抱歉必須告訴你這個，」她說：「莎莉在過去幾年因為生病，只兼職工作。五星期前，她死了。」

在我掛電話之前，她說：「等一下，你說你的名字是保羅嗎？」

「是的！」我回答。

「喔，莎莉留下一個信息給你。她寫了下來，假如你打來，讓我把它讀給你聽。」

紙條寫著：「告訴他，我仍然說，有其他的世界可以去唱歌。他將會知道我的意思。」

我感謝她，並掛上電話。我知道莎莉意指什麼。

絕不低估你可能給其他人的印象。

你今天可曾觸動誰的生命呢？

七一、保持你的夢想

　　我有一位朋友，名叫曼地·羅伯茲。他在聖希得多擁有一間牧馬場。他曾讓我使用他的房子來舉辦募款活動，爲年輕人冒險計劃籌錢。我最後一次在那裡，他介紹我說：「我要告訴你們，爲什麼我讓傑克用我的馬。它全回溯到一位巡迴馴馬師兒子的年輕人故事。這位馴馬師會從馬廄到馬廄，賽馬場到賽馬場，農場到農場，牧場到牧場，去訓練馬。結果，這位男孩的高中學業繼續被中斷。當他是高年級生時，他被要求寫一篇有關他長大時，要什麼和做什麼的報告。

　　那天晚上，他寫了一篇七頁的報告，敘述他的目標是，有一天要擁有一間牧馬場。他很詳細地寫下他的夢想，他甚至畫了一張二百英畝牧場的圖形，顯示所有建築物、馬廄和賽馬場的位置。然後，他畫了一張座落在二百英畝夢想牧場的一間四千平方呎房子的詳細平面設計圖。

　　他花了很多心血在這個計劃上。第二天，他把它交給了老師。兩天之後，他領回了他的報告。在封面上是一個大紅色的F，註上『下課後來見我』。

　　具有夢想的男孩，下課後去見老師，並且問：『爲什麼我得到F呢？』

　　老師說：『對一位像你如此般年輕的男孩子，這是一個不切實際的夢想。你沒有錢。你來自一位巡迴的家庭。你沒有資源。擁有一間牧馬場需要很多錢。你必須買土地。你必須支付最初的繁殖種馬，然後你必須支付大量馬匹的費用。你絕不可

能做到。』然後，這位老師又說：『假如你重寫一篇有更實際目標的報告，我將重新考慮你的成績。』

　　這位男孩回家，很努力地想了很久。他問父親他應該做什麼。他的父親說：『看！兒子，對於這一點，你必須自己下定決心。然而，我想，對你而言，它是一項很重要的決定。』最後，在放置一星期後，這位男孩交出了同樣的報告，並沒有做任何的改變。

　　他說：『你能繼續給我 F，我將保持我的夢想。』」

　　曼地然後轉向聚集的人群說：「我告訴你們這個故事，因為你們正坐在我二百英畝的牧馬場中間的四千平方呎的房子上。我仍然把這份學校報告框在壁爐上面。」他又說：「這個故事最好的部份是兩個夏天前，同間學校的老師帶三十位小孩，到我的牧場來露營一星期。當這位老師即將離開時，他說：『看！曼地！我現在能這樣告訴你。當我是你的老師時，我是一個偷夢的人。在那些年間，我偷了很多小孩的夢。幸運地，你有足夠的進取心，不放棄你自己的夢想。』

　　不要讓任何人，偷走你的夢。不論如何，跟隨你的心。」

七二、如此盲目

　　它是很奇怪的，我們男孩子從未注意到關朵拉已經變得如此美麗。

　　從國小一年級開始，她一直是我的同學；到了她上高中時，她是令人非常興奮的美，但是她從未被人品頭論足過，因

爲沒有人注意她。

關朵拉是害羞的。

她從幾哩外的鄉下，搭公車到學校。她的父親是鄉下一間小聖卷軸教會的牧師，所以她並未參加我們課後和週六一起跑、玩舊車和躺在一起談論我們約會的事續。她滿足於有時候在教會彈手風琴。

關朵拉從來沒有約會。假如她參加學校的社交活動，那都是與她的兄弟在一起。她的害羞使她不參加任何學校的課外活動————她沒有參加啦啦隊、女子合唱隊、混合唱詩班等。她只是搭公車來學校、上課和搭公車回家。

她被受歡迎的女孩們：夏娜、愛琳娜、瑪莉蓮、瑪格萊特、菲麗絲和卡洛琳所忽略，這些女孩們社交積極，因此被認爲是美麗的。男孩們也忽略她。在她十二年的學校教育中，我不記得有任何一位男孩曾對她說話，確定不會是鮑伯·葛洛菲。鮑伯·葛洛菲是一位英俊的運動員，也是名列前茅的學生，很明顯地註定會成功，並被所有的女孩追求。

「今天，鮑伯告訴我，他喜歡我的衣服。」一位女孩能因爲這樣而快樂的生活一個月。

鮑伯高關朵拉一年級，當她成爲高年級生時，他是在空軍服役，並駐紮在德國。他寫信給關朵拉，並要求她嫁給他。我只能想像當她收到那封信時，她的心一定嚇一跳。

它應該是一個錯誤！這封信應該是寫給別人的。的確…的確…爲什麼他們未曾說過話呢？當鮑伯休假回家時，他帶給她一枚美麗的訂婚戒指，他回家的第一晚，關朵拉有她第一次的約會。一年後，他們結婚了，並搬到我祖父母與我住處角落的一間小房子。我們的後院相連，偶爾當我看見關朵拉出來曬衣

服時，我會走過去拜訪她。關朵拉已經改變了。

現在，隨著我第一次見到她難以置信的美，她是快活的、熱情洋溢的、溫暖的和友善的。爲什麼不如此呢？關朵拉是快樂的。我走回房子時，會懷疑我們爲什麼一直如此盲目呢？我們爲什麼沒有看到鮑伯所看到的呢？我們是多愚蠢啊！關朵拉應該是任何男人所想要追求的對象。

當鮑伯退伍時，他們搬到密蘇里州的東南端，鮑伯在那裡找到一份電話公司的好工作，他們也育有兩位好男孩。當關朵拉四十歲時，她得癌症死了。

她埋在鎮上南方鄉民們埋葬的小墳場。當我到那裡去時，我似乎能聽到她的手風琴旋律低沉地在空中響著。

七三、「失敗」就是成功

對舉重者來說，「失敗」就是成功。除非他們舉重到「失敗」點，他們的肌肉不會成長。他們已經爲自己設計一套程式，透過重複練習，來賦與「失敗」這個字積極的意義。

他們也以積極意義的字眼，來指稱我們所謂的「痛苦」：「酸痛感」。「達到酸痛感」是目標！你會聽到健身者彼此大聲叫：「烘烤『它們』！」他們藉著改變語言，透過使用人類的意志，取得接通內在的力量。

語言導向力量。爲了要增加你的鼓舞和推動的程度，要覺知每天你所使用語言的創造潛能。

七四、朋友

像乾草堆裡的一根針，
好朋友是很難找到的。
那就是爲什麼我是很感謝的，
因爲我能很高興地叫你，我的朋友。

當你需要他們時，朋友將在那裡；
假如你高興或傷心時，
我將在那裡，與你在一起，
而且我希望你也會在那裡，與我在一起。

假如我們曾經爭吵，
我確定它將是沒有關係的；
因爲我們在幾天之內，
一定會和好起來。

隨著日子和月份的過去，
我們的友誼會更堅強地成長；
隨著每一年的消失，
我們將更親密地成長。

對你，我的心是誠實的，
但是只有一件事情，我從來沒有說出來：

謝謝你，因為你是你，
你的心是善良所做的。

七五、嬰兒

那是一個溫暖的夏天，上天把它放在她的手中。當她看到它似乎是如此脆弱時，她感動地顫抖。這是上天信託給她的一份特殊禮物。一份有一天會屬於這個世界的禮物，直到那時，上天指示她，她是它的監護人和保護者。婦人說：她瞭解，並尊敬地帶它回家，決定要遵守上天信付給她的責任。

最初，她幾乎不讓它離開她的視線，保護它免於她認為對它的幸福有害的任何事情。如果它被曝露在她所形成的保護網外面的環境，她會心理上恐懼地看著。但是，這位婦人開始瞭解，她不能永遠保護它。為了要長得強壯，它需要學習在惡劣的環境下存活。所以，隨著溫和的照顧，她給它更多成長的空間，…足夠允許它去自然和未馴服地成長。

有一天，她知道這份禮物已經改變很多。它不再有脆弱的樣子。現在，它似乎有力和堅定地發出光芒，就好像它正在發展一種內在的力量。一個月又一個月，她看著它變得愈強壯和愈有力量，婦人記得她的承諾。在她的內心深處，她知道，她與這份禮物在一起的時間，接近結束了。

這個不可避免的日子終於來臨了，上天來帶走這份禮物，並將它呈現給這個世界。婦人覺得很傷心，因為它曾在她生命中出現，她會懷念它。她衷心地感謝上天，允許她多年來照顧

這份珍貴禮物的特權。

　　挺直她的胸膛，她驕傲地站著。她知道，事實上，它是一份很特別的禮物，一份會添加美和實質給它周遭世界的禮物。母親終於放手讓她的孩子獨立了。

七六、最好的面談

　　昨天是我很久都不會忘記的一天。昨天早上，我九歲的女兒告訴我，她同年的小朋友（三年級生），為了一篇學校的作業，要面談我。喔！一位三年級生要面談我。我很興奮。我整天都在預期可能的問題和我要如何回應。「你如何變成電腦作家呢？」我可能聽到她這樣發問。「你在專欄上，工作幾小時呢？」是另一個明顯的問題。「你有多少讀者呢？」是可能突然出現的問題。

　　我準備用八歲小孩所能夠理解的方式，來回答她問我的問題。沒有事情是太複雜的，沒有事情是太降尊紆貴的。

　　假如你真正思考它，它是一份艱辛的工作。

　　當我停在一家新鮮的農產品攤位時，（為了喜劇的效果），我要用水果，來想像所有我能使用的明喻和暗喻。

　　「你想，你的工作是什麼呢？」回答是：「它是一個桃子！」

　　「你以為人們如何看你呢？」回答是：「我是一個西瓜————表面很硬，但是中心是軟的」。

　　整天，我充滿了無言的興奮。

　　只爲了要使面談看起來更清新，我甚至換了衣服。

　　當我到公車站時，我預先想好要做什麼。一回到家，我立刻提供女孩子放學後的點心。渴望開始，我問凱拉，她要在那裡舉行面談。

　　她說：「喔！沒有關係。我不需要面談你，我已經找到了別人。」

　　我垂頭喪氣（至少如此）地回答：「喔！眞的嗎？妳找到誰面談呢？」嘗試在心理上判斷這個競爭者。

　　她回答：「喔！正是我媽媽老闆的母親。」

　　「眞的嗎？」是我容易上口的還嘴。

　　「她做什麼樣的工作呢？」

　　「我不以爲她有工作。她住在安養院。」

　　看不出她與面談對象之間有任何關係，所以我問：「妳爲什麼碰巧要選擇她呢？」

　　「我必須要面談約五十歲的眞正老人，來告訴我關於一九六○年代的生活。她看起來比你更老。」她隨便地評論，並用力咀嚼胡蘿蔔莖。

　　那是我曾經有過最好的面談。

七七、我嘗試今天爬山

　　我嘗試今天爬山，
　　當我逐漸在路上移動腳步時，
　　我覺得被擊敗了，

所以我必須轉回頭。

我嘗試今天爬山，
在我的旅途上，
黑暗開始降臨，
我心裡充滿了恐懼，
所以我必須回到一個安全的地方。

我預備今天爬山，
但是外面是如此的炎熱，
我想我最好留在我那很好的冷氣房裡休息，
休息到明天再嘗試。

我今天要爬山，
但是我有很多其他的事情要做，
所以我照顧更多重要的工作，而沒有爬山，
我洗車、割草和看比賽，
今天，山正好必須要等待著。

我今天要爬山，
但是我凝視著莊嚴美麗的山，
我知道我沒有機會爬到山頂，
所以我想為什麼要煩惱去嘗試呢？
我今天已經忘記了爬山，
直到一位朋友來問我，最近都做些什麼？
我告訴他，我想有一天爬上那座山，

我繼續說，我將如何去完成這項工作。

最後，他說：「我剛爬完山回來。有很長的時間，我告訴自己，我嘗試要爬這座山，但是沒有任何進展。我幾乎讓爬到山頂的夢消失。我想出我為什麼不能爬上山頂的每一個藉口，但是我從未給自己一個我為什麼能夠爬上山頂的理由。有一天，我凝視山而思考時，我理解，假如我不嘗試這個夢，結果我所有的夢都會消失。」

「第二天早上，我開始爬山，」他繼續說：「那並不容易，有時我想要放棄。但是不管我面對什麼，我移動一隻腳在另一隻腳的前面，保持穩定的步伐。當風嘗試要把我吹下去的時候，我繼續走。當我腦內的聲音叫喊『停！』時，我把注意力集中在我的目標，不讓它離開我的視線，我繼續往前移動。我隨時準備放棄，但是我知道我已經來到這麼遠。我反覆向自己再保證，我將完成這段旅程。我努力到達山頂，我爬上了山。」

「我必須要走了，」我的朋友說：「明天是完成更多夢想新的一天。順便問一下，你明天要做什麼？」

我眼睛充滿了熱情和信心地看著他，我說：「我有一座山要征服。」

七八、小偷

我記得小時候，每當我們有親友聚會時，有人常會提到我

長得很「可愛」，並問我：「當你長大時，你要做什麼？」

　　唔！答案開始是牛仔或一些超人英雄；後來是消防員、警察、律師等。當我長得更大時，我未來的夢改變了。最後，當我在大學時，我被問：「你要主修什麼呢？」另一個問題是，當我「長大」時，我要做什麼？

　　到那時，我已經把心設定在，如同我的父親一樣，成為一位傳教師。所以，我為那樣的生活去學習和準備。在那樣的努力中，我達到成功。在我大部份的成年生活中，我幾乎全職在傳教。身體上的障礙使我不需要全職做我的行業，但是我仍然受邀到處傳教。我很滿足於我能實現我的夢想，也許在一些人的生活中，能有積極的影響力。我的孩子現在也在達成他們的夢想，看著他們實現他們的目標，也讓我很高興。

　　然而，對很多人來說，有一個賊到處在偷我們的夢，並搶奪我們為了實現目標所必須要有的心理狀態。

　　有時候，小偷可能扮演父母親、親戚、朋友或同事的角色，但是，很多次，最大的小偷，正是我們自己。

　　我們發現自己正要碰到瓶頸時，內在的「小」聲音會說：「你將不可能完成它。」「你不可能做這個。」「很少人曾經成功地這樣做過。」「小」聲音會繼續預測一些失敗。雖然，失敗正是夢想被實現的原因。它是我們所擁有最重要的工具，因為它教導我們無價的課程。當我們好好地學習這些教訓時，我們將待命和準備好，因為成功即將快要來到。

　　我給孩子的信息總是：你能夠做你的心想要做的任何事情；你是足夠精明的，足夠好看的，足夠強壯的，值得觸及星星的；人類的精神是不屈不撓的。記得格言：「假如你能夠想像它，你的心能夠相信它，你就能夠實現它。」

沒有「一夕之間」成功的，但是堅忍下去，成功終將來到。想像你自己在你夢想要過的生活裡。然後，在你的心裡，相信如同成功會發生在別人身上，它也會發生在你身上。然後，工作、工作，工作、工作。你將夢想成真。

所以，要真誠地對待你的夢想，不要讓任何人從你這裡偷走它————特別是你自己。你能做你的心裡所要的任何事情，所以不要放棄或屈服。讓夢存在你的生活中。

七九、蘇族印地安人的故事

當我約七歲時，我的祖父帶我到農場的魚池，他告訴我丟一塊石頭到水裡。他告訴我，看著石頭所起的漣漪。然後，他告訴我，把自己想成是石頭人。

「你可以在生命中，創造很多飛濺的水花，但是由水花所起的水波，將攪動所有你的同胞的和平。」他說。

「記得你要為你所引起的漣漪負責，漣漪也會觸及很多其他的漣漪。你將需要過一種生活，允許來自你的漣漪的善，送那種善的和平給別人；來自憤怒或嫉妒的水波，將送這種感覺給別人；你要為這兩者負責。」

那是我第一次理解，每一個人創造內在的和平或不安，而流入這個世界。假如我們滿懷內在的衝突、忿恨、懷疑或憤怒，不管我們是否說出來，我們將放射出我們內心所有的感覺和思想。任何我們心中所飛濺的水花，正溢出到這個世界上，創造與所有其他生命的漣漪的美或不協調。

八○、心存感恩

感恩你沒有你所要的每件事情，
假如你有，你還要期待什麼呢？

感恩你不知道一些事情，
因爲它給你學習的機會。

感恩困難的時候，
你在那些時候成長。

感恩你的有限，
因爲它們給你改善的機會。

感恩每一個新的挑戰，
因爲它們將建立你的力量和性格。

感恩你的錯誤，
它們將教導你有價值的教訓。

感恩你的疲倦和辛苦，
因爲它們意指你已經盡力和行使影響。

感恩好事情是容易的，

　　但是豐富和有成就的生命，來自於那些也對挫折感恩的
人。

　　感恩你能將負面轉成正面，
　　找出一種方法來感恩你的煩惱，
　　它們能夠變成你的祝福。

八一、不確定原則

　　兩位水手在一家小酒店遇見。喝了幾杯啤酒之後，其中一
位水手告訴另一位水手，他最近一次的航行。

　　「在海上幾個月之後，」他說：「我們發現，我們的桅已
經被白蟻吃掉了，幾乎沒有東西留下。」

　　「那是可怕的，」另一位水手說。

　　「那也是我最初所想的，」第一位水手說：「但是，結果
它是幸運的。當我們把帆拆下來，準備修理桅時，我們突然被
一陣狂風所襲擊，假如那時我們的帆仍然張揚的話，狂風一定
已經吹翻了我們的船。」

　　「多幸運啊！」

　　「那也是我當時所想的。但是，因為我們的帆已經拆下
來，我們不能掌舵，結果，我們被風吹到一座暗礁。船體的洞
太大了，以致不能修理，我們擱淺了。」

　　「那眞是不幸！」

　　「當它最初發生時，那也是我所想的。但是我們都設法活

著到沙灘，而且有很多東西吃。現在，有一個眞正意外的結果：當我們在島上悲嘆我們的惡運時，我們發現一個埋藏的寶物。」

如這個故事所敘述的，你不知道一個事件到底是「好」或「壞」，除了也許在回顧中，而且即使那時，你仍不能眞正地知道，因爲生命在持續進行中。這個故事還仍未結束。正因爲一些事情的結果還不是有利的，並不意指它最後的結果不會是有利的。所以，你能簡單地假設，不管發生什麼事都是「好的」。我知道，那聽起來是非常模糊的，但它是很實際的。假如你將一件事想成是好的，那比較容易維持一種積極的態度。你的態度影響你的健康，它影響人們對待你的方式和你如何對待別人，它也影響你的能量水準。這些都能爲事情的結果是好而鋪路。好的態度，是一件好事情。壞的態度，對你一點也不好。

所以養成習慣說「那是好的！」因爲你不確定知道，事情是否最後會變成對你有利，你也應該確定它會。任何其他的想法都是無效果的。想一想，在一間商店裡，排在你前面的人正在拖延時間，告訴你自己：「那是好的！」當你回到車上時，他們也許已經使你免於意外。也許因爲你慢了下來，你可能遇見一位你很想念的朋友。你絕對不會知道的。

眞理是，生命是不確定的。即使那樣，它卻能變成對你是有利的。

八二、樂觀主義者

　　有一個同一雙胞胎的故事。一位是充滿希望的樂觀主義者。「每一件事情都在順利的發展！」另一位是傷心和絕望的悲觀主義者。他認為，如墨菲法則，任何可能出錯之事，必將出錯。孩子的父母親憂心地帶他們，去看當地的心理學家。他對雙胞胎父母親，提出一項平衡雙胞胎人格的計劃。

　　「在他們下一次生日時，讓他們放在不同的房間，打開他們的禮物。給悲觀主義者你能負擔的最好的玩具，並給樂觀主義者一盒馬糞。」這對父母親聽從這些指示，來觀察結果。

　　當他們窺視悲觀主義者，他們聽到他抱怨說：「我不喜歡這台電腦的顏色，…我打賭這個計算機將破裂，…我不喜歡這種遊戲，…我知道有人得到一部比這部還大的玩具車，…」

　　這對父母親踮著腳尖，跨過走道，窺視並看見他們的小樂觀主義者，快樂地把馬糞丟到空中，笑著說：「你們不能愚弄我！有這麼多馬糞，就有一匹小馬。」

八三、偉大的人在你的四週

　　全美國有很多人沒有嘗試過，但他們可能是奧林匹克運動會的冠軍。我估計，至少有五百萬人在我贏的那些年，在撐竿跳可能擊敗我。比我更強壯、更高大和更快樂的人，可以做得

到，但是他們從未拿起一根竿子，做些微努力，去使他們的腳離開地面，而越過竿子。

偉大總是圍繞著我們。要成爲偉大是容易的，因爲偉大的人會幫助你。關於我所參加的會議，奇異的是在商業中最偉大的人會來，並與其他人分享他們的思想、方法和技術。我曾經看到最偉大的推銷員打開話匣子，爲年輕的推銷員，解釋他們眞正是如何做到的。他們毫不保留，我也發現在運動的世界，它也是眞的。

我絕對不會忘記，我嘗試要打破達奇‧渥瑪‧丹姆的記錄的時候。我大約是低於他的記錄一呎，所以我打電話給他。我說：「達奇！你能幫助我嗎？我似乎已經到頂，我不能再跳高一些。」

他說：「喔！鮑伯！來見我，我將告訴你，我所知到的。」我花了三天與這位大師----世界最偉大的撐竿跳高者在一起。在這三天中，達奇指導我他所曾看見的每一件事情。我做錯的時候，他糾正我。長話短說，我撐竿跳增高了八吋。那位大人物將他所有最好的給我。我也發現，運動冠軍和英雄欣然地這樣做，僅是要幫助你也變成偉大。

加州大學洛杉磯校區偉大的教練約翰‧物登，有一套哲學，即每一天他都要去幫助一些絕不能互惠的人。那是他的義務。當喬治‧亞倫在學校撰寫有關美式足球的斥候和防禦的碩士論文時，他寫了一份三十頁的問卷調查，寄給全美國偉大的教練。他們之中，有百分之八十五回答了所有的問題。

偉大的人會分享，那也使得喬治‧亞倫成爲世界上最偉大的足球教練之一。偉大的人會告訴你，他們的秘密。尋找他們，打電話給他們或買他們的書。到他們所在的地方，到處看

著他們，與他們談話。當你到處看著偉大的人，你也容易變成偉大的。

八四、向失敗挑戰

艾德曼・希拉利爵士是第一位攀登埃弗勒斯峰的人。在一九五三年五月二十九日，他登上世界上最高峰，那時，為人所知的是二萬九千呎筆直而上。因為他的努力，他被授與騎士爵位。因為如此，他甚至做了美國運通卡的商業廣告，然而，直到我們讀他的書，《高冒險》，我們才瞭解，希拉利必須成長才能達到這次的成功。你知道，在一九五二年，他企圖攀登埃弗勒斯峰，但是失敗了。幾個星期之後，英國一個團體邀請他來對其成員講話。

希拉利在如雷掌聲中，走在舞台上。聽眾認為，他代表一種向偉大的嘗試，但是艾德曼・希拉利把自己看成失敗。他走離開麥克風，到舞台的邊緣。他試圖指向一張山的圖片。他大聲地說：「埃弗勒斯峰，你第一次打敗了我，但是下一次我會擊敗你，因為你已經完全成長到你所要成長的…但是我仍然在成長中。」

八五、每一個人有一個夢

　　幾年前，我在南部的縣接受一份工作，是與領公共福利的人一起工作。我要表達的是，每一個人都有自足的能力，我們要做的是啟動他。我要求縣政府當局，挑選一組接受公共福利的人，他們都來自不同的族群和家庭背景。然後，每星期五，我要花三小時見他們。我也要求一點零用金，以便視需要而使用。

　　在我與每一個人握手之後，我所說的第一件事是：「我想知道的是，你們的夢想是什麼？」每一個人看著我，好像我是古怪的。

　　「夢想？我們沒有夢想。」

　　我說：「唷！當你們是小孩時，發生什麼事？你們沒有一些你們要做的事嗎？」

　　一位婦人對我說：「我不知道你用夢想能做什麼？老鼠正在侵蝕我的小孩。」

　　「唷！」我說：「那是可怕的。當然，你對老鼠和你的小孩涉入很多。那要如何才能有所幫助呢？」

　　「唷！我能夠用一個新的紗窗門，因為我的紗窗門有破洞。」

　　我問：「這裡有沒有任何人知道，如何修理紗窗門？」

　　團體中有一個人說：「很久以前，我曾經做過像那樣的事，但是我現在背部不好，我將試試看。」

　　我告訴他，假如他要去店裡，買一些紗窗，並去修理這位

女士的紗窗門，我有一些錢。

「你認為，你能那樣做嗎？」

「是的，我將嘗試著。」

下一週，當這個團體聚會之後，我對著這位婦人說：「唷！你的紗窗門修好了嗎？」

「唷！是的。」她說。

「那麼我們能夠開始夢想，我們不能嗎？」

她對著我笑。

我對著這位修理工人說：「你覺得如何？」

他說：「唷！你知道，它是件很可笑的事情。我剛開始覺得比較好一些。」

那有助於這個團體開始夢想。這些似乎小小的成功，允許這個團體去理解夢想不是瘋狂的。這些小步驟開始使人們看見和感覺，一些事情真正地能夠發生。我開始問其他人，關於他們的夢想。一個婦女分享說，她總是想要成為一位秘書。

我說：「唷！是什麼擋住了你的路呢？」（那總是我的下一個問題）。她說：「我有六個小孩。當我不在家時，沒有人照顧他們。」

「讓我們找找看。」我說。

「在這個團體裡，有沒有人能夠每星期撥出一天或二天，照顧六位小孩，使這位婦人在社區學院接受一些訓練呢？」

另一位婦人說：「我也有小孩，但是我能夠那樣做。」

「讓我們做好它。」我說。

一個計劃被創造出來，這位婦人回到學校去上課。

每一個人發現一些事情。裝上紗窗門的那位男士，成為一位受僱做雜事的人。帶小孩的那位婦人變成一位有證照去撫養

和照顧小孩的人。在十二週中，我使得所有這些人都不再需要
社會福利。我不只一次如此做，我已經做了很多次。

八六、要記得的事

在人們中，我發現我所要找的人。假如我尋找菩薩，我找
到菩薩。假如我尋找壞品質的，我發現他們。在某種意義上，
我選擇我所期望的，而且我接受它。沒有挑戰的生活，會像到
學校沒有課程可以學習。挑戰不是來壓下我，或拉我下來，而
是要讓我們藉此去征服、成長和開展。

在菩薩的慈悲和智慧的啓迪之下，沒有一種負擔能使我喘
不過氣來，沒有緊急事件是不能處理的，沒有苦痛能壓倒我。
一種豐富而充實的人生，不是由外在的環境和關係來決定的。
這些因素也許有助於它，但是不是它的來源。我快樂與否，是
因爲我所想和所感覺的。

屬於我的任何事情，我不可能喪失。不是眞正我的東西，
我也不可能擁有。絕對不要逃避問題：因爲它將追趕我，或我
將遭遇到另一個像它的問題，雖然它可能有一個不同的面孔或
名字。

不要顧慮明天。今天是我所顧慮的明天的昨天。進入我生
活中的人，或來教我一些事情，或來向我學習一些事情。

八七、人中苦樂雜

在精神的道路上，快樂和痛苦像兩隻腳彼此追逐著，然後你來到一個點上，不介意那一隻腳是在地面上。相反地，你理解一直用快樂這一隻腳跳著，是非常不舒服的。

八八、浪費於煩惱

假如我們要在一段時間內，將所有我們擔心的事情記錄下來；我們會發現，在回顧它們時，我們所預期的大多數問題或煩惱並沒有發生。這意指，大部份的時間我們聽任於煩惱，甚至建設性的尋找解決煩惱的那些，都是浪費的。所以，我們不僅引起我們自己心理不必要的痛苦，也佔用可以花在別處的寶貴時間。

為了避免這種事情，時常有必要把可能擔憂的來源，接受理性冷靜和客觀分析的光明。有一次，在一場除站位外都已客滿的大演奏會即將演奏之前，一位阿杜洛·托斯卡尼尼管弦樂團的成員，滿臉害怕地走向這位偉大的意大利指揮家。

「大師！」這位音樂家皺著眉頭說：「我的樂器無法適當地彈奏，我不能彈出 E 降半音的音符。我該怎麼辦呢？我們再幾分鐘就要開始。」

托斯卡尼尼很驚訝地看著這個人。然後，他親切地笑著，

把一隻手放在他的肩膀上。「我的朋友，」大師回答：「不要擔心。E 降半音的音符，今天晚上不會出現在你所要演奏的音樂裡。」

下一次，我們發現自己在擔心一些事情中時，我們也許能明智地停下來並問自己，問題真正發生的可能性有多少呢？我們也許能夠繼續去做一些更有建設性的事情。

八九、真實語

達拉斯晨報的大衛‧卡斯特梵斯，提及一九四〇年代聖母大學的中鋒法蘭克‧史奇曼斯基曾在南灣鎮的民事訴訟中出任證人。

「你是今年聖母大學足球隊的一員嗎？」法官問。

「是的，法官大人！」

「擔任什麼位置呢？」

「中鋒，法官大人！」

「多好的中鋒呢？」

史奇曼斯基在他的位子上侷促不安，但是堅定地說：「大人，我是聖母大學曾經有過最好的中鋒。」

在法庭上教練法蘭克‧李希，很感驚奇。史奇曼斯基一直是很謙虛和不出風頭的。所以，當訴訟程序結束時，他把史奇曼斯基拉到一旁，問他為什麼這樣說。史奇曼斯基紅著臉。

「教練！我不願意這樣做，」他說：「但是，畢竟我是在誓言之下。」

九〇、傳家寶

　　當我的丈夫鮑伯在一九六四年一月很突然死去時，我收到很多年從未有音訊的人們的弔慰：信件、卡片、花、電話和訪問。我被淹沒在悲傷之中，然而受到來自親人、朋友和甚至只是認識的人的愛的關注，而提起了精神。

　　一個信息深深地感動了我。我收到一封來自我從六年級到高中時期最好的朋友的信。自從一九四九年畢業之後，我們已經多少分開了，因爲她留在我們的家鄉，我並不是。但是即使我們五年或十年失去接觸，她是能夠迅速恢復友誼的那一種。

　　二十年前，她的丈夫彼得很年輕就死掉了，留給她很深的悲傷和很重的責任：找一份工作和撫養三個年幼的小孩。她和彼得，就如同鮑伯和我一樣，曾經享有那些稀有而密切、「你的一生中，不會忘記的愛」的關係。

　　在她的信中，她分享我母親（現在她已經死很久了）的一件軼事。她寫著：「當彼得死時，妳慈祥的母親抱著我說：『我眞地不知道要說什麼，…所以我將只是說，我愛妳』」。

　　她在信上的結尾，重覆我母親很久以前說過的話，「芭妮！我不知道要說什麼，…所以我將只是說，我愛妳。」現在我覺得，我幾乎能夠聽到我的母親在對我說話。多有力的一種同情的信息。我的朋友是多親切地珍惜它這麼多年，然後轉送給我。「我愛你」多完美的字眼。一份禮物。一份傳家寶。

九一、學習站起來

　　把長頸鹿帶到這個世界是一件過分的要求。小長頸鹿從十呎高母親的子宮掉下來，通常是背部著地。在幾秒之間，牠滾動著，並把身體下面的腳打開。用這個姿勢，牠第一次看這個世界，並搖掉牠的眼睛和耳朵黏液的最後痕跡。然後，母長頸鹿粗魯地介紹牠的後代到生活的現實。

　　傑里·列治蒙德，在他的書《來自動物園的觀點》，敘述一隻新出生的長頸鹿，如何學習牠的第一課。

　　母長頸鹿低下頭，足夠迅速的看一下。然後，牠直接處於小長頸鹿上面。牠等待約一分鐘，然後做出最不合理的事情。牠搖動長而下垂的腳向外，去踢牠的小長頸鹿，使牠的頭在上腳在下。

　　如果小長頸鹿不站起來，這個激烈的過程會再三重覆。要站起來的掙扎是巨大的。

　　當小長頸鹿厭倦時，母長頸鹿會再一次踢牠，來激勵牠的努力。最後，小長頸鹿第一次用牠穩定的腳站起來。

　　然後，母長頸鹿做出最值得注意的事情，牠再一次踢小長頸鹿的腳。為什麼？牠要牠記得，牠是如何站起來的。在荒野裡，小長頸鹿必須能夠盡可能迅速地站起來，以便與群鹿留在一起比較安全。獅子、土狼、豹和野外的獵狗都想吃小長頸鹿，牠們也要得到牠。假如母長頸鹿不教小長頸鹿很快地站起來，牠會被吃掉。

　　已故的艾文·史東，瞭解這件事。他花一生的時間研究偉

大，寫下這些偉人的小說傳記，諸如：米開朗基羅、梵谷、弗洛伊德和達爾文。

　　一次，有人問史東，他是否發現，所有這些傑出的人的生活中，有共同的線索。他說：「我寫下那些在他們的一生中，曾有一個遠見或夢想要去完成，而付諸於實現的人。他們被打、被擊倒、被誹謗，而且有很多年，他們毫無進展。但是每一次當他們被擊倒時，他們又站起來。你不可能摧毀這些人。在他們生命結束時，他們已經完成他們著手要去做的適當的事情。」

九二、態度決定態度

　　今天，我一早醒來，很興奮於在子夜十二時的鐘響起之前，所有我要去做的事情。今天，我有責任要去實現。我是重要的。我的工作是選擇我將擁有那一種的一天。

　　今天，我能因為天下雨而抱怨，或我能因為草地得到免費灌溉的水而感恩。

　　今天，我能因為沒有足夠的錢而傷心，或我能因為我的財務狀況，免費鼓勵我聰明地採購和指導我不要浪費。

　　今天，我能對我的健康發牢騷，或我能歡喜我是活著。

　　今天，我能悲嘆在我成長時，我的父母親沒有給我所有的東西，或我能因為他們生下我而感恩。

　　今天，我能因為玫瑰有刺而哭，或我能因為刺有玫瑰而高興。

今天，我能因為我缺乏朋友而悲傷，或我能從事發展新關係而興奮。

今天，我能因為我必須工作而哭訴，或我能因為我有工作而歡呼。

今天，我能因為我必須上學而抱怨，或我能渴望打開我的心，並用豐富的新知識裝滿它。

今天，我能因為我必須做家事而沮喪地喃喃低語，或我能因為上天已經提供我身心靈的避難處而覺得光榮。

今天，在前面有很多事等待塑造，我就是要去塑造的雕刻家。

今天要像什麼是完全在於我。我要去選擇我所要的日子是那一種。

九三、一位特別的老師

幾年前，一位約翰‧霍普金斯大學的教授給一群研究生這樣的作業：到貧民窟，任選二百位年齡在十二歲到十六歲之間的男孩，調查他們的背景和環境，然後預測他們未來的機會。

學生們在諮商社會學統計、與男孩面談、編輯很多資料之後，做出的結論是，百分之九十的男孩會花一些時間在監獄。

二十五年之後，另一組學生被付託檢驗預測結果的工作。他們回到同一個地區。一些男孩————那時已是大人————仍然住在那裡，有一些已經死了，有一些已經搬家了，但是他們與最初二百位學生的一百八十位接觸。他們發現，這個團體中，只

有四位曾經被送到監獄。

　　爲什麼這些曾經住在醞釀犯罪地方的人，有如此驚人的好記錄呢？研究者陸續被告知：「唷！因爲有一位老師…」他們進一步追問，發現百分之七十五的個案裡，都是同一位婦女。研究生去見這位現在住在退休教師之家的老師。她是如何對這群小孩行使如此不可思議的影響力呢？她是否能給任何理由，爲什麼這些男孩應該記得她？

　　「不，」她說：「不，我眞的不能。」然後，回憶那些年，她有趣地對自己說：「我愛那些男孩。…」

九四、步行的力量

　　今天，比起以前，在有記錄的歷史上，很多文明國家，正面對最高度的肥胖、疾病和整形傷害的事件。更糟的是，儘管事實上，比起以前，我們有最多的醫生，使用一些最進步的醫學科技，我們正在經驗這種不健康。知道這個之後，假如有我們能爲自己做的事情，我們現在最好要去做。

　　有一些因素與我們健康的衰退互有關係，諸如：

　　大量的增加消費醫藥（百分之八十五的美國人，至少吃一種處方藥）。

　　用含咖啡因和糖的飲料來取代水。

　　糧食品質大量的低落，由於土壤的枯竭，使用工業化的耕作技術和大量的增加加工食品的數量。

　　缺乏運動。

　　這些論點只是掌握到人們爲什麼變成如此病弱的表面理由，但是在本文中，我將只談最後一點。

　　雖然你們很多人可能有很多理由，爲什麼你們不參加定期而有規律的運動計劃，你們沒有人能誠實地說，你們沒有時間走路。人體不僅設計來每天活動，而且爲了最佳的生理機能，並有助於健康和幸福，步行是基本的因素。爲了證明我的觀點，考慮下列步行的利益：

新陳代謝和步行

　　步行是人類所知最主要的運動模式。在我們進化的年代，步行對我們的存活是基本的；我們的身體已經發展以致步行和移動對健康是基本的；如有人說，形式是追隨功能的。

　　步行需要整合地使用我們的手、腳和軀幹。只是靠走路，數百條燃燒卡洛里的肌肉會被用到。每天精神勃勃地步行，不僅導致燃燒卡洛里，它也會增加酶和新陳代謝的活動，以致走二哩之後，可以導致增加卡洛里的消費到十二小時。你們消除條件反應越多，步行的新陳代謝效果越大。

　　增加新陳代謝的意義，不僅是燃燒卡洛里，它意指，你們的身體更可能從你們的食物和補充品中吸收營養。它也意指，你們要喝更多水的欲望會增加，如此將支持所有你們身體的去毒和排泄系統，並改善消化。

循環和步行

　　步行導致肌肉韻律的收縮和放鬆，和體腔韻律的壓力變化。結果改善了血液、淋巴液和關節滑液（關節所造的潤滑液）的循環。因爲你們很多的免疫系統，透過血液和淋巴液來

行經你們的身體，透過每天的步行來改善你們的循環，能夠增
強你們的免疫功能、新陳代謝和整體的健康。

內部器官的活動法

當你們走路時，由於韻律的骨骼活動和肌肉的收縮，體腔
內的壓力改變。橫隔膜是你們主要的呼吸肌肉，隨著腹部肌肉
的收縮，來幫助循環和穩定身體。橫隔膜收縮的結果是，按摩
你們內部的器官。步行時，來自肌肉動作，增加呼吸的要求，
保持內部器官的活動和健康。

步行回應內部器官機能障礙很好的例子是便秘。當人們久
坐時，他們失去機能的運動所提供的自然的內臟活動。失去所
需要的活動和現代人飲食的習性，可能的結果是便秘和很多其
他的問題。事實上，今天人們因為背部和臀部十分痛而到醫院
急診室去看病是普通的，只是被告知他們是便秘，而給予通便
劑，時常會舒解背痛或坐骨神經痛。想一想，在美國，通便劑
是藥房銷售第三好的藥品。大部分這些人，只要一天走二哩
路，和每天每一公斤體重喝一盎斯的水，就會看起來和感覺起
來比較好。

身、心、情緒和靈的結合

人類是一種身、心、情緒和靈結合的獨特有機體。只要一
點自我觀察，你們會很快地瞭解，任何時候你們的身體是遲鈍
或未達最佳標準的，你們的身、心、情緒和靈的健康也受到不
好的影響。大部分的你們運動時驚奇於，一天只走兩哩路的結
果，對心的清晰大有改善，且有助於情緒及靈的健康。

是步行的時候

　　現在你們知道，步行能幫助你們改善健康，所以是你們採取行動的時候了。停止繞停車場開十分鐘的車，只爲了要得到一個靠近前門的位置。把車停在停車場的另一端而走路。停止搭電梯和電扶梯，開始走樓梯。假如在你們的生命中，你們希望有更多的活力，儘可能爬樓梯是往正確方向的一大步。假如你們曾有機會散步，或在自然裡健行，從不平均的地形中，你們將受益更多，你們並有機會去呼吸新鮮的空氣，那對你們身、心、情緒和靈的健康，就更不在話下了。

九五、最後的叮嚀

　　當我死去時，假如你需要哭泣，
　　爲世界上那些死於戰爭、饑荒、疾病或意外的人哭泣；
　　當你想到我的時候，
　　把你的手放在任何需要慰藉的人身上，
　　把你所想要給我的給他們。

　　我要留下一些東西給你，
　　一些比文字或聲音更好的東西。

　　在我所認識或所愛的人中，尋找我；
　　假如你不能忘記我，

至少讓我活在你的眼中，而不是你的心中。

讓你的手去牽那些最需要幫助的人的手，
你能夠愛我最多；
鬆開需要自由的孩子的手。

愛會永垂不朽，人卻會死去；
所以，當我所留下來的只是愛時，
把我送給別人。

九六、印地安人的生死觀

當你出生時，
你哭泣著，
你周遭的世界卻充滿了喜悅。

好好地過你這一生，
以致當你死去時，
你周遭的世界都在哭泣，
你卻充滿了喜悅。

九七、我没有死

不要站在我的墳前哭泣，
我不在那裡，我沒有睡覺。
我是一千陣吹起的風；
我是雪地上鑽石般的閃光；
我是成熟的穀粒上的日光；
我是溫和的秋雨。

當你從清晨的寂靜中醒來時，
我是立刻向上猛衝，
在空中盤旋的安靜的鳥；
我是在夜晚照耀的柔和的星星；
不要站在我的墳前哭泣，
我不在那裡，我沒有死。

九八、創造者或受害者

在任何特定的時刻中，你是有意識地創造或界定你自己為
受害者。即使當你把自己看成是遭受你無法控制的情況，你正
無意識地創造受害者的感覺。你除了成為一位創造者外，沒有
別的選擇，因為你是那樣被創造的。所以，問題是你在創造什

麼呢？你要什麼呢？把焦點放在那裡，而不是任其空白。時常，當我們要一件東西時，我們把焦點放在沒有它的感覺，因而繼續創造一種沒有。你的注意是創造性的，你所投資在它上面的，將會成長而變成真實。注意看，並相信你所要的，它正在來到。

九九、從你所在的地方開始

假如你想要完成一些事情，現在開始做。那也許聽起來似乎很明顯，但是我們的第一步時常拖延太久了。

假如你不能決定從那裡開始做，只是從心裡想起來的第一件事情開始。一旦你開始做，你將最能夠想出一套有效的計劃，並為你正在做的事情得到一種感覺。

是的，你可能會犯一些錯誤。是的，你的確將面對一些挑戰。所以，開始行動，並且忙於立刻處理它們。

一旦你開始行動，動力就開始建立。一旦你開始行動了，你將發現一種可操作的方法去完成。

在人生的旅程中，你一旦跨出第一步，第二步便能更平順地走。因為我們所走的每一步都是為下一步開路，你的動力和開始，承載了很多的重擔。

要到達你所要去的地方，要從你目前所在的地方開始。現在是你能很確定地開始，使你最好的可能甦醒的時候。

一〇〇、高的期待

　　馬特‧格洛瓦基出生就沒有腳，他曾廣泛被問到有關生活的問題，從「你能跳舞嗎？」到「你如何上廁所？」。馬特已經聽慣這些問題，也不害怕回答這些問題。馬特將於十一月十九日晚上七時，在大學的拓荒者學生中心演講「期待」。…

　　讓格洛瓦基證明，有高期待對每一個人的價值和重要性。沒有高期待，一個人真正的潛能不可能被達成。格洛瓦基於一九七三年，出生於珍恩斯村。他的出生引起注意，因為即使他是健康的，他出生時就沒有腳。從一開始，他的父母親就確定要提供他，每一個參與正常生活的機會。三歲時，馬特就參與社區活動，並繼續從珍恩斯村克拉格高中畢業。在他高年級時，他贏得鷹童軍的地位，擔任威斯康辛州關鍵俱樂部區督導，和經營他自己的業務。他在威斯康辛大學白水校區，繼續他的教育和社區參與，而且在強調公共關係的溝通上，得到學士學位，副修美國史而畢業。

　　在讀大學和玩輪椅籃球賽時，馬特發展和執行一個社區覺察計劃，名稱是「成功的基石」。每年，馬特把這個計劃帶給五十所以上的學校，把他的信息和輪椅運動，帶給全美國超過二萬五千名學生。他也在全州或全國性由家長、行政人員和商業專業人員所組成的聽眾會議上，擔任見多識廣的講演者和顧問。回顧那些對你的生命有影響力的人，他們最可能是在你身上看到一些你自己看不見的事情。他們幫助你發展和培育潛能，因為他們的期待，你在新的領域上經驗到成功。格洛瓦基

知道，高的期望對每一個人是多麼的重要，因為在很多情況下，社會由於同情心，對有障礙的人，降低期待。經由馬特的生活方式，他證明真正的同情心是對每一個人都有高的期待，而不以一些人的無能為力做藉口。

使一個人成功的因素是什麼呢？什麼是成功背後的驅動力呢？一些人是如何能夠打動你，並永遠地改變你的生活呢？這些問題有各種答案。然而，公分母就是期待。期待是實現潛能的標竿。不論是個人自己發展或透過外力產生，他們為每個人界定成功的水平。當對一個人的期待是基於被覺知的無能為力或障礙，它能阻止人們去實現他們的潛能和發展自尊。對於身體健康的社區來說，這也是真的。

每一個人應該有偉大的個人期待，來挑戰和促進個人的成長。

格洛斯基不會讓任何事情阻止他去完成他的目標，他終身特別努力於教化人們「障礙」這個字的意義。馬特透過他的生活經驗來闡釋，人們只受到他們自己覺知的限制。沒有腳就意指你是「障礙」嗎？當你遇到馬特‧格洛斯基時，你將很快地學習這個詞並不適用。馬特不是在這裡佈道，不是在教訓，而是給一個有趣和啟發性的演講。

一〇一、過最充實的生活

不要放棄希望；
當你發覺要放棄時，希望給你力量繼續前進。

不要放棄相信自己；
只要你相信你能，你將有理由去嘗試。

不要讓任何人把你的快樂掌握在他們的手中；
把它握在你的手中，使得它總是在你伸手可及的地方。

不要用物質的財富去衡量成功或失敗，
而是你如何感覺；
我們的感覺，決定我們生命的富有。

不要讓惡劣的時刻征服你；
要有耐心，它們終將過去。

不要遲疑去尋求幫助；
我們隨時都需要它。

不要跑離開愛，而是跑向愛，
因為它是你最深的喜悅。

不要等待你所要的走向你，
全力去追求它，知道它將在生命的途中，會見你。

當計劃和夢想都不如你的期望時，
不要覺得你已經失落了；
任何時候你學到一些關於你自己或生命的新事情，

你已經進步了。

不要讓任何事情拿走你的自尊，
對你自己感覺好，是對生命感覺好所必要的。

不要忘記如何笑，
或不要太驕傲以致不會哭，
或太頑固以致不微笑。

不要忘記真正愛你的朋友，
那個朋友可能對你的需求是真誠的。

當你需求更多的種子會再出現時，
不要忘記是誰幫助你成長。

一〇二、生活並不總是容易的

　　生活有時是不公平的，當你必須維持信心時，不要讓信心溜走。

　　特別是在困難的時候，你必須盡最充分的潛能，去過你的生活。

　　那是用希望和勇氣戰勝環境的時候。

　　生活並不總是容易的，但是假如你繼續前進，並堅持盡你最大的能力，你將得到力量去處理前頭的新挑戰。

每一個你達到的目標，都是另一個向前走的重要一步。

相信光明和美妙的日子就在前面等著你，而且你將會發現它們。

一○三、不相干

那天，在大眾的聚會上，所有的問題都是有關死後的生命。

大師只是笑而不答。

對那些想知道他為何迴避問題的弟子，他後來說：「你們沒有觀察到，正是那些不知道這一生要怎麼過的人，想要永遠繼續另一生嗎？」

「但是死後到底有生命或沒有生命呢？」一位弟子堅持地問。

「在死之前，有生命嗎？那是個問題。」大師如謎地說。

一○四、水龜的教訓

有一位男孩發現一隻水龜，通稱烏龜。

他開始檢視它，但是這隻烏龜縮起它的頭，關閉它的殼，像一把老虎鉗。這位男孩很懊惱，他撿起一根木棒，嘗試把它撬開。

　　男孩的叔叔看到了說：「不！那個方法不對。事實上，你也許會殺死烏龜，但是你也不可能用木棒把它打開。」

　　這位叔叔帶著水龜進入房子，把它放在靠近壁爐的地方。只不過幾分鐘，它開始覺得溫暖。然後烏龜把它的頭和腳伸手來，開始爬行。

　　「烏龜就是像那樣，」叔叔說：「人們也是。你不能強迫他們去做任何事情，但是假如你首先用眞正的親切去溫暖他們，他們很可能會去做你所要他們做的事。」

一〇五、菩薩為什麼捨棄我？

　　密西西比河氾濫成災，水淹到克里姆的家。水已經到了克里姆所站立的屋前門廊。一個人划著小船經過，叫著克里姆：「跳進來，我將帶你到較高的地方。」

　　克里姆回答：「不！菩薩會救我！」

　　河水繼續漲到第二層樓的窗戶，克里姆望出去，看見一艘機動船靠近。機動船上的人叫克里姆：「跳進來，我將帶你到較高的地方。」

　　克里姆回答：「不！我的菩薩會救我。」

　　河水現在已經漲到屋頂了。克里姆坐在屋脊上，水在他的腳周圍起漩渦。他看到一架直昇機飛過來，機上的人用擴大器叫喊：「抓住繩子，爬上來，我們會帶你到較高的地方。」

　　克里姆回答：「不！我的菩薩會救我！」

　　河水繼續漲，最後，它淹沒了房子，克里姆溺死了。當克

里姆再一次醒來的時候，他站在菩薩前面。他很生氣地問菩薩：「我信任你，你為什麼捨棄了我？」

菩薩回答：「你要從我這裡，得到什麼呢？我已經派去一條小船，一艘機動船和一架直昇機。」

一○六、一元鈔和百元鈔

有一天，一張一元鈔和一張百元鈔摺疊在一起，他們開始談論他們的生活經驗。百元鈔首先自誇說：

「我一直有偉大的生活，」他說：「我曾經到過所有的大飯店。唐納‧川普曾在他的賭場用過我，我曾在《財星》雜誌五百位富翁的皮夾裡，我曾經從這個國家的一端飛到另一端。我曾經在兩位美國總統的口袋裡，有一次當黛安娜王妃訪問美國時，她用我買了一包口香糖。」

在敬畏中，一元鈔謙卑地回應：「唷！像那樣的事情，從來沒有發生在我身上，…但是我曾經到過教堂很多次。」

一○七、活在當下

一個人為了躲避老虎的追逐，跳下懸崖來逃命，幸而抓住一根藤，而吊在半空中。

此時，上面有一隻老虎用前腳作勢要撲向他，下面另有一

隻老虎饑餓地凝視著他。

　　就在他快撐不住的時候，這個人看見一朵花孤單地長在懸崖上。

　　「好莊嚴啊！」他說。

一〇八、學習時間

　　一位年輕而熱忱的禪修者走向他的老師，並問禪師說：

　　「假如我努力和精進修練，要花多少時間才能開悟呢？」

　　禪師想了一下，然後回答：「十年。」

　　這位學禪者再問：「但是，假如我非常努力，並真正學得很快，要花多少時間呢？」

　　禪師回答：「唷！二十年。」

　　「但是，假如我真正很努力修練，要花多少時間呢？」這位學禪者問。

　　「三十年。」禪師回答。

　　「但是，我不瞭解，」這位學生沮喪地說：「每一次，我說，我要努力一些，您說那要花更長的時間。您為什麼那樣說呢？」

　　禪師回答：「當你有一隻眼睛是在目標上時，你只有一隻眼睛是在道上。」

一〇九、天魔交戰

　　鮑伯和帝釋天站在一起，觀看一場棒球比賽。帝釋天隊正和魔鬼隊比賽。帝釋天隊輪到打擊，分數是 O 比 O，現在是第九局下半局，兩人出局。當打擊者福德站上打擊區時，鮑伯和帝釋天繼續觀看。福德第一球就揮棒，並打了一隻安打，因爲福德從未失敗。下一棒是戒律，戒律也打了一隻安打。再下一棒是禪定，魔鬼揮轉胳臂，投了第一球。禪定看了一下，沒有出棒，一壞球。再三球之後，禪定獲得保送，因爲禪定對魔鬼所投的球，都沒有揮棒。現在是滿壘的狀況。

　　那時，帝釋天轉向鮑伯，告訴鮑伯，他現在要派出他的明星球員。走上打擊區的是智慧。鮑伯做了一個鬼臉。…

　　對他來說，智慧看來並沒有怎樣。

　　魔鬼隊全體隊員很明顯地也同意：當他們看到智慧時，他們都很放鬆，並且笑起來。魔鬼以爲他已經贏了比賽，他揮轉胳臂，並投出第一球。除了一個人以外，大家都很驚奇，智慧把球擊得比任何人曾經見過的還要有力。但是魔鬼不擔心，他的中外野手，空中王子，很少讓球溜過去。他迎向這個球，但是球經過他的手套，擊到他的頭上，讓他跌倒在地，然後繼續穿過全壘打牆，是一隻全壘打，所以帝釋天隊贏了。

　　然後帝釋天問鮑伯，他是否知道爲什麼福德、戒律、禪定能夠上壘，但是不能靠自己贏球。鮑伯看起來有一點羞怯，承認他不知道的。帝釋天解釋：「假如你的福德、戒律、禪定能夠贏得比賽，你就會以爲你這樣做就可以對付魔鬼。事實上，

福德、戒律和禪定能夠讓你安打上壘，但是只有智慧才能送你
奔回本壘。智慧是魔鬼所不能夠阻止的一件事情。」

一一○、百萬元的教訓

　　一位計程車司機教導我「顧客的滿足和期待」的百萬元教
訓。啓發動機的演講者，收費數千元，來教導公司主管和辦事
員這種訓練。但是它只花我十二元的計程車費。

　　我曾搭飛機到達拉斯，唯一的目的是拜訪一位客戶。時間
是很寶貴的，我的計劃包括立刻來回機場。一輛潔白的計程車
開上來。司機急忙爲我開顧客門，並確定在他關門之前，我舒
適地坐著。當他坐上駕駛座時，他提到在我旁邊，整齊摺好的
華爾街日報是提供給我閱讀的。然後，他給我看幾卷錄音帶，
問我喜歡那種音樂。我四周尋找「坦白的照相機」，你不會
嗎？我不相信我所接受的服務。我乘機說：「很明顯地，你很
驕傲於你的工作。你應該有一個故事要說。」

　　「你說得對，」他回答：「我過去是在一家美國公司任
職。但是我厭倦於想起我最好的，絕對不夠好。我決定去尋找
我生命中適當的地方，在那裡我能覺得驕傲於我能夠是最好
的。我知道我不可能是一位火箭科學家，但是我愛開車及提供
服務，並感覺我已經做了一天的工作，而且做得很好。我評估
我個人的資產，…唷！我變成了一位計程車司機。我確定知道
的一件事情是，要做好我的行業，我能只是簡單地迎合乘客的
期待。但是，要在我的行業偉大，我必須超過顧客的期待。比

起只是『普通』，我比較喜歡『偉大』」。

我有大方的給小費嗎？你說得對。

美國公司的損失是旅客的福氣。

一一一、不要害怕

我們老是害怕失去我們所有的一切，我們緊握不放，以致沒有人能夠碰觸它。我們以爲把它藏起來，它就是我們的。事實上，沒有東西在現在是我們的，沒有東西在未來是我們的，因爲沒有東西在過去是我們的。

假如你以爲你有任何東西，不論它是金錢、房子、工作或女朋友…它只不過是一種幻覺。風一吹，它們都會消失無影。

我們是如此地沒有安全感，我們害怕重新開始我們的生活，以致我們只能繼續嘗試整頓目前的混亂。我們應該放棄它，從沒有而全部重新開始的想法，有時候也許會掠過我們的心；但是，我們害怕極了，我們推開使我們害怕的任何事情。

我所能夠達到或得到的東西，在幾秒間，沒有一個是我不能失去的。你絕對不會得到足夠多，而不會在幾分鐘內，完全失去。你所以爲是你的，過去從不曾是你的，未來也絕對不會是你的。你在這裡所做的任何事，你會把它們留在這裡。你赤裸裸地來，也將赤裸裸地走。

所以，你害怕什麼呢？

讓所有的都失去。讓他們帶走每一件事情。只要你讓你的心跳強壯，只要你讓你的鼻孔機能好，只要血液在血管裡流

動，你將活著，你將能夠呼吸，你將能夠一再把它全部拿回來。因為，假如你能夠做一次，你將能夠再做一次。它只是我們所玩的遊戲----生命。

一一二、在你的心中

當你年老的時候，

當你傷心的時候，

當你厭倦的時候，

當你生病和受傷的時候，

當你孤獨的時候，

當你有很多問題的時候，

當你滿懷焦慮的時候，

當你失望的時候，

記得，不是金錢----我們都以為它能回答每一件事，並帶給我們喜悅；而是快活的記憶和畫面，除了信心以外，這兩件事能提升我們的精神，並帶給你臉部的微笑。它們在那裡呢？它們是在你的心中。

一一三、生命仍然有意義

假如有未來，就有修補的時間，

就有看到你的煩惱結束的時間。

假如你正在期盼一個新的明天，
不管你的悲傷有多大，生命絕不會是無望的。

當你經歷懷疑和黑暗，你正在盲目地摸索時，
假如你有願望的時間，那麼你就有希望的時間。

雖然心情是沉重的，而且你可能正在感覺傷痛，
假如有祈求的時間，就有癒合的時間。

假如透過你的窗戶，新的一天正要開始，
感謝佛菩薩的護念，雖然心靈仍在疼痛。

假如收穫之後，有足夠的穀粒來拾穗，
有一個新的明天，生命仍然有意義。

一一四、悲劇或祝福

　　多年前，蘇格蘭的克拉克家人有一個夢想。克拉克和他的
太太工作、儲蓄和計劃帶他們的九個孩子和他們自己，到美國
旅行。幾年過去了，最後他們已經存夠了錢，取得護照，在將
開往美國的新班輪，為全家人訂了位。
　　整個家庭對於他們的新生活，充滿了期待和興奮。然而，

在他們離開的前七天，最小的兒子被狗咬了。醫生縫合這個小孩的傷口，但是在克拉克家門口掛著一張黃紙。因為狂犬病的可能，他們正被隔離十四天。

家人的夢想破滅了。他們不能如預期到美國旅行。這位父親既失望又生氣，走去碼頭，看著船沒有載著克拉克一家人離開。父親留下傷心的眼淚，並為他們的不幸，咒詛著他的兒子和上天。

五天之後，惡訊傳遍蘇格蘭，巨大的鐵達尼號已經沉船了。這艘號稱「不會沉的船」，帶著數百條生命，已經沉沒了。克拉克家人本來是要搭乘那一艘船的，但是因為小兒子被狗咬，他們留在蘇格蘭。

當克拉克先生聽到這個消息時，他抱著他的兒子，感謝他救了這個家庭。他感謝上天拯救他們的生命，並把可能的一個悲劇轉成祝福。

雖然，我們也許並不總是瞭解，但是所有發生的事情都有其理由。

一一五、願你總是覺得被愛

願你在你也許並不總是瞭解的世界上，找到寧靜和平安。
願你所曾知道的痛苦和所曾經驗的衝突，
給你力量去走過生命，
用勇氣和樂觀，去面對每一個新情勢。

　　總是知道那些有愛和瞭解的人，
　　都會在那裡，
　　即使當你覺得最孤獨的時候。

　　願你在別人身上，發現足夠的善，
　　去相信一個和平的世界。

　　願親切的話，再保證的接觸，
　　和溫馨的微笑，是屬於你的，
　　願你生命中的每一天，
　　給與這些禮物和接受這些禮物，

　　當暴風雨似乎無止境的時候，
　　記得陽光。

　　教導愛給那些只知道恨的人，
　　當你進入這個世界時，
　　讓愛擁抱著你。

　　願那些你讚美的人的教導，
　　成為你的一部分，
　　以便你可以依靠它們。

　　記得，那些你曾觸及他們生命的人和那些曾經觸及你的生
命的人，
　　總是你生活的一部分，

即使這種相遇，低於你所期盼的。
相遇的內涵比它的形式是更重要的。

願你不要變成太關心物質的事情，
要把無限的價值放在你內心的善。
瞭解每一個人有無限的能力，
但是在我們自己的路上，我們每一個人是不同的。

在一方面，你所可能感覺到你所缺乏的，
在另一方面，卻可能有更多的補償。
在目前，你覺得你所缺少的，
在未來，可能變成你的一種力量。

願你看你的未來，如同一個充滿承諾和可能的未來，
學習去看每一件事情是一種值得花費時間的經驗。

願你發現足夠內在的力量，來決定自己的價值，
而不是依靠別人來判斷你的成就。

願你總是覺得被愛。

一一六、終生朋友：逐漸出現的情緒癒合生物學

一位好朋友已經與癌症奮鬥了十多年。透過腫瘤學的化療、電療和所有其他必要但是有害尊嚴的惱人的組合，他活下來了，儘管可怕的預後是相反的。

我的朋友是學生喜歡記得的這種大學教授：他不只是在班上有啓發性，而且眞正地對他們很關心————在他們的研究上、他們生活的進展上、和他們的恐懼及希望。他有一大群以前的學生，把自己算做是他終生的朋友；他和太太總是歡迎不斷的訪客到他們家來。

雖然沒有人能夠證明它，但是我懷疑他長壽的原因之一是，這種愛他的人潮。

對關係和身體健康之間連繫的研究已經建立，有豐富個人網的人————結婚，有親近的家人和朋友，在社交和宗教團體上積極————，更快從疾病中復原，而且活得更久。但是，現在逐漸出現的社會神經系統科學的領域————研究人們互動時，他們的腦部如何作用————，將錯失的一片，加到那個資料上。

最重要的發明是，發現「典型神經細胞」————一種廣泛分散的腦細胞。典型神經細胞追蹤與我們在一起的人的情緒的流動、動作和意向，藉著激發我們的頭腦中與別人相同的活動地區，來複製我們自己頭腦中這種被感覺的狀態。

典型神經細胞提供一種機制，來解釋情緒的傳染，即一個

人傾向於捕捉另一個人的感覺，特別是假如強烈地表達出來。
這種腦對腦的聯結也可以說明關係的感覺，研究發現部分是依
賴人們的姿勢、發聲的速度和他們互動的動作。簡言之，這些
腦細胞似乎允許生理機能上，人與人之間協調的轉換。

　　這種兩人之間情緒、心血管的反應或腦狀態的協調，已經
用在研究母親與嬰兒、配偶之間的爭論和會議中的人。猶他大
學的心理學家麗沙·戴爾蒙德和麗沙·亞斯平渥，回顧數十年
的這項資料，提供不完善的術語「互相調節的心理生物學的單
位」，來敘述兩個不同的生理機能合併成為一個聯結的電路。
對這種情況發生的程度，戴爾蒙德博士和亞斯平渥博士認為，
情緒的密切性，允許一個人的生命現象和規律，影響到另一個
人。

　　芝加哥大學認知和社會神經系統科學中心主任約翰·卡西
奧波做了一個平行的主張：我們主要關係的情緒地位，對我們
全部心血管和神經內分泌的活動模式，有重要的影響。這種論
點激烈地擴大生物學和神經系統科學的範圍，從把焦點放在單
一的身體或頭腦，到觀察在一段時間裡，兩個人之間的互動。
簡言之，我的敵意衝高你的血壓，你支持的愛降低我的血壓。
我們彼此可能是生物學上的敵人或友人。

　　即使從這些互相關聯，遙遠地建議健康的利益，無疑地會
在醫學圈中掀起波瀾。沒有人能夠宣稱，確實的資料顯示，生
命現象和規律的混合，有醫學上重要的效果。

　　同時，現在，這種連接無疑地能提供生物學上導地的情緒
安慰。除了舒解身體的痛苦外，治療的存在能夠緩和情緒的痛
苦。恰當的一點是功能上的磁性共鳴，假設我們研究等待電療
的婦女。

　　當婦女單獨忍受她們的焦慮時，刺激緊張荷爾蒙和焦慮的
神經地區的活動增加了。如同詹姆士・柯恩去年在《心理生理
學》的一篇文章所報告，當她在等待時，一位陌生人握著她的
手，對她很少有舒解作用。當她的丈夫握著她的手時，她不僅
覺得平靜，而且她的頭腦電路也安靜下來，揭露了營救情緒的
生物學。

　　但是如同很多有慢性病的人知道，被愛的人能夠消失，留
下他們在隔絕的孤立中，支撐他們的困難。社會的拒絕，激發
腦部產生身體刺痛等的地帶。加州大學洛杉磯校區的馬修・李
柏曼和納歐密・艾森柏格（在《社會神精系統科學：人們想到
人們》中，2005年,麻省理工學院出版社）已經提出，腦部的
疼痛中心，對社會排斥，是非常過敏的，因為放逐在史前史的
人類是一種死刑。他們注意到，在很多語言裡，敘述因為被拒
絕而傷心的字眼，從身體受傷的語彙中借用而來。

　　所以當關懷一個病人時，如果沒有親自現身，它可能是一
種雙重打擊：被拒絕的痛苦，和被剝奪愛的接觸的利益。卡內
基・美倫大學的心理學家雪爾多・柯亨研究個人的聯接對健康
的影響，強調一位醫院中病人的家人和朋友，只是藉由訪問就
有幫助，不論他們是否十分知道要說什麼。

　　我的朋友已經到達醫生認為沒有其他事情可試的階段。在
我最後一次探望他時，他和他的妻子告訴我，他正開始安寧照
顧。

　　他告訴我，一項挑戰是，當他仍然有精力去見人時，要在
一星期的短暫時間裡，安排要探望他的人潮。

　　當他這樣說時，我覺得心碎地回應：「你知道，至少有這
個問題比較好。很多人完全單獨地經驗這個。」

他深思地沉默一會兒。然後,他溫和地回答:「你是對的。」

一一七、生命是從每一個早晨開始

一個人是否是二十歲、四十歲、六十歲或八十歲;
一個人是否已經成功,失敗或得過且過;
生命是從每一個早晨開始!

生命中最偉大的事實是,
重新開始絕對不會太遲。

傳記裡充滿了啓發這個眞理的例子。
不管你的日子也許是多麼的沮喪,
保持這個想法,讓它在你的內心光亮地燃燒著:
生命是從每一個早晨開始!

一一八、愛和執著

人們時常懷疑如何調和佛陀對於不執著和愛的教導。我們

如何能愛別人而不會執取他們呢？不執著是一種心的平衡狀態，在這種狀態下，我們停止高估別人的品質。藉著對別人更精確的觀點，我們減少不切實際的期望，我們的執著也一樣減少。這使我們開放去愛別人因為他們是他們自己，而不是因為他們為我們做了什麼。我們的心能夠公正地開放，去關懷每一個人，祝福每一個人快樂，只是因為他或她是一個活生生的人。以前只保留給選擇的少數人的溫暖的感覺，現在能夠擴大到很多人。

一一九、內在和平

這些是「內在和平」的一些最普通的症狀…

假如你正在經驗任何或所有這些症狀…

你正在做一些對的事情

————傾向於自發地思考和行為，而不是建立在過去經驗的畏懼上。

————不會弄錯的能力，享受每一刻。

————失去判斷別人的興趣。

————失去詮釋別人行動的興趣。

————失去衝突的興趣。

————失去擔憂的能力。

————經常而壓倒性的感激的插曲。

————與別人和自然連接的滿足感。

————經常微笑。

----對別人延伸的愛，增加感受性，和無法控制的衝動，要擴大它。

一二〇、魔術荷包

很多人在一些時候曾經夢想，擁有絕不會空的魔術荷包。不管我們從它拿出多少錢，它仍然保持荷包滿滿。

結果是，我們已經擁有這樣一種新奇的裝置，而且它的價值比一兆迷人的錢包還要更多。我們的心能夠一天二十四小時愛，而不會空掉。事實上，我們給別人的愛愈多，我們擁有的愛就愈多。

如果在你的心中，你裝愈多對過去的憤怒，在目前你就愈少能力去愛人。

一二一、獨一靜處

創造神聖的時間去獨一靜處是，一種強有力和培育愛你自己的方法。神聖的獨一靜處，創造寧靜，來啓發靈感和癒合。在安定和寧靜中，你能夠傾聽你內心的聲音，反省你的生活，和接受指導。在寧靜中，你能對你的奮鬥，找到更好的答案。你能更深刻和清晰地知道你自己。你經驗和平。立刻允許你自己，去經驗這個。

一二二、想像與現實

在你的想像和現實之間有不同嗎？想像激起創造我們生命的火花，而那些活在他們感覺的「事實」的人，在他們一半的生命中，都錯失了。所以，假如現實和想像是如此一個有力的團隊，用你的想像去改變你的現實，並真正地增加新面向到你的生活，它是可能的嗎？什麼思想過程能夠使這些事情發生呢？

第一件要嘗試的事情是，簡單地停止告訴你自己，「這是本來如此，這些是事實。」是誰說的呢？記得大部分，假如不是全部，偉大的思想和觀念是從偉大的發明家和冒險家任意的想像而開始，他們絕不聽從局限在他們自己有限思想的人。切斷你以為你知道的鏈子，而注意你那很多年前被收藏起來的高聳想像力。

一二三、悲傷的煩惱

我看見悲傷，
捧著一杯痛苦。
我說，唷！悲傷！
很抱歉看見你這種樣子。
什麼事正惹你煩惱呢？

你捧著這個杯子做什麼？
悲傷說，
我還能做什麼呢？
所有你已經帶給這個世界的喜悅，
已經完全扼殺了我的生意。

一二四、石工的啟示

當沒有事情似乎是有幫助時，
我去看石工敲打石頭，
也許敲一百次沒有顯示任何裂縫。
然而，在打一百零一次時，
它將裂成兩半。
我知道並不是那一次敲打，
而是所有以前已經做的敲打，
使它裂成兩半。

一二五、美麗新世界

珍惜你的遠見，
珍惜你的理想，
珍惜在你的心中，激盪的音樂，

珍惜在你的心中，形成的美，

珍惜掛在你最純淨思想的可愛，

因為美妙的條件，將會從它們成長。

假如你真實地對待它們，

最後，你的世界將被建立起來。

一二六、如何才能變成偉大

　　現在的研究顯示，缺乏天賦才能，對大成功是不相關的。秘密呢？不辭辛勞和過分的練習和努力工作。

　　什麼使得老虎‧伍茲偉大呢？什麼使得柏克夏爾‧哈薩威的總裁華倫‧巴菲成為世界第一的投資家呢？我們以為我們知道：每一個人都是具有天賦來到這個世界，真正去做他結果在做的，必定是成功的人。

　　如巴菲不久以前，告訴《財星》雜誌，他「一出生，就被連線，要來分配資本」。它是一百萬分之一的事。你已經得到它，或你沒有。

　　哨！同胞們！它不是那麼簡單的。就一件事情來說，你對一些工作，並未擁有天賦的才能，因為標的天賦才能，並不存在（對不起，華倫）。你並不是一位天生的執行總裁或投資家或西洋棋大師，你會實現偉大，只是透過多年來大量辛勤的工作。而且不是一般的辛勤工作，而是特別過分要求和不辭辛勞的那一種。

　　例如，巴菲以紀律和花長時間研究可能投資標的之財務報

表有名。好消息是，你的缺乏天賦才能，是不相關的，對於偉大一點都沒有關係。你能夠使你自己成為任何事情，你甚至能夠使你自己偉大。

　　科學專家在廣泛的學門上，正得出相當一致的發現。要瞭解才能並不意謂智能、動機或人格特質。才能是一種做特別的活動特別好的天賦能力。以英國為基地的研究家麥可‧哈維，珍‧大衛森，和約翰‧斯路柏達，在一篇廣泛的研究裡，下結論說：「我們所調查的證據，…不支持（這種看法），卓越是擁有天賦才能的結果。」

　　要瞭解研究者如何能得到這樣的一個結論，先考慮他們正嘗試解答的問題。事實上，在每一個努力的領域裡，大多數人最初學習很快，然後較慢一些，然後完全停止發展。然而，有一些人，在幾年之後的確改善，甚至幾十年後繼續成為偉大。

　　不可抗拒的問題————在這個領域最傑出的佛羅里達州立大學教授艾力克森說，對這個領域的研究者「基本的挑戰」是：為什麼？一些人如何能夠繼續改善呢？答案來自於對於很多領域偉大執行家持續的觀察。

　　自從一九九三年，艾力克森和二位同僚發表一份劃時代的報告以來，世界有名的科學家已經進行許多的研究。很多人把焦點放在運動，音樂和下棋，在這些活動中，執行相當容易測量和計劃。但是很多其他的研究，也已經探究其他包括商業的領域。

辛勤工作沒有替代物

　　第一個主要的結論是，沒有工作，沒有人是偉大的。去相信，假如你發現你天賦的領域，然後，你從第一天開始，將是

偉大的；這是美好的，但是這種事情不會發生。沒有證據顯示，高水平的執行，不需要經驗或練習。

增強這種沒有免費午餐的發現是，廣大的證據顯示，即使最有成就的人，在變成世界級之前，需要約十年的時間，辛勤的工作。這種模式是建立得這麼好，以致研究者稱它，十年規則。

鮑比・費雪在十六歲時成為西洋棋大師又是怎麼一回事呢？結果顯示，這個規則仍保持著：他已經有九年的密集研究。如南加州大學約翰・荷恩，和加州州立大學希洛密・馬住那加，觀察：「十年規則代表一個很粗略的估計，而且大多數研究者認為它是最少，而不是平均所需要的時間。」在很多領域（音樂，文學）裡，精英的執行者，在到達他們的頂峰前，需要二十年或三十年的經驗。

所以，偉大並非交給任何人，它需要很多辛勤的工作。然而，那樣還不夠，因為很多人辛苦努力幾十年，並沒有接近偉大或甚至變得更好。是什麼錯失了呢？

練習使完美

在任何領域最好的人是那些肯花很多小時，在研究者所稱「審慎的練習」。它是一種很明顯地有意改善執行，到達剛好超過一個人的能力水平，提供結果的回饋，並涉及高度的重複活動。

例如，只是打一桶球，不是審慎的練習，這就是為什麼大多數打高爾夫球的人，不會變得更好。打八號鐵桿三百次，目標是要百分之八十，將球打在標示球洞的旗竿二十呎以內，繼續觀察結果，做適當的調整，而且每天花幾小時去練習，那是

審愼的練習。

　　一貫性是很重要的。如艾力克森說：「在很多不同的領域，精英執行者被發現，包括週末在內，平均每天大約練習同樣的時間。」

　　證據跨越顯著的領域。艾力克森和其同僚，研究二十歲的小提琴家，最好的團體（音樂學校老師的判斷），在他們一生中，平均審愼的練習是一萬小時。次好的，平均練習七千五百小時；最後，是五千次。在外科手術，銷售保險，和幾乎是每一種運動，都是同樣的故事。愈多審愼的練習，等於較好的執行。很多的練習，等於偉大的執行。

　　關於才能迷思的假說，並非所有的研究者，都完全在同一條船上，雖然他們的反對是針對邊緣，而不是核心。舉例來說，有不可覺知的因素。兩個運動員也許同樣地努力練習，但是什麼原因可解釋新英格蘭愛國者美式足球隊的四分衛湯姆‧布拉迪，在一場比賽的最後兩分鐘，執行得比較好呢？

　　研究者也注意到，例如，在非常年幼就能說話、讀書或演奏音樂的天才兒童。但是，在調查這些個案，一般包括高度涉入的父母親。而且，很多天才在他們的初期領域中，並未繼續偉大，偉大的執行者也是如此，很多顯示沒有特別的早期性向。

　　的確，一些重要的特性，部分是遺傳的，如體形和特別的才能，但是這些對一個人的影響，並不會比他所做的更多；一位五呎高的人絕不會是一位美式足球的前鋒，一位七呎高的人絕不會是一位奧林匹克運動會的體操選手。即使這些限制比你所預期較少嚴重：艾力克森說：「一些國際西洋棋大師有九十左右的智商。」所做的研究愈多，審愼練習的模式，變得愈確

定。

真實世界的例子

　　所有這些學術研究，只是多年來偉大的執行者一直在顯示給我們的證據。舉例來說：溫斯頓・邱吉爾，二十世紀最偉大的演說家，強制性地練習他的演講。拉地密爾・厚洛維茲據稱曾說：「假如我一天沒有練習，我知道它。假如我兩天沒有練習，我的太太知道它。假如我三天沒有練習，全世界的人知道它。」他的確是一位魔鬼般的練習生，但是同樣的話，也適用於世界級的音樂家伊格那斯・派得魯斯基，和露西亞諾・帕華洛蒂。

　　很多偉大的運動員是以他們例行練習的殘酷訓練而傳奇的。在籃球裡，麥可・喬登密集地練習，超過已經嚴厲的球隊訓練。（假如喬登有一些巨大的天才，將來是打籃球，他就不可能在高中球隊時，被開除。）

　　在美式足球裡，空前偉大的接球員傑利・萊斯，曾被十五隻球隊拒絕，因為他們認為他跑得太慢了，他如此辛苦地練習，以致其他球員嘗試要跟上他都生病了。

　　老虎・伍茲是研究所顯示的一位教科書的例子。他的父親在他相當早的年齡----十八個月----，就介紹他高爾夫球，並鼓勵他密集地練習。當伍茲在十八歲成為美國最年輕的業餘高爾夫球冠軍時，他已經苦練了十五年。

　　與這些發現一致的是，他從未停止嘗試改善，他一天花很多小時去調整和練習，甚至兩次重做他的揮擊，因為那是使它愈好所需要的。

商業方面

　　科學和軼事的證據，似乎壓倒性地贊成審慎的練習做為偉大執行的來源。只是有一個問題：你如何練習商業？事實上，很多商業的要素是直接實用的。表達、談判、給與評估和辨認財務報表----你全部都能練習。它們仍然不是偉大管理的執行要素。那要求在不確定的環境中，用不完全的資訊來做判斷和決定，並與人互動和尋求資訊----你也能練習這些事情嗎？你能，雖然不像你在練習一首蕭邦的曲子一樣。

　　抑有進者，它是全部關於你如何做和你正在做的事情----你在你的工作裡創造了練習，你的練習需要一些決定性的改變。第一，做任何工作要有新目標：與其只是嘗試要把它做完，你的目標是做得更好。

　　撰寫報告涉及尋找資料、分析它和呈現它----每一項都是可改善的技術。主持委員會，需要用最深的方式瞭解公司的策略，對未來市場的變化形成首尾一貫的看法，和為討論定調。任何人在工作上所做的任何事情，從最基本的工作，到最高層的工作，都是一種可以改善的技術。

採取新心態

　　具備那種心態，人們用新的方式著手工作。研究顯示，他們處理資訊更徹底，和保持更久。對於他們正在做的事情，他們要更多的資訊，並尋求其他的觀點。他們採納一種較長期的觀點。這種心態持續在活動本身。你不只是在做工作，你正明白地嘗試用更大的意義，來把工作做得更好。

　　研究再一次顯示，心理途徑上的不同是重要的。例如，當

業餘歌手參加歌唱練習時，他們體驗它的樂趣，一種緊張的釋放。

但是對職業歌手來說，它是相反的：他們增加集中力，並把焦點放在於練習中，改善他們的執行。同樣的活動，不同的心態。

回饋是重要的，在商業上要得到它，應該是沒有問題。然而，大多數人沒有尋求它，一半的人希望它不會來。沒有它，就如高爾曼‧沙其領導和發展主任史蒂夫‧柯爾說：「它好像你透過一道到達膝蓋的窗簾，在打保齡球。假如你不知道你是多麼成功，有兩件事情會發生：第一、你不會更好，第二、你停止關懷。」在一些公司裡，像通用電力公司，不斷的回饋是文化的一部份。假如你不夠幸運得到它，要尋求它。

做這個球

經歷整個過程，你的目標之一是建立研究者所稱「你的商業的心理模式」----顯示各個元素如何一起適應，和彼此影響的影像。你愈推動它，你的心理模式會變得愈大，而你的執行將成長得愈好。

安迪‧克洛夫能夠保存全世界變動科技工業的模式在他的腦海裡，而且必要時，調整英代爾。微軟的創辦人比爾‧蓋茲，有同樣的技巧。他能夠在個人電腦的黎明時，預見每張桌子上有一台電腦的目標是真實的，去創造一個難以想像的大市場。當變動世界的新工業是石油時，約翰‧洛克菲特也往前看。

拿破崙也許是空前最偉大的。他不僅能夠把一個大戰場的所有要素，放在他的心中，更重要的是，當他們以料想不到的

方式轉變時，他也能夠立刻回應。

　　爲了審愼練習的利益，有很多要注意的，而缺乏一個基本要求，將會使它分文不值；定期地做，而不是零星地做。爲什麼？

　　對大多數人來說，工作已經夠辛苦了，而沒有甚至要更努力些。這些額外的步驟是如此的困難和痛苦，以致它們幾乎從未被做。那是理所當然的事情。假如偉大的執行是容易的，它將不會是稀有的。那將導致關於偉大，最深的質問。當專家瞭解很多有關產生偉大執行的行爲時，他們對於那種行爲來自何處，瞭解很少。

　　一篇研究的作者下結論說：「我們仍然不知道，那些因素鼓勵個人去從事審愼的練習。」或如密西根大學商學院教授諾爾‧梯吉，在與經理人工作三十年之後說：「一些人比其他人更有動機，那是存在的問題，但是我不能回答爲什麼。」

　　重要的事實是，我們不是一些天賦才能的人質。我們能自己做成我們所要的。奇怪地，那個想法並不普徧。人們憎恨放棄這種想法，即假如他們發現他們的才能，他們將順勢航向名聲和富有。但是，那個觀點是悲慘地束縛，因爲當他們在人生的道路上，遇到不可避免的碰撞時，他們會以爲他們不是天才而放棄了。

　　也許我們不能期待大多數人得到成功。它也許是太苛求的。但是驚人而解放的消息是，偉大不是爲命定的少數人而保留。它對於你和每一個人，它都是有效的。

一二七、愛是一個美妙的字

愛是一個美妙的字。它是使你內心感覺溫暖的字。有時候，愛是你所需要的全部。

在我們的生命中，我們都會經驗一個階段，即你會愛上一些人，但是他們並不以愛回報你，所以你會覺得受到傷害；你是很受到傷害，你覺得好像你只是想要死，因為你不能與那個人在一起，或甚至接近他們。最困難的事是，看到他們愛別人。但是嘗試回想，當你曾經不知道那個人或你曾經恨那個人時。

愛是一種偉大的感覺，不是嗎？你將會再一次有這樣的感覺。也許不是現在，也許不是很久的未來，而是不久。在所有的傷害已經消失之後，你將會再一次的愛，甚至比以前愛得更強烈。

記得，在世界上有如此多的人。不要讓一個人把你擊倒，因為那並不值得，而且很明顯地，他們不值得你的時間。

愛真正是一個美妙的字，特別是當你們都分享它。你將會發現一個人；只是握住，不要放棄。

一二八、微笑的背後

你曾經懷疑，當人們微笑時，他們感覺什麼嗎？他們微

笑，因為他們是快樂嗎？或他們微笑，因為他們要人們相信，他們是快樂嗎？也許他們微笑，他們是要你微笑和快樂。

　　一個微笑能夠用你難以想像的方式，觸動一個人的生命。它是會傳染的，而且能夠引起一系列的反應。對於你在街道、購物中心或開車時所遇到的人，也能夠是難忘的。…而它只花一瞬間去微笑和忘掉，然而…對需要它的人來說，它能夠持續一輩子。也許我應該更常微笑。

一二九、想像

　　想像一個世界，所有你最好的朋友，都住在相同的地區，在那裡，所有他們想要做或成就的，都在那裡等待他們。你們全都能夠停留在相同的地區。

　　你們都能夠一起旅行，到你們都享受的地方。你們也許會這裡或那裡，分開一會兒，但是你將總是回到彼此的地方。假如你們要彼此拜訪，想像有特別見面的地方給每一個人，全部都在你的地區裡，不會超過一哩遠，不是五千哩。

　　想像沒有戰爭。想像和平。沒有電子用品。每天總是吉他聲，總是唱歌，總是聚在一起。

　　想像每個人彼此學習。好事，總是好事情。想像假如仁慈、愛、關懷、誠實、溫和、笑聲、擁抱、微笑和友誼，是所有的人唯一知道的事情。

　　協調合作。做決定時，人們由於公正而成長，每一個人都一致地選擇真正為所有人好的事。

想像不朽。沒有痛苦、傷心或苦難。

想像沒有種族主義、恨或貪。

想像說：「多美妙的世界啊！」並眞正地這樣認爲。

記得你曾經得到的最溫暖的擁抱，你將有愛。

記得有人曾對你說過最眞誠的好事，你將有仁慈。

想像與你的朋友分享聚光燈，一起在那裡，你將有公正。

記得我們都是人，你將有平等。

一起唱歌，你將有和諧。

繼續爲一些人做小的好事，你將建立信任。

一個眞正和平的世界的秘密，是在我們。

我們能夠建造它，假如我們都從現在開始。

立刻，保證每一天都做善事。

要溫和、親切、關懷和愛心，

總是微笑。笑！

學習。教導。特別是，要有耐心。

分享，成爲團隊的一員，而且要公正。

傾聽。歌唱。玩。分享舒適的音樂。

擁抱一些人。

記得眞正和諧的最後目標…

這個世界將一體的存在。

一三〇、希望

在我的生命之前，我不能且不會躺下來和跪著。我不能且

不會讓生命所給我安排的命運，成爲我唯一值得活的命運。我是我，你是你，我們是不同的，我們是各別的個人。我要彫刻自己的命運，我將追求自己的夢。我將光著腳，走過溫暖的金沙上，赤裸裸地睡在群星之下，傾聽海洋衝擊虛僞的岩石。我將讓風與我的頭髮一起玩，而且與自然合而爲一。這是我的島，它的名字叫希望。

只要我活著，我就有希望、就有機會、有夢想等待去實現，並有一個值得過的生活。我不渴望財富、成功和征服土地或人心，而是在征服自己上，尋求避難處。我尋求避難處，希望觸及黑夜中的群星。我祈求有勇氣去面對我最大的敵人，我自己。我祈求有勇氣，幫助我理解在我內心的可能。

當我單獨沿著希望之島走時，只有我的思想和我的心跳的聲音，我已經變成誰呢？我想要變成什麼呢？當太陽落在地平線時，我的周遭有一片寧靜。這一天近乎結束，而天空也緩慢地變黑。世界發亮的眼睛，出現在黑暗裡，他們向下凝視著我們，月亮對我微笑，而我仍然是我。一隻老鷹飛在我的上空，用牠希望的翅膀，展翼飛入我面前廣大和虛空的海洋。

最後我與我的內心和平相處。我一直努力尋求我的生命之島，現在它是在我的掌握之下。我已經到達了。我的島是一個不執著和不擁有的地方。它是一個寧靜的地方，在那裡，昨天的痛苦，只不過是一個遙遠的記憶。在我的內心裡，我有勇氣去面對我最後的命運。當它看著我時，我對它微笑。我不再害怕我曾經害怕的，我不再渴求更多，只是滿足於我已經得到的；我不再渴望過去的生活。我注視著我內心的魔鬼，我已經擊敗了他們，他們並沒有打敗我。我終於征服了自己。

現在，我不後悔地擁抱著我的島，並走進我的命運。我已

經出生，我已經活下來，我已經愛和被愛，我曾經失敗和成功，我已經寬恕。沒有更多的事情要我去做。我已經基本上變成出生時的我自己。我閉上眼睛，我的心靈從我的身體蒸發，把我帶到一個更高的存在。我把世界的痛苦留下，並擁抱我前面的美妙。一滴眼淚從我的內心掉入海洋，這就是它如何被創造出來。我解脫了。

一三一、人生像一個謎

當我們是小孩時，我們都玩過「聯結點」的謎。我們會沿著數字1到2到3…去追蹤，一直到一幅圖突然出現了。它總是使我很驚奇，當它只是一張數字的紙時，我不能瞭解它是什麼意思，即使我沿著數字劃線，圖片的意義時常仍是一個秘密，一直到最後。奇怪的事情是，一旦圖形出現了，它是容易看出輪廓，我懷疑為什麼我一直沒能較早猜出它來。

生活很像「聯結點」的謎。我們因為生活的方便，做了很多轉彎；改變工作，引導我們有新的關係；錯誤選擇學得的教訓，指導我們去向內反省；一個人偶然的決定，把我們移向一個未料想到的改道；人生的目的，我們仍然不清楚。當我們在人生裡，劃上更多的點時，看來似乎任意的事件，卻聚集在一起，而有深遠的意義。我們開始一瞥我們的方向，過去對我們曾是一個謎的，突然間卻變得很清楚了。

也許它是一個更大計劃的一部份，也許它是後見之明；但是我們曾經以為我們會後悔的大錯誤，變成了教導我們慈悲的

一課；多年來小心培養的珍貴友誼，在危機發生時，把我們更緊握在一起；未曾料想到的轉向，引導我們更完全地回家。

一三二、政治人物更需要宗教

我認爲宗教對政治人物有影響力是很重要的。政治人物比出離這個世界的虔誠宗教徒，更需要宗教。政治和商業醜聞事件越來越多，其原因可以追溯到負責任的人缺乏自我紀律。在印度，西孟加的省長曾經用他認爲謙卑的態度告訴我，他是一位政治人物，而不是宗教人物。我對他說：政治人物比任何其他人，更需要宗教。

當獨處的隱士是壞人時，結果他們只傷害到自己，而沒有傷害到其他人。但是當像政治人物如此有影響力的人，充滿了壞的意圖時，他們能夠帶給很多人不幸。這就是爲什麼宗教----繼續著手於我們內在的成熟-----，對政治領導者是很重要的。

一位政治人物必須有道德原則，我很確信這一點。從這個見解看，政治和宗教屬於一起的。在美國，教會和國家也許是分開的，但是當總統就職時，他把手放在聖經上，用上帝的名字宣誓。這個意涵是，上帝將是證人，總統將本著良心行事，來實現他公務上的職責。

一三三、數息觀

　　你是第一次的禪修者，你將經驗這樣的事情：

　　「入息，出息…我把焦點放在呼吸上。為什麼我聞到瓦斯味呢？不是瓦斯，真正地更像來沙爾（消毒劑）。…入息，出息，我忘記打電話給母親。我能聽到『你設法打電話給你的母親！』入息…

　　我懷疑我已經坐在這裡多久了…出息。我從來沒有瞭解到我有如母親一樣的腳趾。垃圾袋。我喜歡有小環線的那一種。入息…出息。我懷疑他們如何做垃圾袋呢？集中注意力在呼吸上…的確聞起來像瓦斯味。入息。我瓦斯費付錢了嗎？…出息。」

　　即使有經驗的禪修者，在禪修時，會想起瓦斯帳單。不同的是，隨著修習，你能溫和地跟隨你的心，回到它所選擇的焦點，而更長久和更容易地停在那裡。把心的活動，想做是飄過的雲。你看著它們飄過，有時候注意到一朵雲看起來像一隻兔子，把你帶入回憶起小時候的復活節。然後，溫和地把你的注意力，帶回到只是飄過的雲。在那麼短的時間裡，你已經空掉了心中數以千計競逐的念頭。你的血壓降低，你的脈搏變慢，你的腎上腺素沒有升高的理由。你已經給你自己一個維持生命的機會。現在打電話給你的母親。

一三四、長壽健康的生活

　　一個大眾化的格言說，假如克利斯多弗‧哥倫布，再回到西印度群島，他唯一認得的國家是多明尼加共和國。多明尼加的地形、植物和動物是令人難忘的；而且，自從哥倫布第一次拜訪以來，它很少改變。

　　比起長久以前歐洲探險家的訪問，多明尼加現在變成以其他的事情有名。「自然島」現在是長壽的同義字。在二十九哩長和十六哩寬的土地上，住有七萬人。多明尼加誇稱，住有二十位百歲以上的人瑞。而且依據全國地區老人協會，它是西半球第二長壽的國家（僅次於加拿大）。

　　蘿絲大學普茲矛斯校區（一間離島的醫學院）院長傑拉德‧葛雷爾博士說，在人口如此少中，有這麼多百歲以上的人瑞是值得注意的。葛雷爾博士目前正在監督一個研究計劃，來決定這種現象的原因；他說，到目前為止，證據指向環境是主要的因素。

　　葛雷爾博士指出，這個島的百歲以上人瑞，並不限於任何一個地理區域，而是廣泛地分散。共同的原因是，他們吃有機食物和新鮮的魚，以及呼吸乾淨的空氣。據說伊麗莎白‧伴波‧伊絲雷爾死時是一百二十八歲。據說她的鄰居，蘿絲‧彼得活到一百十八歲。

　　今天的百歲以上人瑞，成長在一座沒有化學製品、化學肥料或汽車的小島。大多數人必須走很長的路，或坐船去首都。每一個人都為了生活努力工作，種植他們自己的農作物，或在

甘蔗園工作。

　　一位人瑞，一百零四歲的克雷麗塔‧吉恩‧賈桂絲，仍然用她本土的法國方言說話，而且把她的長壽歸功於勤奮工作和好的食物。她的看護說，她拒絕吃任何加工儲藏的東西。賈桂絲不需要激勵地讚美河裡的螯蝦、蟹、樹薯、芋頭和熱帶芋類。

　　梅麗菲德‧喬里是一位精力充沛和暢談的一百零三歲人瑞；他說，簡單的生活方式是關鍵。他不是電視的世代，所以他很早上床，而且在日出之前醒來。「回歸自然的生活方式，」他說：「享受和平和自由。親近你的家人，有一個充滿愛的家。然後，吃新鮮的食物，喝乾淨的水，做很多的運動和嘗試去過沒有壓力的生活。」

　　一百零一歲的奧古斯塔‧達洛克斯，把她的長壽歸功於健康的食物。「吃竹芋，河蟹和螯蝦，」她說。她喝藥草茶或灌木茶，而且發誓灌木藥對簡單疾病的價值。

　　當問到她，其他人要如何才能活得長壽時，她說：「遠離化學肥料。」當她被問到，多明尼加有什麼特別時，她回答：「新鮮的空氣，好的食物和健康的環境。」

一三五、戰士之道

　　戰士之道一直被誤解，它不是一種殺害和破壞別人的方法。那些尋求競爭想要擊倒對方的人，正犯著一個可怕的錯誤。粉碎、傷害或破壞，是人類所能夠做最壞的事情。真正戰

士之道，是阻止這種殺戮；它是和平的藝術及愛的力量。

一三六、今人種樹

　　肯亞的環境保護論者和諾貝爾和平獎得主葛嘉莉‧馬太，發動一個全球種十億棵樹的計劃，來幫助對抗氣溫的變化和貧窮。

　　馬太在二○○四年成為第一位非洲婦女，和第一位「綠色」積極份子，贏得諾貝爾和平獎；她督促人們，從美國到烏干達，種樹來對抗全球的加溫，和做一個長期的承諾。

　　「任何人能夠挖一個洞，任何人能夠放一顆樹在那個洞裡，灌溉它。每一個人能夠確定他們所種的樹，存活下來，」她於聯合國在肯亞首都納洛比，所召開的氣溫變化的會議上說。

　　「我們有六十億多的人口。所以，即使只有我們的六分之一，每個人種一顆樹，我們將必定會達到這個目標，」她說。六十六歲的馬太，在她的綠色地帶運動下，推動減慢採伐森林和對森林侵蝕，在非洲種植約三千萬顆樹，而成為非洲最有名的環境保護論者。

　　她的工作受到諾貝爾委員會的讚揚，做為幫助結束貧窮，和避免在稀少的建築材料和薪柴之下可能的衝突的一步。

　　約一百八十九個國家，在納洛比集會，以探究對抗氣溫變化的全球協議的選擇，專家說，猖獗的全球森林採伐，已經惡化了氣溫變化。

專家責備，過去一世紀，全球平均氣候上升一度，有部分的原因至少是，大氣層中累積二氧化碳、甲烷和其他圈住熱度能引起溫室效應的氣體————電力廠、汽車和其它化石燃料燃燒器的副產品。

聯合國環境計劃主任亞基・史泰納說，種植十億顆樹，將吸收溫暖大氣的二氧化碳二億五千萬噸。

一三七、造胃的反

有一次，一個人做了一個夢，在夢中，他的手、腳、嘴和腦，都開始造胃的反。

「你什麼都不會的懶鬼！」手說：「我們整天工作，又鋸又鎚，又擡又搬。到了晚上，我們滿是水疱和擦傷，我們的關節疼痛，我們滿是泥土。同時，你只是坐在那裡，霸佔所有的食物。」

「我們同意！」腳叫喊著：「想起我們整天走來走去，有多辛苦。你只是自己吃得飽飽的，你是貪吃的，以致你是更重，而難以搬動。」

「那是對的！」嘴嘀咕著說：「你以為所有你愛吃的食物從那裡來呢？我是那個必須把所有食物嚼碎的，我一旦完成工作，你就全部把它吸收。你說那樣公平嗎？」「關於我如何呢？」腦叫著：「你以為在上面這裡是容易的嗎？你必須思考你的下一餐將從那裡來？然而，我費盡力氣，卻什麼都得不到。」

　　身體的部位，一個接一個聯合起來向胃抱怨，胃一句話也沒說。

　　「我有一個想法，」腦最後宣佈：「讓我們都向懶惰的胃抗議，停止為它工作。」

　　「非常好的想法！」所有其他的成員和器官都同意：「我們將教訓胃，以顯示我們是多麼重要。然後，胃也許將為它自己做一些工作。」

　　所以它們全部停止工作。手拒絕擡和搬的工作。腳拒絕走路。嘴承諾不嚼或吞東西。腦發誓它不會提出任何更聰明的想法。最初，胃如同它餓時一樣，叫了幾聲；但是，一會兒後，它又變安靜了。

　　然後，令做夢的人驚奇的是，他發現他不能走路。他不能用他的手握任何東西。他甚至不能張開他的嘴。他突然開始覺得相當不健康的。

　　這個夢似乎繼續幾天。隨著每一天的過去，這個人覺得身體越來越差。「這個造反最好不要再持續更久，」他自己想：「否則我將餓死。」

　　同時，手、腳、嘴和腦只是在那裡，越來越虛弱。最初，它們喚醒自己，只是為了要有時有足夠的力氣，來辱罵胃；但是，不久之後，它們甚至連那樣做，也沒有精力了。

　　最後，這個人聽到一個來自腳的方向的模糊聲音。

　　「我們可能都錯了，」它們說：「我們以為，胃可能用它自己的方式在工作。」

　　「我也正在想同樣的事情，」腦小聲地說：「它一直得到所有的食物是真的，但是，它似乎也立刻把大部分的食物，送回給我們。」

　「我們也許要承認我們的錯，」嘴說：「胃有如同手、腳、腦和牙齒一樣多的工作要做。」

　「那麼，讓我們恢復工作。」它們一起叫起來。在那時，這個人清醒過來。

　讓他安慰的是，他發現他的腳能再走路。他的手能夠握，他的嘴能夠嚼，和他的腦現在能夠清楚地想。他開始覺得比較好些。

　「唷！這對我是一個教訓，」當他在吃早餐填飽胃時想著：「我們或都一起工作，或一點事情都做不了。」

一三八、活在現在

　有些人進入我們的生活，而立刻離去。

　有些人變成朋友，而停留一陣子，…在我們的心中，留下美麗的足跡，…而我們絕未相同，因為我們已經做了好朋友！

　現在————

　————有人以你為傲。

　————有人正想著你。

　————有人正關心你。

　————有人想念你。

　————有人要與你談話。

　————有人要與你在一起。

　————有人希望你沒有煩惱。

　————有人感謝你所提供的支持。

----有人要握住你的手。

----有人希望每件事情的結果都是好的。

----有人希望你是快樂的。

----有人要你發現他或她。

----有人正在慶祝你的成功。

----有人要給你一件禮物。

----有人希望你不會太冷或太熱。

----有人要擁抱你。

----有人愛你。

----有人要讚美你的力量。

----有人想起你而微笑。

----有人要成爲你哭泣時的肩膀。

----有人要與你出去和享樂。

----有人想起你的世界。

----有人要保護你。

----有人要爲你做任何事。

----有人希望被你寬恕。

----有人感激你的寬恕。

----有人要與你一起笑。

----有人記得你，並眞希望你就在那裡。

----有人爲了你，讚美上天。

----有人需要知道你的愛是無限的。

----有人重視你的勸告。

----有人要告訴你，他們多關心。

----有人要與你分享他們的夢。

----有人要用他們的手握著你。

----有人珍重你的精神。

----有人希望因爲你，他們能夠停止時間。

----有人爲了你的友誼和愛，而感謝上天。

----有人等不及要見你。

----有人愛當下的你。

----有人愛，你讓他們感覺的方式。

----有人要你知道，他們是在那裡挺你。

----有人很高興你是他或她的朋友。

----有人要成爲你的朋友。

----有人徹夜未眠想著你。

----有人因爲你而活著。

----有人希望你注意他或她。

----有人要更知道你。

----有人要接近你。

----有人懷念你的忠告和指導。

----有人對你有信心。

----有人信任你。

----有人需要你寫信給他們。

----有人需要你的支持。

----有人需要你對他們有信心。

----有人讀你的信時會哭。

----有人希望你讓他們成爲你的朋友。

----有人聽到一首歌而想起你。

一三九、地球人口的縮影

　　假如我們能夠將現有的人口比例保留一樣，把地球的人口縮影到一個約一百人的村莊，它會看起來如下：

　　它將有五十七個亞洲人，二十一個歐洲人，十四個人來自西半球（包括南和北），八個非洲人；五十二個會是女性，四十八個是男性；七十個是非白人，三十個是白人；七十個是非基督徒，三十個是基督徒；八十九個是異性戀者，十一個是同性戀者；六個人將擁有全世界百分之五十九的財富，而且這六個人都來自美國；八十個會住在標準以下的房子；七十個不會讀書；五十個營養不良；一個近乎死亡；一個即將出生；一個（是的，只有一個）將受大學教育；一個（是的，只有一個）將擁有一部電腦。

　　當一個人從如此一個縮影的觀點看我們的世界時，我們需要接受、瞭解和教育，並變成非常地明白。

　　所以…

　　假如你的冰箱有食物，身上有衣服，頭上有屋頂，有地方睡，你比這個世界百分之七十五的人更富有。

　　假如你今天早晨醒來時，健康無病，你比活不過本星期的百萬人，更受到祝福。

　　假如你在銀行和錢包有錢，在某處的盤子有零錢，你是在世界上最富有的百分之八之中。

　　假如你能夠上教堂，不需要害怕被困擾、逮捕、拷打或死亡，你比世界上三十億的人，更受到祝福。

假如你從未經歷戰爭的危險，監禁的孤獨，拷打的痛苦，或饑餓的痛苦，你是在全世界五億人之中。

你擡起頭來，臉上帶著微笑，並眞正地感恩，你是受到祝福的，因爲多數人雖能做，但是卻沒有如此做。

假如你讀了這一篇，提醒你世界各地的生活是如何，只要記得你是眞正地如何受到祝福的。

一四〇、昨天、今天和明天

在每一星期中，有兩天我們不用擔心。兩天應該免於害怕和憂慮。

其中的一天是昨天，它帶著錯誤和掛念，過失和失策，疼痛和痛苦。昨天已經永遠地超越我們的控制。世界上所有的錢不能把昨天帶回來。我們不能使我們做過的一件簡單的事，恢復原狀。我們不能除去我們說過的一個簡單的字。昨天已經過去了。

我們所不需要擔憂的另外一天是明天，它帶來可能的逆境、負擔、大承諾和粗劣的執行。明天也超越我們直接的控制。明天太陽會出來，不論是大放光明或躲在雲層後面，但是它會升起。直到它起來，我們在明天沒有利害關係，因爲它尚未到來。這正好只留下一天————今天。任何人只能夠爲每一天的戰爭而作戰。

你和我把這兩個可怕的永恆————我們所分類的昨天和今天，背負起來而成爲重擔。

驅使人們瘋狂的，不是今天的經驗，而是爲昨天發生的一些事情後悔和悲痛，以及恐懼明天會帶來什麼。

所以，讓我們一次只過一天。

一四一、一位從旁經過的陌生人

當陌生人經過時，我與他相碰面。「唷！對不起，」是我的回答。他說：「對不起，我甚至沒有看到妳。」

陌生人和我都很有禮貌。我們說再見而繼續走我們的路。但是在家裡，卻是不同的故事情節。想想看，我們是如何對待我們的親人，不論是老少。

那一天稍後，我在煮晚餐時，我的女兒很安靜的站在我的旁邊。當我轉身時，我幾乎把她撞倒。「走開，」我皺著眉頭說。她走開了，但是，她小小的心靈也破碎了。我不瞭解當時我說的話有多嚴厲。

當我醒著躺在床上時，有一個小小的聲音在內心說：「當妳處理陌生人時，妳用普通的禮貌；但是妳對你所愛的孩子，似乎太過份了。看廚房的地板上，妳將發現門邊有一束花，那是她帶給妳的。她親自採了粉紅色、黃色和藍色的花。她靜靜地站在那裡，而不要破壞這一分驚奇，妳沒有看見她眼中的淚水。」

這個時候，我覺得很慚愧，現在我的眼淚開始流出來。我安靜地來到她的床邊。「醒一醒，女兒，醒一醒，」我說：「這束花是妳採給我的嗎？」

　　她笑著說：「我在樹旁邊發現它們，我採了它們，因為它們像妳一樣的美麗。我知道妳會喜歡它們，特別是藍色的花。」

　　我說：「女兒！我為今天的行為表現而道歉，我不應該那樣對妳大叫。」

　　她說：「唷！媽媽，沒有關係。無論如何，我愛妳。」

　　我說：「女兒，我也愛妳，我的確喜歡這束花，特別是藍色的花。」

　　你知道嗎？假如我們明天死了，我們所工作的公司能夠在幾天之內，找到替代的人選。但是我們所留下的家人，將會在他們的餘生中，感到損失。想想看，我們把自己投注在更多的工作上，而不是在我們的家人----真是一種不智的投資。

　　所以這個故事的背後的意義是什麼呢？你知道家庭這整個字的意義嗎？家庭（family）＝父親（f）和（a）母親（m），我（i）愛（l）你們（y）。

一四二、把握現在

　　當你有很多藉口，不去做你該做的事時，問問自己：有何保證能有另一次機會，去做所需要做的事。逝去的時間是永遠失去了。不管你有多少承諾要去改善，不管你有多少善意要去彌補，時間是永遠失去了。即使對這種情況感到抱歉，也不可能把它帶回來。你絕對不能買回寶貴的時間。你也許會想：「唷！那段時間已經過去了，但是我仍然有一段很長的時間等

著。」

不，你沒有。有什麼保證，你將有另一段像這樣的時間呢？醒一醒，停止找藉口，它們以前就沒有意義，現在也沒有意義。懶惰和拖延從沒有以健全和有幫助的方式順利進行過。讓事情往前移動，才是唯一健全和有幫助的。

一四三、生活中的教訓

我已經學到了，你不能使別人愛你；所有你能做的是，成為一位能夠被愛的人，其餘是隨別人的意思。

我已經學到了，你能夠用魅力通過約十五分鐘；此後，你最好知道一些事情。

我已經學到了，不管一種關係最初是多熱狂和有情感，熱情會褪色，最好有其它事情來取代其地位。

我已經學到了，英雄是事情需要做時，不管其結果，去做必須做的事的人。

我已經學到了，我愈來愈像我的祖母，我很高興這件事情。

我已經學到了，真正的友誼，即使在最長的距離，仍繼續成長；真愛也是如此。

我已經學到了，你的家人將不會總是在那裡支持你。那也許有些可笑，但是與你沒有關係的人，常能照顧你、愛你和教導你再信任人。

我已經學到了，我們的背景和環境也許對「我們是誰」有

影響；但是，我們要爲「我們成爲誰」負責。

　　我已經學到了，有時候，當我的朋友爭吵時，即使我不想要，但是我仍然被迫要選邊站。

　　我已經學到了，只因爲兩個人爭吵，那並不表示他們彼此不相愛。只因爲他們不爭吵，那也不表示他們彼此相愛。

　　我已經學到了，假如你不要忘掉一些事情，把它黏在你的內衣的衣櫃上。

　　我已經學到了，你不應該如此渴望去發現秘密。它可能永遠改變你的生活。

　　我已經學到了，我最喜歡的衣服是有最多破洞的衣服。

　　我已經學到了，兩個人能夠看眞正相同的事情，而有完全不同的看法。

　　我已經學到了，不管你如何嘗試保護你的孩子，他們終究會受到傷害，你也會在過程中受傷。

　　我已經學到了，有很多種愛和保持愛的方法。

　　我已經學到了，不管結果如何，那些對他們自己誠實的人，在生活上會得到更多。

　　我已經學到了，很多事情能夠用「心」，來供給動力，訣竅是自我控制。

　　我已經學到了，你的生活能夠在幾小時之內，被那些甚至不知道你的人所改變。

　　我已經學到了，即使你以爲你已經沒有更多的能力去佈施，當朋友向你求助時，你將會找到力量去幫助他們。

　　我已經學到了，寫作和談話能緩和情緒上的痛苦。

　　我已經學到了，我們生活的範例，並非已經全部被提供給我們。

　　我已經學到了，掛在牆上的證件，不會使你成為一位高尚的人。

　　我已經學到了，你在生活中最關心的人，常常太早從你身邊被奪走。

　　我已經學到了，雖然「愛」這個字有很多不同的意義，當過份的使用它時，它會失去價值。

　　我已經學到了，決定要在做一個好人而不傷害人們的感覺，和為你所相信的而辯護之間劃一條線，是很困難的。

一四四、兒童對愛的定義

　　一群專業人員問一組四到八歲的小孩：「愛的意義是什麼？」他們所得到的答案，比任何人所能夠想像的更深遠。看一看下面的回答，你認為如何：

　　「當有人愛你時，他們說你名字的方式是不同的。你知道你的名字在他們的嘴裡是安全的。」比利————四歲。

　　「當我的祖母患關節炎時，她不再能夠彎下身來去塗指甲油，所以，我的祖父一直為她塗指甲油，即使當他也患關節炎，那就是愛。」麗蓓加————八歲。

　　「愛是當一個女孩擦上香水，和一位男孩擦上刮鬍鬚香水；然後，他們出去，彼此聞著。」卡爾————五歲。

　　「愛是當你出去吃東西，而把你大部份的炸薯條給別人，而沒有讓他們給你任何他們的東西。」克麗絲————六歲。

　　「愛是當你疲倦時，會使你微笑的。」泰迪————四歲。

「愛是當我媽媽爲我爸爸泡咖啡，在給他之前，她會先喝一口，確定味道是不錯的。」丹尼----七歲。

「愛是當你們一直在親吻，後來，你們厭倦於親吻，你們仍然要在一起，你們談更多的話。我的爸媽就是像那樣。當他們接吻時，他們看起來是遲鈍的。」愛彌莉----八歲。

「假如你要學習愛得更多，你應該從一個你恨的朋友開始。」尼可----六歲。

「愛是當你告訴一個人，你喜歡他的襯衫，然後，他每天都穿著它。」諾拉----七歲。

「愛是像一個老女人和一個老男人，即使他們彼此相知甚深，他們仍舊是朋友。」湯米----六歲。

「在我鋼琴獨奏時，我在臺上害怕極了。我對望著我的人看，看見我的父親揮手和微笑，他是唯一那樣做的人，我一點也不害怕。」辛蒂----八歲。

「我媽媽比任何人更愛我。你不曾看見任何其他人在晚上睡覺時親著我。」克萊兒----六歲。

「愛是當媽媽給爸爸一片最好的西瓜。」伊蓮恩----五歲。

「愛是當媽媽看到爸爸滿身味道和流汗，仍然說他比羅伯·瑞福更英俊。」克里斯----七歲。

「愛是當你的小狗舔你的臉，即使你讓牠孤獨一整天。」瑪麗·安----四歲。

「我知道我的姐姐愛我，因爲她給我所有的舊衣服，而必須出去買新衣服。」蘿蘭----四歲。

「當你愛一個人時，你的睫毛上下動著，而一顆顆小星星從你眼中跑出來。」卡蓮----七歲。

「愛是當媽媽看到爸爸在廁所時，她不覺得那是粗鄙的。」馬克————六歲。

「你真正不應該說：『我愛你』，除非你真的是如此；但是，假如你真的是如此，你應該多說它，人們忘記了。」潔西卡————八歲。

作家和演說家李奧·巴斯卡格利亞，有一次，談到他被邀請當裁判的一個比賽。比賽的目的是去發現最體貼的孩子。得獎的是一位四歲的小孩。他的隔壁鄰居是一位最近喪偶的老先生。當小孩看到這位老人哭時，他會跑去老人的院子，爬到他的膝蓋上，只是坐在那裡。當他的母親問他，他對鄰居說什麼時，小男孩說：「我什麼也沒說，我只是幫他哭。」

一四五、孩子的祈禱

一個媽媽教他三歲的女兒主禱文。有幾個晚上，在就寢時，她跟隨媽媽念。有一天晚上，她說，她準備好要獨自念。當她很小心而清楚地發每一個字的音，一直到最後時，母親驕傲地聽。

「引導我們不要被誘惑，」她禱告說：「但是寄給我們一些電子郵件，阿門（心願如是）。」

一位婦女邀請一些人來吃晚餐。在餐桌上，她轉向她六歲女兒說：「你願意說一些祝福的話嗎？」

女孩回答說：「我不知道要說什麼？」

「只是說出你所聽到母親說的，」媽媽回答。

女兒低著頭說：「上帝，為什麼在地球上，我要邀請這些人來晚餐呢？」

一位五歲的男孩正坐下來吃飯，他的母親要他做飯前祈禱。他回答：「媽媽，我們不需要。我們昨晚已經祈禱過這些菜。」他的媽媽準備了昨天的剩菜。

一位四歲的男孩被邀請在耶誕晚餐之前感恩。家人都低著頭期待著。他開始祈禱，一個一個叫名字為他的朋友感謝上帝。然後他為媽媽、爸爸、兄弟、姊妹、祖母、祖父和所有他的阿姨和叔叔感恩。然後，他開始感謝上帝食物。他感謝火雞、調味料、水果沙拉、小紅莓醬、餡餅、蛋糕，甚至飯後點心。然後，他停下來，每一個人都等待著。在很長的沉默之後，這位小男孩看著媽媽說：「假如我為芥藍菜感謝上帝，上帝知道我在說謊嗎？」

一位父親正在聽他的小孩禱告：「親愛的哈洛爾得。」一聽到這裡，父親插嘴說：「等一下，你為什麼叫上帝哈洛爾得呢？」

小男孩看著父親說：「這是在教會裡，他們稱呼祂的。你知道我們說的祈禱詞：『我在在天上的父啊！哈洛爾得是您的名字。』」

一天晚上，麥可的父母親無意中聽到這個祈禱。「現在我讓自己躺下來休息，希望通過明天的考試。假如在我醒來之

前，我死去了，那是我少考一個試。」

　　一天晚上，一位五歲的男孩在家庭晚餐之前，說飯前禱告。「親愛的上帝，謝謝你這些薄烤餅。」

　　當他禱告完時，他的父母親問他，為什麼要感謝上帝薄烤餅，而他們正要吃雞肉。他笑著說：「我想要看看，祂今晚是否有集中注意力。」

　　一位小男孩禱告說：「親愛的上帝，請照顧我的父親，我的母親，我的姊妹，我的兄弟，我的狗和我。唔！也請您照顧您自己。上帝，假如您發生任何事情，我們將會大亂。」

　　喬尼因為行為不檢，被送到他的房間。一會兒之後，他出現了。然後，他告訴媽媽，他有反省和禱告。

　　「好，」這位快樂的母親說：「假如你要求上帝幫助你不要行為不檢，祂將幫助你。」

　　「唔！我並沒有要求祂幫助我不要行為不檢，」喬尼說：「我要求祂幫助妳，容忍我。」

　　一位小男孩被無意中聽到禱告說：「上帝！假如你不能使我成為一位較好的男孩，不要擔憂。像我目前一樣，我正有一個好時光。」

　　一位小男孩正在與媽媽說床邊祈禱詞：「上帝！祝福媽媽和爸爸；（大聲地喊）上帝，給我一台腳踏車！」

　　媽媽說：「上帝不是聾子，兒子。」

男孩說：「我知道，媽媽，但是祖母在隔壁的房間，她的聽力不好。」

小喬尼跪下來並很溫柔地說他的夜間祈禱，他的母親在他旁聽。「大聲地說你的祈禱詞，親愛的。我聽不見你。」小喬尼的母親說。
「但是，我不是在對你說話。」小男孩立刻的回答說。

有一個星期日，在中西部的一個城市，有一位小男孩在晨間禮拜時刻「吊兒郎當」。父母親盡最大的努力，去維持一些在教堂長板凳的秩序，但是沒有成效。最後，這位父親帶著這位小男孩，很嚴肅地從甬道上走出去。正當他們到達走廊安全處所之前，小男孩大聲地對著會眾說：「為我祈禱！為我祈禱！」

這位特別的四歲小孩禱告說：「請寬恕我們的垃圾桶，就如同我們寬恕那些把垃圾放在我們桶子裡的人。」

一四六、山谷中最富有的人

一位富有的地主名叫卡爾，他時常在他廣闊的土地上騎馬，以致他能夠祝賀他自己有龐大的財富。有一天，當他在他的土地上騎著愛馬時，他看見一位老佃農韓斯。當卡爾騎馬經過時，韓斯正坐在一棵樹下。

韓斯說：「我正在為我的食物，感謝上帝。」

卡爾抗議說：「假如那是所有我必須吃的東西，我不會覺得喜歡給與感謝。」

韓斯回答說：「老天已經給我，我所需要的每一件事，我要為這件事感恩。」

老農夫接著說：「你今天會到這裡來是很奇怪的，因為我昨夜做了一個夢。在我的夢中，有一個聲音告訴我：『山谷中最富有的人，今晚會死去。』我不知道它是什麼意思，但是我想我應該告訴你。」

卡爾哼著鼻子鄙視地說：「夢是沒有意義的。」然後他疾馳而去，但是他不能忘記韓斯的話：山谷中最富有的人，今晚會死去。他很明顯是山谷中最富有的人，所以那一天晚上，他邀請他的醫生到他的房子。卡爾告訴醫生，韓斯所說的話。在徹底檢查之後，醫生告訴這位富有的地主卡爾：「卡爾，你像一匹馬一樣的強壯，沒有跡象顯示，你今晚會死。」

然而，為了保證，醫生與卡爾在一起，他們整夜玩牌。第二天早上，當醫生離開時，卡爾為因為老人的夢變得心煩意亂而致歉。約九點鐘時，一位信差來到卡爾的門口。

「有什麼事情嗎？」卡爾盤問著。

信差解釋：「是關於老韓斯，他昨夜在睡眠中死去。」

一四七、快樂在那裡

西方最大的毛病是「當我…時，我會快樂；當我有錢時，

當我有一部寶馬車時，當我得到這份工作時！唔，事實上，當我…時，是絕對沒有止境的。發現快樂唯一的方法是瞭解快樂不在那裡，它是在這裡。而且快樂不是在下星期，它是現在。」

一四八、什麼是佛教

　　雖然不同的人對於什麼是佛教，有不同的意見，我認為很難這樣說：「佛教是『這個』，所以它應該像『那個』。」要用一種簡化的方式，來概述佛教是困難的。然而，我能夠說，佛教是不同於大多數西方人所認為的宗教。

　　首先，當你研究佛教時，你正在研究你自己----你的身、語、意的本質----主要強調的是在於你心的本質和它如何在日常生活中起作用，而不是像佛陀是什麼？神的本質是什麼？這一類的問題。

　　為什麼知道你自己心的本質是如此重要呢？因為我們都要快樂、享受、和平和滿足，但是這些事情並非來自於冰淇淋，它們是來自於智慧和心，我們必須瞭解我們的心是什麼，以及它如何起作用。

　　關於佛教的一件事情是，它很簡單、實際、和合於邏輯地解釋，滿足是如何來自於心，而不是從一些你必須去相信的超自然的存在。

　　我知道這種想法可能難於為一般人所接受，因為在西方，從你一出生開始，非常的強調是在於相信快樂的來源是在你之

外的外在東西。所以，你的感官知覺和意識對於感官世界有相當的取向，你會珍視外在的東西，並認爲它們是在包括你的生命在內的所有其他東西之上。這種過份強調物質的極端觀點，是一種誤解，是無理性和不合邏輯思想的結果。

　　所以，假如你需要眞正的和平、快樂和喜悅，你要瞭解快樂和滿足來自於你的內在，並停止如此瘋狂地向外去追求。在你之外的外在世界，你絕對不可能找到眞正的快樂。誰曾經有過呢？

　　自從有人類存在這個世界以來，他們從沒有在外在的世界找到眞正的快樂，即使現代的科技似乎以爲，那是解決人類快樂所在之處。那是十分錯誤的觀念。那是不可能的。當然，科技是必要和美好的，只要它能技巧地被使用。宗教並不反對科技；外在的發展也並不違背宗教的實踐，雖然在西方，有宗教極端份子反對外部的發展和科學的進步，我們也發現無信仰的人敵視宗教信仰者，不過那些都是出於誤解。

　　首先，讓我提出一個問題。在世界上，我們能夠在那裡找到無信仰者呢？在我們當中，誰是眞正的無信仰者呢？在問這個問題時，我並非建議一些觀念上的信仰。那些說「我不相信」的人，以爲他是智力上優秀的，但是你所必須做去刺破他的驕傲的是，問兩個或三個正確的問題：「你喜歡什麼？你不喜歡什麼？」他會提出一百種他喜歡的事情。「你爲什麼喜歡他們？」像那樣的問題，立刻暴露每一個人都是有信仰的。

　　無論如何，爲了和諧的活著，我們需要平衡外在和內在的發展；不這樣做，會導致內心的衝突。

　　所以，佛教主張，外部的科學發展和內在的心理發展並沒有衝突。兩者都是正確的。但是每一個都能夠是積極或消極

的。那要依賴心理的態度----沒有絕對、外在的存在，完全的
積極，或絕對外在的存在是完全的消極。積極或消極，依賴他
們所產生的背景。

　　所以，避免極端的觀點是很重要的，因為極端的情緒執取
感受的對象…「這是好的；這使我快樂」----只會引起心理的
疾病。我們所需要學習的是，保持在極端的誇張和低估之間。
但是，那並非意指我們要放棄每一件事情。我不要求你們去掉
你們所有的財產。極端情緒的執取於外在或內在的任何東西，
使你心理上有病。西方的藥對那樣的病很少有答案，沒有什麼
你能服用的東西；它是很難治癒的。心理學家、精神科專家和
治療學家----我懷疑他們能解決執著的問題。大部份的你們可
能有那樣的經驗。那是真正的問題。西方衛生專業人士不能有
效地治療執著的理由是，他們並沒有調查心的現實。執著的作
用是帶來挫折和痛苦。我們都知道這個。它並不是那麼難於理
解；事實上，它是相當簡單的。但是佛教有揭露執著的心理學
和它在日常生活中如何起作用的方法。這種方法是禪修。然
而，真正引起問題的是缺乏智慧。

　　受到過分增大的執著所驅使，和太關心於你自己的舒適和
快樂，自動地引導成你恨別人的感覺。那兩個不協調的感覺…
執著和恨…自然地在你的內心衝突。從佛教的觀點，這種衝突
的心，本質上是有病和不平衡的。

　　一週上一次教堂或寺廟，是不夠處理這種問題的。你必須
要整天檢查你的心，維持不斷地知覺你說話和行動的方式。我
們通常不知不覺地傷害別人。為了觀察我們無意識的心的活
動，我們需要發展強有力的智慧能，但那是說比做容易；它要
不斷地知覺我們的心正在做什麼。

　　大多數宗教和非宗教人士同意，對別人慈悲是重要的。我
們要如何才能夠慈悲呢？它來自於瞭解別人如何和為什麼受
苦，以及對他們而言，什麼是最好的快樂，以及他們如何能夠
得到它。那是我們必須去檢視的。但是我們的情緒勝過我們。
我們把我們的執著投射到別人。我們以為別人喜歡的事情與我
們相同；人們主要的問題是饑餓和口渴，而食物和水將解決這
些問題。但是，人類的問題不是饑餓和口渴，它是誤解和心的
污染。

　　所以，使你的心清淨是很重要的。當心清淨時，外在世界
的生滅，就不會困擾你；不管外面發生什麼，你的心都能保持
和平和喜悅。假如你太趕上看著生滅的世界，你完成你自己的
生滅：「唷！那是如此的好！唷！那是如此的壞！」假如那個
世界是你快樂唯一的來源，它自然的波動會打擾你內心的和
平，不論你活多久，你將絕對是不快樂的。它是不可能帶給你
快樂的。

　　假如你瞭解這個世界的本質是生滅的…，有時候生，有時
候滅…，你期盼它發生，當它發生時，你不會困擾。每當你的
心是平衡及和平的，就有智慧和控制。

　　也許你認為：「唷！控制！佛教全都是控制。誰要控制
呢？那是一種喜馬拉雅山之旅，不是一種西方之旅。」但是在
我們的經驗裡，控制是自然的。只要你有智慧去知道，不受控
制的心是如何起作用和它來自何處，控制是自然的。

　　所有的人有平等的潛能去控制和發展他們的心。依照種
族、膚色或國籍，它並沒有不同。所有的人都能夠平等地經驗
心的和平及喜悅。我們人類的能力是偉大的，假如我們用智慧
去使用它，它是值得做的；假如我們以無知和情緒的執著來使

用它，我們將浪費我們的生命。所以，要小心。佛陀的教導大大地強調，瞭解我們普通虛幻的心的反覆無常。由於不眞實覺知，所引起的情緒的投射和幻覺，是錯誤的思想。只要我們的心被錯誤的思想所污染，它是不可能避免挫折的。

清淨的心同時是喜悅的。那是很容易理解的。當你的心一邊是在極端的執著控制下，另一邊是在極端的恨控制下，你必須要檢討它，去瞭解爲什麼你緊抓快樂和爲什麼你恨。當你合於邏輯地檢查你執著和恨的對象時，你將看到這些相反情緒的基本理由基本上是相同的：情緒上的執取投射一個虛幻的對象；情緒上的恨也投射在一個虛幻的對象上。不論是那一種，你相信虛幻。如同前述，它不是智力的，「唷！是的，我相信。」順便提及的是，只是說你相信某些事情，並非眞正意指你眞的如此。然而，相信在你的下意識裡有很深的根；只要你是在執著的影響下，你是一位信仰者。信仰並不一定必須是超自然，或超越邏輯的一些東西上。有很多信仰的方法。

從佛教心理學的觀點，爲了對所有的眾生有愛或慈悲，首先你必須要發展捨心─────一種所有的眾生都是平等的感覺。這不是一種激烈的「我有一顆糖果；我必須把它切開，與每一個人分享」，而是你必須在你的內心努力的一些事情。一顆不平衡的心，是一種不健康的心。所以，使眾生平等，不是我們在外在所做的一些事情，那是不可能的。佛教所主張的平等是不同於共產主義所談的；我們所說的是源自於訓練心所得到的內心的平衡。

當你的心是均一和平衡時，你能毫不分別的對宇宙的眾生產生愛。同時，情緒的執著自動地減少。假如你有正確的方法，它不是困難的；當正確的方法和智慧合在一起，就容易解

決問題了。

　　我們人類由於缺乏智慧而受苦。我們追求不存在的快樂；它是在這裡，但是我們看那裡。它是真正很簡單的。真正的和平、快樂和喜悅是在你的心中；所以，假如你正確地禪修，並調查你內心的性質，你能發現內在持續的快樂和喜悅。它總是與你在一起；它是心理的，而不是外在很快就用完的物質能量。心理的能量隨著正確的方法和智慧，是無限的和總是與你在一起。那是難於置信的。它解釋為什麼人類是如此強有力的。唯物論者以為人們如此強有力是，因為他們驚人的外在建設，但是所有那些真正都來自人類的心。沒有人類心的技巧，就沒有外在的超級市場；所以，與其把相當的價值放在普通的超級市場上，我們寧可嘗試去發現我們自己內在的超級市場。那是更有用的，並會導致一個平衡和均一的心。

　　它聽起來好像佛教正在告訴你，放棄你所有的東西，因為極端的執著，對你情緒上是不好的，但是捨棄並不意指物質上的放棄。你每天上廁所，但是那並不意指你與它連接在一起；你沒有太執取你的廁所，是嗎？我們對於我們所用的所有東西，應該有同樣的態度----依照它們對人類存在的價值，給它們一個合理的價值，不是一個極端的價值。

　　假如一位男孩為了得到一顆蘋果或旅行，在危險的地上瘋狂地跑，因而摔斷了他的腳，我們以為他是笨的，誇張蘋果等的價值；為了達到他的目標，而冒著他的幸福的危險。但是，我們是相同的。我們投射極端的執著到欲望的東西上，誇大它們的美，使我們無視於我們真正的潛能。這是危險的；它是如同小男孩為了蘋果，冒他生命的危險。用情緒上的執著去看對象，並追逐那個虛幻的東西，一定會破壞我們的本質。

　　人類的潛能是很大的，但是我們必須技巧地使用我們的能量；我們必須知道如何把我們的生活放在正確的方向上。這是非常重要的。

一四九、盡你所能活著

　　亨利‧詹姆士說：「盡你所能活著。不如此做，將是一個錯誤。不論你特別做什麼事，那並沒有關係，當你在做事的時候，你活著。」

　　你正盡你所能活著嗎？假如你是的話，你是少數的幸運者之一，你天生就有難以置信的精神，或你是我們必須辛辛苦苦地學習的人之一。你能夠學習過最充分的生活。要擊敗拖住你的壞習慣，需要練習。

　　是什麼使多數人，不能每一天、每一刻，最充分地活著呢？有三件事情：憂慮、懊悔和恐懼。

　　「憂慮」則活在未來，而不是當下。「憂慮」是一種消極對待生活的方法。當你活在「憂慮」中，你正不斷地問「假如這件事發生，怎麼辦？」和「假如這件事發生，假如那件事發生，怎麼辦？」你以幽靈般的可能性，交換你的生活，把一個堆在另一個上面，直到「假如這件事發生，怎麼辦」的重量，把你壓在悲觀下。

　　「懊悔」則活在過去，而不是當下。「懊悔」是一種羞恥對待生活的方法。你回顧以前，並希望事情是不同的。你不斷地告訴自己：「假如我已經不同地做那件事，」和「假如我已

經不同地做那件事，我將是在那裡而不是在這裡。」

　　你以罪惡和悲傷來交易你的生活，檢查每一個決定，直到你的事後聰明變成麻痺，你停止向前移動。

　　「恐懼」則活在不確定中，而不是現在。「恐懼」是一種對待生活懦弱的方法。當你活在「恐懼」中，你停頓下來，拒絕你自己和別人一個可能的世界。你以可能走錯的事情的情景，來交換你的生活；你所創造的電影，使你留在你的座位上，孤單的在黑暗的戲院裡。

　　「憂慮」的解毒劑是再把焦點放在現在上。就在這個時刻，你看到什麼？你嗅到什麼？你嚐到什麼？就在這個時刻，什麼是在你的膝蓋上和在你的人生上？這是如實的它。

　　治療「懊悔」有兩方面：接受和寬恕。它是如實的它。你是在你所在的地方。你不能改變過去是什麼，你只能建立在過去是什麼上。你在那一刻用所有你的資源，做你所能做最好的事。你現在將做的事，才是最重要的。

　　解決「恐懼」的方法是信心。一直到這一刻，你一直受到保護和供給。它將繼續下去。對別人做好事，相信你將收到好事以回報。拿著一份你必須要感恩的事情的清單，你將會看見大的景觀。

　　這個時刻絕對不再來。品嚐所有現在的它。指揮你的注意到你現在所經驗的人、地、事上。這是過最充實的生活的秘密。

一五〇、把握機會

馬克·吐溫說：「從現在起二十年後，你會對你所沒有做的事，比對你已經做的事，更加失望。所以，解開帆船的索，駛離安全的港口，乘著季節風而航行。探險！夢想！發現。」

我們每一個人都有秘密的夢想和渴望。「如果…就…」，「當每一件其他的事情都安定下來時」，「當孩子長大時」，「當我有錢時」。

秘密的夢想和渴望有它們自己的壽命。隨著時間的過去，沒有預警，缺乏行動，沒有在他們的方向上踏上一步，和缺乏信心使他們成真；如此一來，秘密的夢想和渴望會錯失機會，或更惡劣的情況，造成困窘和懊悔。

夢想變成懊悔，它是一條綑住精神的重鏈子；它總是等在意識的邊緣，要在心上用另一條鏈子包著。在你的生活中，沒有一件事情是沒有恢復的希望，甚至不是懊悔，更不是夢想。

你近來有讓它們出來嗎？把它們寫下來或告訴朋友或愛人嗎？說出這些夢想是第一步。讓它們出來，讓它們漫步。有信心去表達你的夢想是使它們成真的一步。會害怕嗎？當然是。值得嗎？絕對是。

需要一種方法去恢復已成懊悔的夢想嗎？要對它心存感激。要感激你當初有能力去想像、希望和感覺它。轉回頭而發現————它仍然是在那裡————它所帶給你的喜悅。取出再使用，在你的心中滾動一會兒，讓它出去，並想像假如你只把握住這個機會，可能是什麼情況。

一五一、沒有執著的生活

　　沒有執著，生活會不會太乏味呢？不會的。事實上，執著使我們不安，阻止我們享受事情。例如，假設我們執著於巧克力蛋糕，即使我們正在吃它，我們並沒有完全地品嚐和享受它。我們通常批評自己吃一些會發胖的東西，或將這個巧克力蛋糕的味道與過去我們所吃過的蛋糕來比較，或計劃如何得到另一個。無論如何，我們並未眞正在品嚐目前的巧克力蛋糕。

　　另一方面，沒有執著，我們能夠清楚地思考我們是否要吃蛋糕。假如，我們決定要吃，我們能和平地吃，品嚐和享受每一口，而沒有渴望更多，也不會因爲它不如我們期望般的好而不滿足。當我們減少我們的欲望時，因爲我們能夠開放給每一瞬間所正在發生的事情，我們的生活變得更有趣味。

一五二、真假慈悲

　　我的父親慣常告訴我一個故事：一個人看見路邊有一條幾乎凍死的蛇；出於慈悲心，他把牠撿起來，並且把牠握在胸窩裡。當他的體溫一把這條蛇救活時，這條蛇所做的第一件事情，就是咬他的頸部。這個人是慈悲呢？還是愚癡呢？

　　佛教中，有一個類似的故事：一位比丘每一次嘗試要救蝎子，免於溺死在水池中，蝎子就刺他。當別人問他爲什麼要這

樣做時，他說：「刺我是牠們的本性，正如救牠們是我的本性。」

　　但是，當他是自我破壞時，他是眞正慈悲嗎？我父親故事中的這個人或這位佛教比丘的故事，會使小孩暴露在蛇咬或蝎刺之中嗎？那麼，爲什麼他暴露自己在危險中呢？慈悲不是從自己開始嗎？而且，假如是這樣的話，我們如何能夠確定我們是自我慈悲，而不是自私的呢？

　　慈悲有兩種：智慧的慈悲和愚癡的慈悲。智慧的慈悲沒有不利的副作用。例如，一位有智慧的人會把蛇放在袋子裡取暖，以致牠不會咬人。愚癡的慈悲，比起沒有慈悲，也許更壞。例如，一位盲人帶領小孩到一條交通繁忙的公路上騎腳踏車。

　　這兩種變形（和兩者之間的色調），可以在各方面找到。例如：智慧和愚癡的友誼，智慧和愚癡的喜悅，智慧和愚癡的捨心，智慧和愚癡的覺知，智慧和愚癡的思考，智慧和愚蠢的禪修。

　　我們應該很清楚地抉擇。在每天生活中，好好練習修觀。問你自己：關於當前這種狀況，什麼是面向智慧的變形？和什麼是面向愚癡的變形？

一五三、假如我們覺得神經質

　　假如我們一直覺得很神經質，我們要做一些事情去矯正這種情況。第一步是，要拿我們自己和我們的生活品質很認眞。

假如我們走在街上，踩到一隻昆蟲，並把牠部份壓碎，但是尚未真正殺死牠。假如我們繼續走路，而無視於昆蟲的腿被壓碎或壓斷，我們這樣做，因爲我們並未拿昆蟲和牠的生命很認眞，我們不尊敬牠。假如我們對待自己並沒有比我們對待一隻昆蟲更好，並忽視我們內心深處的痛苦和煩惱，那是最不幸的。

拿我們自己很認眞，意指眞正地看我們正如何經驗我們的生活，假如有一些對它不滿意的事情，要自己承認它。我們的緊張和壓力不會由於否定它們或避免採取誠實的觀看而走開。承認有些事情是錯，並不同於抱怨它和覺得對自己很抱歉。它也並非意指，有些事情對我們而言基本上是錯的，以及因爲我們是神經過敏的，我們是壞人而有罪。任何癒合及精神過程所必須的是客觀的，不甚感傷的，和保留、非批評的。

一五四、光榮地工作

瑪莉‧威廉遜說：「把你的事業想成是你的宗教之職。用你的工作來表達愛，以服務人類。在世俗的幻影中，我們都有不同的工作。我們之中，有一些人是藝術家，有些人是商人，有些人是科學家。但是在超越所有這些的眞實世界中，我們都有相同的工作，照顧人類的心。」

工作對很多人來說，是一個很複雜的主題，同時具有挑戰性和祝福性。一個人能夠只看到以時間交換金錢。另一個人能夠只感覺到確保支付帳單的負擔。然而，另一個人在生活中，

除了工作外，就沒有任何東西。

衝突的信息是：告訴我們去發現我們工作上的成就，我們熱愛我們的工作，同時我們不應該太涉入工作。我們要如何不會如此做呢？

在個人的生活和工作之間，尋找平衡是難以捉摸的，就如同在令人厭倦的工作中，尋找喜悅。

我建議將感恩應用到工作上，而且記得在每一個商業過程結束時----和沿路的步伐上----有人類的心。記住你透過你的工作去接觸別人，而能夠對機會機警和懷著感恩，將會帶領你走一條長遠的路。

對待那些經由你的工作而與你接觸的人，如同你想要別人如何對待你，要親切，並努力於好結果，將只會增加你生活中的善，和你對工作的滿足。

一五五、寧靜中的心聲

所有的快樂，來自於希望別人快樂。
所有的痛苦，來自於希望自己快樂。

我總是一直相信，我仍然相信，不論是好運或壞運來臨，
我們總是能夠給它意義，並轉化它，成為有價值的一些事情。

首先，我渴望完成高中，而開始上大學。

其次，我渴望完成大學，而開始工作。

然後，我渴望結婚，並有小孩。

然後，我渴望我的小孩能夠快點長大去上學，以致我能回去工作。

然後，我渴望退休。

現在，我渴望…

突然之間，我理解我忘記如實過生活了。

暴力是無能的第一避難所。

不管是多必要，不論是多合理化，

不要以為戰爭不是一種犯罪。

殺戮沒有榮譽的方式，破壞沒有溫和的方式。

戰爭沒有任何好的東西，除了它正在結束。

和平不能用武力來保持，它只能透過瞭解來達成。

愛是世界上唯一能使你的敵人，變成朋友的東西。

假如你要看勇者，看那些能寬恕的人。

假如你要看英雄，看那些能夠以愛回報恨的人。

我相信這個：每一個人自由而探險的心，是世界上最有價的東西。

我要為這個而奮鬥：自由的心，未受指導的，去探取它所希望的任何方向。

我必須對抗這個：任何限制或破壞個人的思想、宗教或政府。

一五六、創造命運

我在生活上的焦點所在，就是我所得到的。假如我集中在我是多麼壞，或我是多麼錯，或我是多麼不適當，假如我集中在我所不能做的，和多麼沒有足夠的時間去做它，那不是每一次我所得到的嗎？

當我想起我是多麼強有力，當我想到我所已經留下來貢獻，和當我想起我能在這個星球上有所影響，然後，那是我所得到的。

要知道，重要的並不是你碰到什麼事，而是你對它做了什麼。

一五七、笑是良藥

人類被設計要笑。笑是自然的解除緊張劑。它用快樂提昇我們的精神，使我們感覺很好，並改善我們對別人的行為。

幾個世代以前，快樂健康的人一天花二十分鐘以上的時間在笑。現在，在很多國家，成年人每天笑的時間減少到五分鐘以下。這是「現代生活」最壞的面向之一。

我們都知道，笑會使我們感覺很好。一個例行二十分鐘的笑，能夠在我們的健康和福利上，有深遠的影響。笑是溫和的練習。它用氧氣裝滿你的肺和身體，清除你的呼吸系統，並使

你的肺活動。這對沒有做例行有氧練習的人，眞正是很重要的。當我們笑的時候，我們的身體釋放一種荷爾蒙和化學品的混合物，對我們的系統有驚人的積極效果，如減少緊張，降低血壓，免除憂鬱，增強你的免疫系統等。科學家正開始發現笑的偉大效果。

笑一會兒，因爲當你笑的時候，別人也笑；不久，有很多的笑聲，都是因爲你的笑而引起的。

一五八、當你生氣時

當我們覺得生氣時，我們應該怎麼辦呢？壓抑它嗎？假如不傷害到別人，顯現它？或忽視它？

當別人惹你生氣時，你能做的第一件事是分析情況，特別是它生起的原因和可能的結果。當你分析情況時，先看生氣如何投射它的對象----它又如何使對象具體化和誇大對象。當你詳細分析你的生氣的進展時，你不能在任何地方，找到實存的對象。那是消除生氣的一個方法。

你能夠考慮的另一件事情是，懸掛你的生氣是否值得。你一旦下結論說，它不值得，因爲生氣會摧毀你自己和別人，你就能改變你的心和放下它。產生怨恨和使生氣永久的內心話----「他做這樣。她做那樣。他做這樣。她做那樣。」----只是攪動你的心和完全不值得的。

藉著分析你的生氣的進展，而看到它是多麼的可笑，你能夠明智地削弱和消除它。生氣能夠由於眞正很小和微不足道的

情況而產生。例如，家人能因為要把一盆花放在那裡而生氣。我要把它放在這裡，我的太太要放在那裡，從那件小事開始，一場巨大的爭吵可能引爆。我們不需要冠冕堂皇的理由，只是不接受改變，就能使生氣發生。所以，我們需要分析現實。事情會變化，那是他們的性質。接受而放下。一盆花放在這裡，放在那裡----它有什麼不同呢？有時候，我們以為有些事情是如此重要，不顧一切地想要使它保持原狀。那是錯誤的，且時常能夠導致生氣。

佛教總是強調無常，變化是自然的。它與觀念無關。從種子播種在地裡，它逐漸長大開花；嬰兒長成小孩，然後成年人，甚至老年人而死亡。這是事情發生的自然方式。太太改變了，先生改變了，女朋友改變了，男朋友改變了----它都是自然的。

所以，接受變化是很重要的，因為那是尊重自然。當你生氣時，你不尊重別人。別人要改變一些事情，但是你不要----那意指你不尊重別人的意志和變化的自然過程。

佛教認為生氣是所有妄想中最壞的。不像欲望，生氣總是消極的，絕無例外。你一旦生氣，你變得消極，其他人對你也似乎是消極的。佛教為欲望破了例，即使它通常是消極的，卻有方法使它成為積極，而帶來積極的結果。

因為生氣是我們最壞的敵人，我們必須盡力去消除它，嘗試如此做是非常的好。我們應該嘗試思考「生氣破壞我和別人的和平及快樂，控制它是生活中最重要的。」

當我們生氣時，我們如何看到我們生氣的對象呢？在早上，那個人也許看起來非常有吸引力，但是在下午，當我們生氣時，他看起來可怕和醜陋的。明顯地，他如此激烈的改變是

不可能的，那僅是我們的投射，誇大我們所覺知的他的壞品質。所以，我們不應相信他是真正地壞，而是要承認我們的觀點和反應，來自我們自己的心。

一五九、當別人對我有敵意時

當別人對我們有敵意或不信任我們時，我們應該怎麼辦呢？出於慈悲，將恨你的人變成愛和慈悲的對象。為什麼？因為他們不是永遠的敵人，明天他們可能變成朋友。所以，沒有自我存在和實體的敵人。

從我們的經驗，我們應該知道事情總是變化的。今天，某人能夠是一位親密的朋友，明天可能是一個敵人。誰知道呢？它都是如此相對卻又如此普通的----看一看有多少婚姻破裂，以及那些曾經可愛的伙伴卻視彼此為敵人。以前，他們不能忍受分開，現在他們眼不見為淨。

所以，我以為要深深地印在你的心中，沒有外在的敵人，那是很重要的。假如，今天有一位外在的敵人似乎出現，你不要被恨所纏住，只是放下而思考「藉著恨我，他正傷害他自己，他正在受苦。我有什麼會使他如此困擾呢？」你瞭解佛教的逆向思考嗎？我們認為我們內在有一些破壞的震動，使他恨我們。我真正要為別人不喜歡我而負責。這與我們通常的思考相反，我們以為敵人對我們的加害是他的錯。

佛教的心理學是，我們內在有一種消極的磁性能量，來刺激那時我們標示為「敵人」的那個人生氣。控制我們內在的那

個能量是消除敵人最好的方法。從佛教的觀點，把別人視爲敵人，而要破壞他們，是完全錯誤的。

寂天論師說，假如地面上滿佈荊棘，要避免刺到，穿上鞋子比在地上蓋上皮革，是更容易的。穿鞋子有如在地上蓋上皮革相同的效果。類似地，假如我們用忍辱控制我們的生氣，我們將找不到外在的敵人。我們的主要敵人是來自內心的，那是我們必須去征服的。假如你嘗試要去破壞外在的敵人，你能走多遠呢？你也許能夠殺死一、二個人，但是更多的敵人會起來。你不能用那種方法去消除敵人，但是你能消除看到敵人的心，如此一來，就不會再看見任何敵人。

一六〇、咖啡

一群在事業上都很有成就的校友，一起去拜訪他們大學的老教授。談話很快轉到抱怨工作和生活上的緊張。爲了請大家喝咖啡，老教授到廚房去，並帶來一大壺咖啡和各色各樣的杯子----瓷器的，塑膠的，玻璃的，水晶的，一些看起來樸素的，一些昂貴的，一些精緻的----，並告訴大家自行取用。當所有的學生手上都有咖啡時，老教授說：「假如你們注意，所有好看和昂貴的杯子都已經被拿走了，留下來的是樸素和便宜的杯子。你們只選最好的杯子給你們自己，那是正常的，那也是你們問題和緊張的來源。確信杯子本身，並沒有把品質加到咖啡上。在大部份的情況，它只是使咖啡更昂貴；在一些情況下，它甚至隱藏我們所喝的東西。你們眞正要喝的是咖啡，不

是杯子,但是你們有意識地去拿最好的杯子…然後,你們開始
看彼此的杯子。現在,思考這個:生活是咖啡;工作,金錢和
社會地位是杯子。他們只是支撐生活的工具。我們所擁有杯子
的類型,既不能界定,也不能改變我們生活的品質。有時候,
只把精神集中在杯子上,我們就不能享受咖啡。『最快樂的
人,並沒有最好的每一件事情。他們只是讓每一件事情,變成
最好的』」

一六一、付出一份心力

假如每一粒沙要說:
一粒沙不能做成一座山,
那就沒有陸地。

假如每一滴水要說:
一滴水不能做成一個海洋,
那就沒有海。

假如每一個音樂的音符要說:
一個音符不能做成一首交響曲,
那就沒有旋律。

假如每一個字要說:
一個字不能做成一座圖書館,

那就沒有書。

假如每一塊磚要說：
一塊磚不能做成一道牆，
那就沒有房子。

假如每一顆種子要說：
一顆種子不能做成一塊田，
那就沒有收穫。

假如我們每一個人要說：
一個人不會有重大影響，
那地球上就絕對不會有愛及和平。

你和我真正可以有重大的影響，
從今天開始，
讓我們各自付出一份心力。

一六二、感恩

　　當我們接近感恩節時，去反省一些科學對感恩的說法，那是適當的。感恩在「快樂」的研究上，一直被稱為遺忘的因素。加州大學戴維斯校區的心理學家羅伯·艾蒙斯，和邁阿密大學的心理學家邁可·馬庫勞夫，是在感恩的領域中第一流的

研究人員。迄今爲止，他們所獲悉的是，感恩對你是好的，眞正對你是好的。

在一個比較實驗裡，保持感恩週記的人，比起那些記錄爭執或中立事件的人，有更定期地運動，較少身體的症候，對他們整體的生活覺得比較好，對即將來臨的星期更爲樂觀（Emmons & McCullough, 2003）。它並非僅止於此。

持有感恩明細表的人，更可能已經朝更重要的個人目標（學術上、人際關係上和健康相關方面）前進；而且，還有更多。練習每天感恩介入（自我指導的練習）的年輕成年人，比起把焦點放在爭端或以爲他們比別人更好的人，有更高水準的警覺、熱忱、決心、注意和精力。研究人員繼續把來自練習感恩的利益，加到這份明細表上。

感恩有這麼多利益，我們只指定一天來感恩，那是多有趣啊！

心和靈

研究人員已經發現，當我們想起我們眞正感恩的某個人或某件事，並經驗到隨著那個思想而來的感覺時，副交感神經系統----自律神經系統平靜的部份----就被引發了。當重覆這個模式時，它會給予心臟保護的效果。當志願者激起感恩的感覺時，他們的心電圖被測出更有條理和更有次序。

有證據顯示，當我們練習把注意放在我們生活上所感激的，更多積極的情緒會出現，導致心率變異性有利的交替。這也許不僅緩和高血壓，而且會減少由於心臟冠狀動脈疾病而突然死亡的冒險性。

我們停下來感恩，和表示愈多的關心和同情，我們身體內

經驗到更多的有次序和有條理。當我們的心臟是在一種「內部的有條理狀態」時，研究指出，我們享受和平及寧靜，然而保留對緊張的情況，有適當回應的能力（《不同種類的健康：儘管疾病、發現幸福》，Blair Justice 著，頁100-101）。

神經生物學上，感恩被放在社會情緒裡，與敬畏、驚奇、崇高和驕傲一起。它能夠被練習和經驗。

靈和複合胺

練習感恩的例子是幫助別人，以回報曾經受到幫助。做為一種經驗，它被感覺到在引起敬畏、驚奇和先驗同樣的腦的前葉區。從腦部的皮質和邊緣結構，產生多巴胺和複合胺等，讓我們內在感覺很好的化學品。

感恩能夠是一種完全身體的經驗和超越，意指最深和最廣的感恩來自於靈和記錄「靈」的經驗的腦部-----扁桃體。

所以，當我們看頂部被雪所覆蓋的山峰，或變化的白楊樹的金光閃閃的樣品，或在晚上從高高的落磯山上看銀河時，我們的靈唱著歌，我們的身體充滿大量的多巴胺和複合胺，感恩的禮物。簡言之，定期地注意到感恩和感激，會在我們存在的每一個層面，幫助癒合我們。

不同的情況

有時候，詩人指出感恩的方法，比能夠證明它的利益的科學家更多。珍‧肯洋是一位瞭解感恩的詩人，直到她於一九九八年死於白血病，她大部分的生活都有嚴重的憂鬱症，她患有躁狂與抑鬱狀態交替的疾病。

　　她的詩，〈不同的情況〉，反映出她的智慧，對於我們時常視爲理所當然的平常事，直到它被奪走爲止，給予感恩和感謝。她應該是本文所敘述的特別的醫治者之一。

〈不同的情況〉

　　我用兩隻強壯的腳下床，
　　它可能是不同的情況。

　　我吃麥片、甜牛乳、熟而無瑕疵的桃子，
　　它可能是不同的情況。

　　我帶著狗爬坡到樺樹林，
　　整個早上，我做我愛做的工作。
　　中午，我與我的夥伴躺下來，
　　它可能是不同的情況。

　　我們一起在有銀燭臺的桌上吃晚餐，
　　它可能是不同的情況。

　　我睡在牆上掛著畫的房間的床上，
　　並正計劃像今天一樣的另一天，
　　但是，一天，我知道，它將是不同的情況。

一六三、較少人走的路

　　這是一個偉大的眞實，最偉大的眞實之一。它是一個偉大的眞實，因爲一旦我們眞正地見到眞實，我們超越它。一旦我們眞正地知道生活是困難的————一旦我們眞正地瞭解和接受它————然後，生活不再是困難的。因爲一旦它被接受，生活是困難的事實就不再有關係了…生活是一系列的問題。我們要抱怨它們？或解決它們？我們要教導我們的孩子去解決它們嗎？

　　使得生活困難的是，面對問題和解決問題的過程是痛苦的…然而，在整個面對問題和解決問題的過程中，生活有它的意義。問題是區分成功和失敗的分水嶺。問題喚起我們的勇氣和智慧；眞的，它們創造了我們的勇氣和智慧。只因爲問題，我們心靈能夠成長。當我們想要鼓勵人類的心靈成長時，我們挑戰人類解決問題的能力，正如在學校中，我們審愼地設下問題，讓我們的孩子去解決。透過面對問題和解決問題的痛苦，我們學習。如班哲明‧富蘭克林說：「那些傷痛的事情，教導我們」。爲了這個理由，有智慧的人學習不去害怕問題，而是眞正地歡迎問題，眞正地歡迎艱鉅的問題。

一六四、創造真正的和平

　　假如我們是一滴水，我們嘗試只以個別的一滴水，要到海

洋，我們的確沿途就蒸發了。要到海洋，你必須做為一條河去。僧團就是你的河，在我們每天的修行中，我們要學習如何成為這條河的一部分。我們學習如何用僧團的眼睛去看，如何用僧團的腳去走，如何用僧團的心去感覺。我們必須訓練我們自己，去看我們社區的快樂做為我們自己的快樂，以及去看我們社區的困難做為我們自己的困難。一旦，我們能夠做到這樣，我們將較少受苦。我們將覺得更強壯和更愉快。

做為僧團的成員，我們能夠發展我們個別的才能和我們個別的潛能，同時致力和參與整個團體的才能和快樂。沒有東西喪失了，每一個人都贏了。僧團有力量去保護和支持我們，特別是在我們有困難的時候。當我們參與僧團的工作時，我們有較好的機會去發展我們的潛能和保護我們自己。

僧團河是一個修學和諧、覺知和慈悲之道的善友社區。在僧團裡，我們修行正念的走路和呼吸。僧團放射能夠支持我們的集體能量，使我們更強壯。僧團是一條載運我們的船，並阻止我們沉入痛苦的海洋中。這就是為什麼我們歸依僧寶是如此的重要。允許你的社區去支撐和載運你。當你如此做時，你會覺得更堅定和穩定，也不會冒著溺死在你的痛苦之中的危險。

歸依僧寶不是一種信仰的事情。「我歸依僧寶」不是一種信心的宣示，它是一種修行。做為一條河，所有個別的水滴，一起到達大海。

一六五、不要改變世界

　　從前，有一位國王統治一個富裕的國家。有一天，他到他的國家偏遠的地方旅行。當他回到皇宮時，他抱怨他的腳太痛了，因為那是他第一次有如此長期的旅行，而且，他所經過的道路，是凹凸不平和有石頭的。然後，他下令把全國的每一條路，都用皮革蓋起來。這一定需要數以千計的牛皮，而且要花很多錢。那時，他的一位聰明的僕人大膽地告訴國王說：「為什麼您必須花那些不必要的錢呢？為什麼您不只是切一小塊的皮革來包您的腳呢？」

　　這位國王很驚奇，但是，後來他同意僕人的建議，為「他自己」做了一雙鞋。

　　這個故事真正是一個寶貴的生活教訓：要使這個世界成為一個快樂居住的地方，你最好改變自己----你的心，而不是這個世界。

一六六、與死神對話

　　《凱特・奧義書》包含有名的納其克塔斯的故事。納其克塔斯是一位熱忱而年輕的瑜伽派修行者。他冒險來到死神閻羅的住處，為了要從他那裡求取生命的智慧。納其克塔斯到達時，死神因事外出，所以他在死神的住處，單獨停留了三個晚

上。閻羅回來時，爲這個不方便而道歉，並提供納其克塔斯三個補償的祈求。納其克塔斯的第一個願望是，「他的父親不要因爲擔憂他而受苦，並且在他回去時認得他。」他的第二個願望是，「要知道火供的秘密。」然後，閻羅告訴納其克塔斯：「現在選擇你的第三個願望。」

納其克塔斯回答：「當一個人死時，會產生這個疑問：有些人說『他是』，而有些人說『他不是』。告訴我眞相。」

死神說：「即使諸神老的時候，都有這個疑問，因爲生死的定律是神秘的。向我要求另一個願望。免除我實現這個願望。」

納其克塔斯說：「即使對諸神來說，這個懷疑確實會產生，而死神，你說它是很難理解的，但是，除了你以外，沒有別的老師能夠解釋它，也沒有其他像這個一樣大的願望。」

死神說：「帶著馬、黃金、牛和象，選擇會活一百歲的子孫。擁有廣大的土地，如你所要的年齡而活著。或選擇另一個你認爲與此相等的禮物、財富和長壽，一起享受它。做這個大地球的統治者。我將給你所有你要的。在難免一死的世界中，要求任何願望，不論它是多難得到。爲了服侍你，我將送給你載著美麗少女的馬車和樂器。但是，納其克塔斯，不要問我死亡的秘密。」

納其克塔斯說：「所有這些快樂都會過去，唷！所有都會結束！它們削弱了生命的力量。所有的生命確實是多麼的短暫啊！保有你的馬、跳舞和唱歌。人類不能滿足於財富。隨著死神逐漸接近，我們會享受財富嗎？當你掌權時，我們會活著嗎？我只能要求我曾祈求的願望。當在地球上會死的人覺得他自己不朽時，他才可能希望有長久快樂的生活，和虛假的美麗

的慾望吧？那麼，解決這個大疑問。給我這份揭開神秘的禮物。這是納其克塔斯唯一能夠要求的禮物。…」

　　死神說：「有喜悅之道和快樂之道。這兩者都吸引人類。追隨前者的人，會到達幸福；追隨快樂的人，不會到達終點。這兩條路都在人類的前面，仔細思考它們，有智慧的人選擇喜悅之道，愚蠢的人選擇快樂之道。納其克塔斯，你已經仔細考慮了快樂，你已經拒絕了它們。你未曾接受財產的鏈子，藉著它，人類綁住自己，而沉沒在其下面。有智慧之道和無知之道，它們是相隔很遠的，並引導到不同的目標。納其克塔斯，你是智慧之道的追求者，很多的快樂不能誘惑你。生活在無知當中，自以爲他們是聰明和有學問的愚蠢的人，漫無目標地到處走，就像以盲引盲。那些孩子般、漫不經心或被財富蠱惑的人，不能在超越生命之後照耀著。他們說：『這是唯一的世界，沒有其他的世界。』因此，他們從死到死的循環。沒有很多人聽到這個眞理，那些聽到的少數人，體現了它，眞理是不能由很多的思考悟到的。通達眞理之道是經由一位已經見道的老師。神聖的智慧不是由理性得到，但是它能由一位眞正的明師來指引：比起所有的思想，他是更高的，事實上他是在所有思想之上的。當你的目的是堅定的，你就能夠發現他。希望我能找到另一位像你一樣的學生。」

一六七、當下的四個選擇

　　在當下，我們能選擇，

不被恐懼所控制。
在當下，我們能選擇，
不被侵略所控制。

在當下，我們能選擇，
不被驕傲所控制。
在當下，我們能最確定地選擇，
不愚蠢地努力於控制別人。

在正念中，有力量。
在覺知中，有力量。

在吸氣時，
充分地覺知，
消極的感覺或衝動；
然後，在呼氣時，選擇放鬆。

在那個呼氣的放鬆裡，
不論它也許是多麼微小，
在它裡面蘊涵著，
----覺悟的潛能；
----解脫的潛能；
----自在的潛能。

記得，我們所尋求的自由
不是免於僅是消極的感覺，

或衝動的存在的理想主義的自由，
因爲那將是前腦葉切除術。

不，我們所尋求的自由，
是免於消極的感覺或衝動的專制，
免於消極的感覺或衝動的控制的自由，
甚至是免於我們傾向於執取它們的自由。

一六八・水

百分之七十五的美國人是慢性地脫水（可能適用一半的世界人口）。

百分之三十七的美國人，渴的機制是如此的弱，以致被誤以爲是饑餓。

即使輕微的脫水，將減緩一個人的新陳代謝百分之三。

在華盛頓大學的一篇研究中，被研究的減肥者，幾乎百分之百能用一杯水阻止半夜饑餓之苦。

缺水是引起白天疲勞的首要因素。

初步的研究指出，一天八到十杯的水，能夠讓百分之八十的受害者，大大地緩和背痛和關節痛。

身體的水分只下降百分之二，能夠引起短期記憶的模糊不清，對基本數學有困難，或很難集中精神在電腦螢光幕或在印刷的書頁上。

每天喝五杯的水，能減少腸癌百分之四十五，加上它能減

少乳癌百分之七十九；百分之五十較少可能發生膀胱癌。你有每天喝你應該喝的水量嗎？

一六九、幼稚園的教導

假如你曾經感到詫異，…所有我眞正需要知道的，我在幼稚園都已經學習了。

大部分我眞正需要知道關於如何生活、做什麼、和如何做人，我在幼稚園都已經學習了。智慧並不是在研究所的山頂，而是在托兒所的沙盒裡。

這些是我所學到的事情：

分享每一件事情。公平的遊戲。不要打人。把東西放回你發現它們的地方。清理你自己的混亂。

不是你的東西不要拿。當你傷害到別人時，說聲對不起。在你吃東西之前，洗你的手。溫餅乾和冷牛乳對你是好的。

過著平衡的生活，每天學一些，思考一些，繪畫，唱歌，跳舞，遊玩和工作一些。

每個下午，小睡一下。當你走進這個世界時，小心交通，握著手和聚集在一起。警覺奇異之事。

記得塑膠杯的小種子嗎？根向下而植物向上生長。沒有人知道如何或爲什麼，但是我們都像那樣。

金魚、倉鼠和白老鼠，甚至是塑膠杯裡的小種子————牠和它們都會死，我們也是如此。

記得關於迪克和珍的書，以及你所學到的第一個字，所有

字中，最大的字：看（look）。每一件你需要知道的事情都在
那裡的某處：金科玉律、愛、基本衛生、生態、政治和健全的
生活。

　　想一想這將是一個較好的世界，假如我們全部都----約在
每天下午三點，整個世界吃餅乾和牛乳，然後躺下來用毛毯蓋
著小憩。或假如我們國家和其他國家有基本政策，總是把事情
放回我們發現它們的地方，清理我們自己的混亂。不論你是多
老，當你進入這個世界時，最好握著手和聚集在一起，這仍是
真實的。

一七Ｏ、德蕾莎修女的話

　　今天，每一個人似乎都十分的忙碌，渴望有更大的發展和
更多的財富等，以致孩子沒有時間給他們的父母親。父母親也
很少有時間給孩子和彼此。世界和平在家裡開始破壞。

　　假如我們沒有和平，它是因為我們已經忘掉我們屬於彼
此。

　　假如我們要愛的信息被聽到，它要被送出去。為了保持油
燈繼續點燃，我們必須繼續把油加在上面。

　　每一次，你對某個人笑，它是一種愛的行動，對那個人的
一種禮物，和一件美麗的事情。

　　我已經發現似非而是的議論，假如你愛直到受傷害，再沒
有更多的傷害，只有更多的愛。

一七一、哲學家的人生

蘇格拉底說：「假如你娶了一位好妻子，你將是快樂的。假如娶了一位壞妻子，你將成爲一位哲學家。」

假如一個人被叫來做掃街的工作，他應該掃街，即使米開蘭基羅在繪畫，或貝多芬在演奏音樂，或莎士比亞在寫詩。他應該將街道掃得非常乾淨，以致所有天地的主人會停下來說，這裡住了一位偉大的掃街者，他把他的工作做得非常地好。

正義是不可分割的————任何地方的不正義，對各處的正義是一種威脅。

你不能因爲你變老了，就停止笑；你變老了，因爲你停止笑。

那些慢慢走的人，將走的安全而遠。

用所有你能夠的方法，在所有你能夠的地方，及所有你有的時間，對所有你所遇到的人，只要你能夠的話，做所有你能夠做的事。

雖然有一百種觀點，卻只有一種宗教。

在這個世界上，最容易的事情是做你自己。最困難的事情是做別人要你成爲的人。不要讓他們把你放在那個位置上。

一七二、公案

一位瘋子去告訴他的精神科醫師說：

「我已經觀察到，當我對上帝說話的時候，我在祈禱；但是，當上帝對我說話時，我是瘋狂的。」

醫生回答他說：「親愛的！這是為什麼你在這裡對上帝說話，而不允許上帝對你說話！」

（一）目前的時刻，美妙的時刻。

（二）沒有到和平之路，和平就是路。

（三）你若和平，世界就和平。

一七三、知道你的食物

我們所吃的食物是我們生活中，多面向的一個層面。食物提供精力給我們，使得我們成長和壯大。然而，它能夠是，並時常是更多。我們的食物本身能夠是一種經驗，假如我們允許它。我們從孩童時代所記得的菜，提供無匹敵的舒適。準備食物的行為能是一種最高的藝術才能。我們從食物提供的養分，促進我們的健康。我們很多人受到例行事務分心，忘記吃的深遠快樂超過只是維生。我們方便或無意識地吃東西，隨口吃手上可以拿到的任何東西。為了要瞭解食物的真正價值，和它能夠對我們生活的影響，我們應該藉由更接近地球而吃，來認識

和尊敬它。

　　假如，你曾經去殼和吃花園所種的碗豆，或咬一口從樹上採下來新鮮和日曬的蘋果，你可能瞭解在這些食物和那些被加工和放在超級市場架上的那些食物之間顯著的不同。最近採下來的食物含有更多它最初的生命力，因此能貯藏更大的能量和營養。你能夠藉著到地方的農夫市場去買東西，吃到更接近地球的食物，享受如此做的很多利益，並認識種這些食物的人。假如你使用這種方式買東西的經驗是愉快的，你將更易於拒絕更方便的罐頭、包裝和冷凍食物，而贊成去逛由你能在自己的後院所能找到的同樣土壤所培育出來的新鮮食物，並感到真正快樂。你不久將學到什麼食物是本地當季的食物，以及如何預備它們。

　　當你品嚐多汁而成熟的水果的生動味道和沒有加工蔬菜的衷心輕脆聲，事實上你也能很快樂於由於吃得更接近地球，你正在支持本地的農人，與本地的生態系統連接起來，使那些浪費寶貴的礦物燃料，用車營運農產品橫過全國的人打消念頭，並幫助保持已經存在許多世紀的健康烹飪傳統。

一七四、漸修頓悟

　　它就像走在有霧的天氣裡。當你開始走時，你的大衣是乾的，當你走完時，你的大衣是溼的。但是，你不能精確地指出你的大衣是在何時、何地由乾變濕的。「變成」大徹大悟是同樣的事情。它是一個持續的過程。

一七五、智慧之樹

　　要長出一棵壯大的樹的關鍵是有一個好的根部系統，和用好藥來灌漑樹根。假如，我們放毒在根部系統，它將影響這棵樹，而且它對森林中的其它樹會變得很明顯是什麼正在灌漑這棵樹根。對人類來說，這也是眞實的。我們需要用正思來灌漑我們的根。假如，我們的思想是正確的，對於其他人將是明顯的。我們不需要用嘴巴告訴人們有關我們自己，因爲我們的行動已經告訴他們。現在，最重要的事情是用正思和正業，來揭露我們內在的世界。

一七六、快樂

　　樸實不是惱人的貧窮。它不是富有的相反。簡單地過生活是要追求中庸的安靜之道。內在的快樂存在於極端相反之間的平衡生活。

　　眞正快樂的人，與他們自己和周遭的世界和平相處，不論遇到什麼，都快樂地接受。

　　快樂是人類眞正和自然的存在狀態。很少人發現它，因爲他們大部分的人住在外圍。他們儘可能從他們的中心，向外延伸。他們變得愈富有和愈有權力，他們的內在就愈空虛。

　　人們到處在他們之外追求快樂，最後發現，他們一直在一

個空虛的羊角上追求它，在一個沒有裝喜悅的水晶杯邊緣瘋狂
地吸吮著。

　　快樂是在於用最大的努力去減少你的慾望和需要，是在於
培養任意應付那些需求的能力，是在於不管遇到那一種困境，
向內和向外總是嘗試微笑。

　　每晚在你休息之前，和在早上起床之前，至少要安靜和鎮
靜十分鐘。這將減少不畏懼、不可打破的內在快樂的習慣，使
你能夠應付所有每日生活戰鬥的艱苦情境。用那種不變的內在
快樂，盡力著手去實現你的日子的需求。

　　尋求快樂較多在你的內心裡，較少在獲得事物上。在你的
內心裡要如此快樂，以致沒有任何發生的事情可能使你不快
樂。然後，沒有你一直習慣的東西，你也能過生活。快樂地知
道你已經得到不要消極的那種力量。也知道你絕對不會再變成
如此在意物質，以致你忘記你的內在快樂，即使你變成一位百
萬富翁。

一七七、機會

在這個世界上真正成功的人，
是尋找他們所要的情境的人。
假如他們找不到這種情境，
他們創造它。

距離和困難的餌能夠是詐欺的，

在你生活中偉大的機會是你現在所在的地方。

適當地覺察，

每一個情境都能夠變成你的一個機會。

你的命運不是一件機會的事，

它是一件選擇的事。

它不是你等待的一些事，

而是你努力達成的一些事。

你被機會所圍繞，

但是，在這個世界上，

事情不會自動發生，

直到你使它們發生。

當一扇門關閉時，另一扇門打開，

但是我們時常對關閉的門看得如此久和如此懊悔。

以致我們沒有看到已經打開給我們的另一扇門。

一七八、寬恕

寬恕使我們的內心清淨。

寬恕是釋放一個犯人，

而發現這個犯人是你自己。

真正的寬恕發生，

當我們打開我們的眼睛，

而發現因為我們嘗試如此努力去瞭解我們的過去經驗，

所有我們的努力都在使目前更好和更加不同。

一七九、它將過去

一位學生到他的禪修老師處說：「我的禪坐糟透了！我覺得非常不專心，我的腳很痛，我不斷地打瞌睡。它正是糟透了！」

「它將過去，」這位老師平凡地說。

一星期後，這位學生回到他的老師處。

「我的禪修是美妙的！我是如此察覺，如此和平，如此精神抖擻！它是美妙的！」

「它將過去，」這位老師平常心地回答。

一八〇、笑和世界與你一起笑

一個簡單的句子是所有它需要使英國廣播公司評論員包廂失去作用。板球隊員伊安・包特姆在一個奇異的散開中絆住柱子而跌倒，促使評論員喬那頓・安格紐叫喊：「他不能克服他的腳。」

　　這個發言使得安格紐和他的同事，已故的布萊恩・詹森，在正式比賽恢復之前，發出幾分鐘的笑聲。它證明每個人所知道的，笑聲是會傳染的。

　　研究頭腦如何回應情緒聲音的科學家相信，他們瞭解為什麼。研究者已經顯示，積極的聲音，如吃吃地笑或勝利的叫聲，引發腦部的自然回應，準備臉部的肌肉加入，和幫助創造社會的結合力。

　　「『笑和世界與你一起笑』似乎是絕對真實的，」倫敦大學認知神經科學研究所蘇菲・司高特說。他領導的這個研究發表在《神精科學期刊》。

　　「我們已經知道一段時間，即當我們與一些人談話時，我們時常反映他們的行為，複製他們使用的話，和模仿他們的姿勢。現在，我們已經顯示，同樣的情況也適用於笑聲----至少在腦的部份。」

　　這個研究涉及到放聲音給志願者，而他們的腦部回應是用掃瞄器來測量。這些聲音或是積極的，如笑聲或勝利的呼喊聲，或是消極的，如尖叫聲和作嘔聲。

　　所有這些都引起腦部皮質區的回應，使臉部的肌肉依次回應。但是，掃瞄顯示對積極聲音的回應較大建議，這些聲音比起消極的聲音更會傳染。研究者說，這可以顯示為什麼我們用自然的微笑，來回應笑聲或歡呼聲。

　　司高特教授說，關鍵在團體情境裡這種情緒通常會發生，諸如與家人一起看笑劇的節目。

　　「腦部的回應，自動地促使我們笑或微笑，提供一種反映別人行為的方法，一些會幫助我們社交上互動的事情，」她說：「它能夠在建立個人間的堅強約束力，扮演一個重要的角

色。」

　　使用笑聲做爲治療，正在日漸成長。以色列海法大學正開辦一種醫學丑角的學位，學生們希望被醫院僱用爲有薪資的職員----證明笑聲是最好的醫藥。

　　最好的藥

　　＊兒童一天大約笑四百次；成人只是十四次。

　　＊笑聲保護心臟，並減少血壓。

　　＊偶然的輕笑增加痛苦的容忍、減少過敏的反應和增強免疫系統。

　　＊捧腹大笑產生很多腦內咖，身體的自然鎮靜劑，很類似於活潑的運動所引起的。

一八一、如何變得更有吸引力

　　依據英國心理學家的研究，吸引力的秘密在使別人笑。艾伯汀大學的實驗發現，假如我們發覺異性對我們微笑，我們更可能以爲這些人是美貌的。

　　試驗顯示，我們的品味總是受到人們收自其他人的注意所動搖。在試驗裡，婦女舉出男人會實質上更有吸引力，假如他們一直被顯示其他婦女對他們微笑的影像。心理學家相信男人用同樣的方式回應建議，當判斷一個可能合夥人的吸引力時，男人和女人都無意識地考慮他們性別的競爭者的觀點。

　　「所以當你外出到一間酒吧時，假如異性在對你微笑，它將使你更有吸引力，」斑·瓊斯說，他是皇家學會《生物研究

期刊》上一篇文章的作者。

一八二、吃到飽

「我如何知道上帝呢？」拉姆・達斯有一次問他的上師。
「給每一個人食物。」尼姆・卡洛利・巴巴沒有懷疑的回答。

當某些人的家庭驕傲於節儉的晚餐和沒有點心，食物重要性的想法引起我的興趣。精神之道不是要求飲食的節制嗎？吃與智慧有什麼關係呢？我思考尼姆・卡洛利・巴巴形而上學地談話，直到我拜訪他的寺廟而親自目睹。

在我首次聽到拉姆・達斯說他的故事之後的一些年，我旅遊到印度夫林達曼，去向他的上師紀念碑致敬。夫林達曼以做為克利斯納神的出生地有名，它是一個神聖的都市，其土地都被做為神的身體來崇拜。尼姆・卡洛利・巴巴的寺廟是這個鎮上數百間寺廟之一，但是忠於他的教導，它的奉獻是一個大盛宴的機會。印度的信徒準備大桶的食物。摩訶拉吉（上師更熟悉的名字）很榮幸地為群眾服務午餐。就眼睛所能看見的，來自城市和鄉下各地的人們，耐心地等待他們的部分，排列的隊伍蜿蜒到寺廟之外眼睛所及的廣場。有一種和平果腹的安靜和慶典的氣氛籠罩著。有足夠的東西給每一個人，即使是狗也有。

「給每一個人食物」這個簡單教導的力量，在印度鮮明的景觀中，是不可避免的；在印度，貧窮就像在美國數百萬戶外

烹飪所起的煙霧，飢餓是來自於其情緒和身體的形式，所以這個金科玉律是很有力量的。在一個國家，大多數人有足夠的東西吃，肥胖是一個國家的消遣，儘管我們相對的富足，我們仍然充滿有關食物的問題，餵飽每一個人有什麼意義呢？對這個問題的答案與恢復每天慶祝的層面有關。在摩訶拉基寺廟，簡單的服務和吃午餐的行爲是歡宴和喜悅的場合。吃變成一種純粹感恩和感激的行爲。在美國，吃能夠是充滿意義或沒有意義的，但是它很少做爲一種每天覺醒靈性的工具。

　　有一個早上，我發現自己反省摩訶拉基寺廟，當我聽一位四十歲的女病人淚汪汪地苛責自己，因爲她不能減肥。她是孤獨和傷心的，在她的眼中，她的未來似乎是凄涼的。

　　「我的衣服愈來愈緊，我將不能見任何人，它是不公平的，」克路喃喃低語。她繼續轉向食物去塡補她情緒上的需求，但是短期的滿足總是導向長期的挫折。

　　當她說話時，摩訶拉基寺廟的慶典飄浮在我的心中————如此多的食物被提供給如此多需要的人。在我的沉思中，使我感觸到的是寺廟的純喜悅，不只是施捨，而且是消費。食物的喜悅和奉獻的喜悅被連接在一起，使我們能夠感激每日的奇妙。

　　然而，我的病人似乎正在處理食物做爲一種情緒滿足的替代，它對她是如同舒適一樣的危險。食物已經承受如此多的連想，以致她已經喪失與吃的簡單行爲的接觸。

　　克路花她大部分的時間避免誘惑，並定期地丟下她的節制，大吃超過飽和。她嘗試訓誡自己，在一段時間節食幾天，但是總是不久屈服於另一次的狂鬧，放棄她的決心，和吃被放棄而禁止的食物。困在節制、放縱、自我批評和恥辱中，她從未眞正地成長。摩訶拉基寺廟說：「餵飽每一個人。」我能發

現什麼食物去餵飽她呢？

我的病人把我從深思中拉回來。她柔和地哭著。

「也許你準備用一種不同的方法承受這個，」我建議。

微末卡難達的一句話跳躍在我的腦海中：「心是一個可怕的主人，但也是一個美妙的僕人。」克路嘗試透過自我否認去控制她自己，但是她變得愈來愈挫折。她不能控制自己，但是也不能想像另一種方法。我懷疑我們能做什麼去改變她，從一位失敗的主人成為一位奉獻的僕人呢？

我知道禪坐和瑜伽握有轉化這種問題的關鍵。靈修涉及縈繞於心、儀式上重覆的練習，設計來打開修行者到如實的當下。不論是觀呼吸或觀念頭，重覆的品質幫助我們突破去評價如實相。靈修偉大的教訓之一是我們只能推擠我們自己這麼多。不管我們多強烈要精通那一種修法，我們最後要面對我們身體的局限。在那一點上，我們必須放下。克路煩惱於接受她吃的需求。對她的困境，關鍵不是節制飲食、而是維持生命。

正如酒精中毒者，一旦他們已經開始，他們是無能為力停止喝酒；克路一旦覺得任何身體或情緒的剝奪，她不能中斷食物的衝動。她不是如同她以為她應該是的強壯、自足和獨立的人；她是一個甚至不能處理最少需求的感覺的人。為了保護她自己，我建議，她也許應該在指定的時間和規定的時段裡，一天吃六次之多，使得剝奪不會建立。假如她讓自己落後，她的飢餓將刺激暴食。如同在瑜伽和靜坐裡，處理她的著迷於食物，在於變成著迷於它。她必須一直想著食物，在她的生活中給它優先，以適當地照顧自己。她必須學習給她自己食物，而不是假裝她能處理飢餓。

有一個關於克利須納的故事-----沒有清淨而大吃大喝的

神————，摩訶拉基住在克利須納的出生地。從他的兒童時期，他就以奶油賊有名，奶油是他如此喜歡的凝固的牛奶。人們慣常躲在廚房裡，看著小而黑皮膚的孩子從奶油瓶偷奶油，他是如此喜歡這種味道。他的欲望是如此純淨，他的享受是如此徹底，以致觀察他吃引起旁觀者的狂喜。克利須納的享受沒有剩餘，沒有剩餘的不滿足或罪惡或羞恥。

有時，他好像會吃任何東西。有一次，他的母親看到他在吃村莊的泥土時，很恐怖地把他拉開地面。她打開他的嘴巴，看到裡面，突然間，她發現自己在他小舌頭所在的地方，看到一座山，在他右邊的扁桃腺有一座湖。整個宇宙，包括她自己在內，在嬰兒神的嘴漩渦狀轉動。克利須納有能力去面對面處理欲望，並完全地滿足他。餵飽他自己，他也餵飽每一個人。

在這個故事中，有一些克路需要聽的事。她並未適當地餵飽她自己。假如她在一座公園裡，在那裡人們正在吃蛋糕。她會抗拒這個點心，但是後來，當她回家之後，她會狼吞虎嚥。

每一次，她接近這些事件時，希望它將是不同的，然而，每一次她總是失望。

「你會以為在二十五年後，我會知道更好，」她悲傷地說。

但是，當我建議，在這些情況下，她為自己煮一些東西吃，她難以置信地看著我。

「你可以把它想成是供養克利須那，」我建議說。畢竟，假如為了知道神，我們必須餵飽每個人，我們的確也必須餵飽自己。用如此多情緒上的意義去壓制食物，嘗試為了它不能提供的營養，來消耗它，克路已經喪失了吃能夠有簡單的喜悅的接觸。對那個目的。她也已經喪失與她自己的接觸。摩訶拉基

的教導是關於恢復每天固有的喜悅，不是藉由剝奪，而是經由慶祝。

在嬰兒克利須納完全沒有自我意識的生活的方法，樹立克路能夠感恩的模範。但是它不再是自然地為她發生。正如同我們有一些人必須把靜坐或瑜伽做為例行事務來提醒自己，每天簡單的喜悅。克路必須練習餵飽她自己。

有時候，它必須著迷的去提醒我們真正的本性。有時候，減輕重量的方法是吃得更多。

一八三、隨喜讚歎

「每一個行為、思想和感覺都由一個意向所推動。那個意向是一個做為有果的因存在。假如我們參與這個因，我們是不可能不參與那個果，」傑利・朱可夫說。

深吸一口氣，我不只一次的閱讀和思考它。

因果律是宇宙的真理。「對每一個行動，有一個平等和相反的反作用，」牛頓的第三動作定律。你不能夠接觸而不被接觸。

我們做事情。我們思考。我們感覺。這些的根源是意向。韋伯字典把意向界定為「對一個人行為後果的目的或態度」。

正如物質和能量在物理世界交互作用有可測知的影響，靈和精神能量用同樣的方式在交互作用。

意向的根是態度。態度驅使目的，目的帶來「可以測量的」談話和行為。我們所看、聽、讀和說的是表面的行為。他

們是態度的自然成長。

　　挑戰是要對我們的意向密切的注意。假如因果律應用到我們的意向，它的確是，那麼我們用好和喜悅的意向行動，好和喜悅的結果將跟隨而來，假如我們參與「因」，我們也將參與「果」。

　　當你理解這種定律的充分潛在性，你會立刻探討你自己的態度和意向。

　　我們從很早的年紀就被支配去競爭，並且害怕別人的獲得，意指我們的損失。它發生在學校的成績，遊戲場地的遊戲，為工作、配偶和認可而競爭。競爭並非與生俱來是壞的。挑戰和為成功而奮鬥也並非壞的。雖然，壞的是「別人將贏」和「我們將輸」的害怕、缺少或憎恨的感覺。

　　對別人的失敗暗地裡歡喜，或嫉妒和怨恨別人的成功，對人們來說是很平常的。這些感覺的基礎是恐懼，或別人獲得我就「較少」的感覺。這些感覺來自宇宙是一個狹窄的和限制的地方，不足夠分享給每個人。這種態度是意向的基礎，你將以為----甚至做事情犧牲別人，以增強自己。這些感覺是意向----它們是害怕和有害的思想和行動的因----正如你創造因，你把果帶回家，投宿在你的生活。

　　信任我....這不是你要的生活。它是一個無止盡的缺乏和恐懼的循環，即使當你贏和高興時，它仍是空洞的----因為你知道你的秘密思想（一種罪惡的來源）和想像有人（像你一樣）恨它，並等待你的絆倒。

　　這種思想模式能夠被去掉。你能用會帶來喜悅和豐富進入你的生活的意向來取代。假如你能學習為別人幸運的經驗真正的快樂，你的意向的因，將加乘你自己生活中的快樂和祝福。

　　步驟是簡單、但是挑戰性的：第一、停止比較。第二，見到你自己的祝福，第三，隨喜別人的祝福。

停止比較

　　假如你希望改變你的思想，用豐富和愛的模式，取代缺乏和嫉妒的思想過程，第一步是停止將你的生活與你認為別人的生活加以比較。比較使你失去平衡，為了過著基於愛的生活，你需要重新取得你的平衡。

　　不要犯錯：當你與別人比較你的生活、你的家庭、你的所有物、你的人或人格時，你正在做一個判斷。你所做的判斷成為你與別人比較的基礎。

　　你開車經過有較大房子和較好車子的鄰居，你想像住在那裡的人比你更快樂。在一個談話性節目上，你看見一位衣著華麗和優雅的名人，你想像成為她是多好。假如你是如同她一樣的纖細，如同她一樣的聰明，如同她一樣的舒適…你的生活多少會比較好。

　　大部分時候，別人成功地出現，你會覺得挫折、生氣、沮喪或嫉妒。有時候，你成功地出現，你覺得很好。

　　事實上，你正在根據你所看到的，而不是你所知道的，做一個判斷。你只能看見有光澤的表面。

　　我所知道財政上最成功的人也是最孤獨的人。最有權力的人是最沒有安全感的人。每天過著財政上不安定的人卻是內心最和平的人。一位在政治和商業界的地位被人羨慕的女人，渴望留在家中扮演媽媽過簡單的生活。這些景象背後的真實，將使任何將他們自己與這四種人比較的人感到驚奇。

　　你不可能知道，你經由比較而判斷的那些人真正的生活。

你只能根據表面做比較。表面是容易使人上當的，你既未擁有知識，也沒有權威去判斷別人。

把你自己和別人比較，至多是建立在錯誤和不正確之資訊上，最壞是在你自己的生活中帶給你判斷和批評的消極能量。停止如此做。

從別人身上，移開你的眼睛，取而代之的是把焦點放在三個重要的方向：向上看，向內看和向伸手可及之處看。

向上看：感謝你已經走這麼遠，思想你優雅地活著，記得你完成這一天簡單的事情，最常把微笑掛在臉上。

向內看：感謝你有選擇的權力，和改變生活中使你痛苦的事情的能力。

向伸手可及之處看：感謝你周遭的一切，一個屋頂、健康、飲食和親愛的人。如實地看你的親友：愛和被愛飛逝的機會；我們只是不知道明天會發生什麼…今天擁抱喜悅。

見到你自己的祝福

「我打開眼睛看我的生活。我看到我有很多要感恩的。我對我的財富感到謙卑，並懊悔我對已經存在我生活的富足視為理所當然。當我不能感恩我已經有的，我如何能從宇宙裡期待更多呢？」莎拉·巴恩·布里斯那奇說。

假如你希望改變你的思想，你正在練習不看別人，而是看三個重要的方向：你精神力量的來源，你自己之內和你伸手可及之處。

第二個步驟是打開你的眼睛去看你自己的祝福。忽略我們每天所見到的是人性。我們是如此熟悉我們周圍的情況，我們不能想像沒有它們的情況。我們已經期待一千件小事情為我們

在那裡和運行。

不論你在那裡,立刻停一會兒,看一看四周。你們大部分是在家或辦公室。假如你是在一個公共的終端機,你住在使這個可能的國家。在你的前面是一個奇妙的盒子,允許你去探查和學習,延伸你的視野比以前的人更遠。

在你的頭上有屋頂,你是足夠溫暖或清涼的感到舒適。電力帶給你方便,你的水管暢通。在容易到達的地方有餐點。有愛你的人。

我們大多數人允許我們的生活變成如此充滿要求和義務,我們已經忘記所有關於使我們快樂的小事情。你必須再一次發現它們,去看見和享受它們。

你享受那一種較多呢?日出的光明嗎?正午的光芒嗎?或日落的光輝呢?最後使你捧腹大笑的事情是什麼呢?廚房的什麼味道使你面帶微笑呢?朋友或親愛的人臉上,有那一些表情能帶來一絲溫暖的感覺呢?

我挑戰你列出你被祝福的事情的名單。起頭需要幫助嗎?一些是你有的才能。一些是你的親友。還有你的健康、才智、自由意志和情緒。從錯誤中學習的能力如何?你的一些祝福是物質上的擁有。

你能做最有力量的事情之一是這份你的祝福清單。列出清單,記得使你快樂的事情,如實地接受你的祝福————這些是打開你的眼睛的步驟。

當你對自己的祝福打開眼睛時,你的心也會如此。你的焦點從你所貪婪的轉移到你所擁有的,結果是柔和,一點放鬆。突然之間,你投射到別人的氣勢————你甚至不曾知道你有的————將不會如此粗糙的。

　　當你把焦點放在你自己的祝福上，你有更多的時間給你親愛的人，體驗到一點以前可能已經溜掉的時間，或對待你自己特別的一些事情，因為它使你快樂，

　　當你記得享受你所擁有的，你所擁有的是更可享受的。

隨喜別人的祝福

　　假如你希望改變你的思考，對別人的祝福加以隨喜，而不是覺得微不足道，你正在練習迄今所涵蓋的步驟：

　　你認知你參與關於你對別人的意向和感覺的因果。

　　你不是在看別人，而是在看三個重要的方向：你的精神力量的來源，你自己之內，和你伸手可及之處。

　　你正在對你的祝福打開眼睛，很多這些祝福是我們易於忽視的小事情。

　　第三個步驟是看宇宙做為一個豐富的地方，去看和相信發生在別人身上的好事情也可能發生在你身上。這需要誠實、信心和「送出」善。

　　誠實是必須的，而最困難的誠實是：對你自己誠實。宇宙以大約同樣的東西，報酬積極的感覺和意向，但是這些並不是行動的替代品。

　　當你看到別人的幸福時，絕對不要忘了在他們的部份，同樣水平的行動和預備是必需的。它是一項偉大的工作嗎？他或她做什麼去預備它？他們敲開什麼門呢？什麼堅持獲得效果呢？（只因為你沒有看見它，並不意指它沒有發生。）它是一種與親愛的人的一種稀奇的關係嗎？他們打倒什麼牆呢？他們克服什麼障礙或恐懼呢？

　　對你自己誠實，要求你評估你是否準備接受你生活中類似

的祝福。要搭火車，你首先必須站在鐵道旁邊。

信仰是對看不見的東西的信心。有信仰，你知道你將被提供必需品。有信仰，當你看見別人優秀、進步、獲得和愛時，你看到他們所打開的富足也圍繞著你。假如他們被祝福，而且他們是，然而，你也有同樣善事的來源的通路。

信仰允許你去看成功和理解，假如這些步驟被成功的個人所遵守，那麼假如我採取這些步驟，我也將被報酬。

「送出善」是回歸到本文的第一個部份。稱它爲「金科玉律」，稱它爲「業」，稱它爲「因果」，不論你喜歡什麼名字。它是宇宙構造的一部份。它到處都被承認。你不能避免它。

如果你怨恨別人的幸福，怨恨會出沒在你的生活。如果你隨喜別人的幸福，慶祝點亮你的生活。帶著喜悅感，爲別人做你能夠做的事，那個喜悅將回到你的身上。

帶著眞正的信心，微笑和祝賀別人，結果，你將被祝福。記得上述的定義：感恩是一種充滿活力的未來利益感。

現在感恩。你正在種下未來的種子。

一八四、讓你的光明照耀出來

我們一出生，內心就有無限的光明。它不只是存在於我們一些人中，它存在於每一個人。當我們讓我們的光明照耀，我們無意識地許可別人做同樣的事。當我們從恐懼和煩惱中解脫出來，我們的存在自動地解救了別人。

有些人相信----即使在下意識裡----，讓我們的光明照耀出來是錯的。有些人甚至完全忘了他們有光明。我們每一個人都是生而獨特的，而且每個人都有一個獨特和個別的光明。

我們每一個人在一些事上是優秀的，我們每個人都有天份和對別人都有價值的，…有些時候是在最出其不意的方式。

你的光明是什麼呢？你的技術和才能是什麼呢？什麼是你做得很好的事情呢？簡單的或壯麗的？我向你保證，只要有一種。不管它是什麼，去做它。不要保留。

讓你的光明照耀出來，讓你的光明是點燃別人光明的小火花。回想你的人生，記住並感恩把光明照耀在你身上的人。

一八五、美麗

「覺察美麗是一種道德測驗，」亨利‧大衛‧梭羅說。

這個引用語是如此短，我幾乎很快地看過去。但是，有關它的一些事情引起我的注意，我回顧它，一次，二次，再一次。

你是否有可怕的一天，至少一次，你不論到那兒，你見到什麼事----沒有一件事是順心的，沒有一件事是難忘的，你的整個經驗被你自己的問題或情況所影響。

你曾否與某種人在一起，他們不論發生什麼事或周遭的環境如何，從沒有看見任何事情是好的，或對任何事或任何人有親切的話？

覺察：覺察一件事意指你必須在你之外，有一些焦點。你

必須能夠看到超越你的需要和思想，並開放給圍繞你的。

覺察美麗；你必須心理與好的和諧及積極的和諧。當你快樂時，你注意更多的美麗。是否你看得見美麗，它是你內心狀況的反映。

對你而言，什麼是美麗呢？混凝土建築物針對天空的硬角度嗎？春天的花朵上霑露水的花瓣嗎？你已經聽了一百遍鳴禽晨間的囀聲嗎？

輪子離開地面那一刻的噴射機嗎？一個圓胖而酷熱的滿月嗎？一個完美裝飾的盤子嗎？一場邏輯辯論嗎？一位兩歲小孩第一次潦草地書寫嗎？一位年紀較大的親戚年華老去的微笑嗎？

你稱「美麗」是什麼呢？我們被我們所重視的來界定。那麼，覺察美麗真正是一種道德測驗。

一八六、只有一個現在

「使得生活如此甜蜜的，絕不會再來的，」愛彌尼·狄更生說。

這一次，這一刻----不論它是什麼----絕對不會再來。只有一個現在。

不要被例行工作所欺騙。沒有兩個時刻是真正相同的。圍繞和支持我們的總是在變化：季節的飄逝，和進出我們的生活中人們的變動，甚至我們內在的思想和情緒的變化海。

只有一個現在。充分利用它。看、聞、嚐和接觸它。挑戰

你對它的觀點。擁抱它。是否它是喜悅或悲傷，勝利或痛苦，它絕對不會如同它現在一樣再來。

今天我要記得每一刻是獨特的，並嘗試如實品嚐它。

一八七、善知識

善知識的徵候是他有三種特質：像海洋般的布施，像太陽般的慈悲，和像大地般的謙卑。

像海洋般的布施

布施，慷慨；超越自願的精神，一種要被考慮的力量。

任何曾涉足海浪的人，知道海洋的慷慨。你一直覺得它圍繞並提昇你，它甚至絕對不會問起你的名字。

我們能夠很清楚地看見海洋的表面，而我們不能完全知道其深度。

慷慨像海洋般是什麼意思呢？

水、液體和適應————圍繞、包圍、擁抱它所遇到每件事情嗎？問任何地質學家、工程師、承包商，他們將告訴你，水是地球上不可抗拒的力量之一。

水是無情的。水繼續它的路線，不受障礙的嚇阻。無論如何，水都流動。水圍繞，滲入，提昇浮動並覆蓋下沉。水是一種偉大的平衡裝置，一種偉大的評估者。

假如善知識有像海洋般的慷慨，行動像波浪般的明顯，然而動機存在於深處，即使是沉靜的。一條水流延伸到所有————

給大家同樣的機會。

同樣的水流把浮木飄到岸上，然則將石頭和廢物留在海底。

像潮水一樣，水流會漲落，也許會出現這一刻喜歡一個海灘，下一刻又是那個水坑，然而當水流動時，一個新水坑或漩渦出現，每一個都裝滿它即刻的需要。那是海洋的性質。

總是延伸機會，總是圍繞沒有判斷。總是允許機會起伏，假如那是你所塑造的。像海洋般的布施，是善知識的徵候。

像太陽般的慈悲

什麼是慈悲呢？不僅是帶著感覺，更超越了同情，慈悲用瞭解的波浪沐浴我們。太陽是照明的來源，指導我們，我們不能完全知道其內在的力量。

像太陽般的慈悲意指什麼呢？

光是熱烈和滲透----貫穿和照明它所遭遇的每一件事物。除此之外，光譜是如同我們所知一樣的完全。問任何太空人，任何科學家，光是界定宇宙的力量之一…

光照耀所有的東西。它直接或反射地繼續它的路線，並跳開障礙。光顯示，光照明。

假如善知識有像太陽般的慈悲，他或她的光圈將擴大光明和溫暖給所有的人----邪惡和正直的人；正義和不正義的人；而且像太陽光一樣簡單和真實地照耀在我們所有的人身上。

善知識的微笑和立場是不會弄錯的。

這是我們每一個人的選擇：反映太陽的光，見到所有的人，無論如何愛他們。像太陽般的慈悲，是善知識的徵候。

像大地般的謙卑

謙卑是什麼？謙遜，不傲慢和不擺架子是標準的定義。也許它還有更多意義。

像大地般的謙卑是什麼意思呢？

地球----我們存在的基礎----，即使片刻，我們也不能逃離它。它是我們物質上的錨和繫繩，我們在這個穩定基礎上建設我們的家。當我們著手我們的日常生活時，我們大部份人並沒有想到地球很多。它只是如被期盼的在那裡。

地球是平穩的，然而也是變化和柔順的。它的中心是熱的。不論我們在這個星球的何處，我們依賴地球而有某些持久的品質。依照某些不能改變的原則，如地心引力，它作用、反作用和執行。

也許會有洪水、火災或甚至地震，然而在大變動之後，穩定不可避免地回來。大水退了。灰燼灌溉新的成長。塵埃落定。地球的反作用總是今天創傷的「長期觀點」。

一八八、生活的故事

第一天，上帝創造了狗，並說：「整天坐在你房子旁邊，向著走進來或經過的人吠。為了這個理由，我將給你二十年的壽命。」

狗說：「吠二十年太多了，只要十年如何，我將還你其他的十年？」於是，上帝同意了。

　　第二天，上帝創造了猴子，並說：「娛樂人們，變戲法，並取悅他們。爲了這個理由，我將給你二十年的壽命。」

　　猴子說：「猴子變戲法二十年？這樣的表演太長了。我像狗一樣還給你十年如何？」上帝同意了。

　　第三天，上帝創造了牛，並說：「你必須整天與農夫在田裡，並在太陽下受苦，生小牛和提供牛奶支持農人的家庭。爲了這個理由，我將給你六十年的壽命。」

　　牛說：「那是一種艱苦的生活，你要我過六十年。二十年如何，我將還給你其他四十年？」上帝再次同意了。

　　第四天，上帝創造人，並說：「吃，喝，玩，樂，並享受你的生活。爲了這個理由，我將給你二十年。」

　　但是，人說：「只有二十年嗎？你可給我，我的二十年，牛還回來的四十年，猴子還回來的十年和狗還回來的十年，那麼總共是八十年，好嗎？」

　　「好，」上帝說：「你自己找的。」

　　於是，那就是爲什麼我們第一個二十年吃、喝、玩、樂和享受我們的生活。其後的四十年，我們在太陽下做苦工，以養活我們的家庭。其後的十年，我們玩猴戲去取悅孫子。最後十年，我們坐在前面的門廊，並對每一個人大聲叫。

一八九、一生的花園

首先，種六排南瓜（squash,取「壓扁」之意）

　1、壓扁所有形式的不誠實。

2、壓扁偏見。

3、壓扁害怕。

4、壓扁消極論。

5、壓扁流言蜚語。

6、壓扁冷漠。

然後，種五排萵苣（lettus，取「讓我們」之意）

1、讓我們要親切。

2、讓我們彼此尊重。

3、讓我們感恩。

4、讓我們有耐心。

5、讓我們忠於我們的信念。

現在，加上四排蔓菁（turnips,取「轉向」之意）

1、轉向去做你的本分。

2、轉向去投票。

3、轉向去幫助別人。

4、轉向去禮敬。

為了調味品，種三排百里香（thyme,取「時間」之意）

1、花時間教導你的孩子，並與他們玩。

2、花時間明智的學習和成長。

3、花時間思想你是誰，和你為什麼在這裡。

最後，用兩排的碗豆（peas,取「和平」之意），完成這座花園。

1、心的和平。

2、你的關係的和平。

一九〇、感謝和感恩

感恩的意義和重要

達到成功的人沒有不經別人幫助的。
有智慧和信心的人感謝地承認這種幫助。

感謝是最高的思想形式，
感謝很奇妙地使我們加倍的快樂。

感恩是高貴的心的徵候。
你親切的待人不會來得太快，
因為你不知道多快它會變得太慢。

減輕別人負擔的人，
在這個世界上都是有用的。

我們應該感謝那些
重燃我們心燈的人。

感恩是來自史前時代的混沌時期，
它對所有年齡和信心的人是普世的。
不論我們必須抓住的是如何不值錢的東西，
總是有感謝的時候和新的開始。

不感謝的心不會發現快樂，
但是感謝的心經歷這一天，
如磁石發現鐵，
如此它將在每一小時中，
發現天堂般的祝福。

有些人總是抱怨玫瑰有刺，
我總是感恩刺上有玫瑰。

教育你自己感恩的感覺，
意指不會視每一件事情爲理所當然，
但是總是去追求和重視行動背後所代表的。
爲了你所做的事情沒有是當然的，
每件事情源自於針對你的善意。
訓練你自己不要拖延
表達感謝的言語和行動。

我認爲我學習感恩和珍惜每一天，
因爲你不知道，
你還有多少天。

擁有物質的東西不會使你的生命更好⋯．
我知道很多人擁有很多的東西，
而他們絕對是世界上最可憐的人。
所以，富有不會豐富你的生命，
除非你能與自己和平相處，

並能與別人分享。

當我開始計算我的幸福時，
我的整個生活峰迴路轉。

假如你沒有所有你要的東西，
感謝你沒有你不要的東西。

說感謝是禮貌和快樂的，
將感謝付之以行動是慷慨和高貴的，
但是生活在感謝裡是碰觸到天堂。

對於他沒有的東西，他不會痛苦，
對於他有的東西，他滿懷感激，
他是一個有智慧的人。

那些佈施而不會記得的人，
接受而不會忘記的人，
是被祝福的人。

讓我們站起來感謝，
因為假如我們今天沒有學很多，
至少我們學一些；
假如我們沒有學一些，
至少我們沒有生病；
假如我們生病，

至少我們沒有死；
所以，讓我們都很感恩。

沒有人能夠如
逃離黑暗王國的人一樣的感恩。
感謝是最優美形式的禮貌。
感謝不只是最偉大的德性，
而且是所有其他德性的父母。
一個人不可能在同一時間，
感覺感恩和憂鬱。

假如你集中於在每種情況下發現甚麼都是好的，
你將發現你的生活突然充滿了感恩，
一種滋養內心的感覺。

養成告訴別人〈感謝你〉的習慣。
表達你的感恩，
真誠和沒有期待任何回報。
真正地感激你周遭的那些人，
你不久將發現很多其他人在你周圍。
真正地感恩生活，
你將發現你擁有更多。

感激是人類道德的記憶。
一位高貴的人對於他得自別人的恩惠
是感念和感謝的。

直到你對你已經得到的感到快樂，
你不會因為更多而快樂。

感恩的表達

當我們表達我們的感恩時，我們絕不應該忘記最高的感激
不是用言語表達，而是依照它們去過生活。

陽光所給與花朵的，就像微笑給與人類的，
的確，這些只不過是小事；
但是散佈在人生的道路上，
它們所做的善是難以想像的。

讓我們對使我們快樂的人感恩；
他們是迷人的園丁，
使我們的心園開花。

沉默的感激對任何人都沒有很大的用處。
對慷慨的心而言，
最沉重的債務是感恩的那種，
當它不是用我們的力量去償還它。
一個人絕對不能償還感恩；
一個人只能在生命中的其他地方，
以「同樣的方式」來支付。

感恩的功德

過感恩的生活，

是對我們被週遭的世界所支持的數不盡的方式
打開我們的眼睛。
這樣的一種生活，提供我們較少痛苦的空間，
因為我們的注意是更平衡。
我們會更時常忙於注意我們所被給與的，
感謝那些曾幫助我們的人
和用一些具體的方式去償還這個世界。

快樂是體現佛在心中，
快樂是讚美、感恩、信心和接受的結果；
一種安寧和平靜的體現佛陀的慈悲。

感恩是我們不會給太多的東西。
因為，我們的微笑和感謝，
我們感恩的小姿體動作，
我們的鄰居建立他們的生活哲學。

活在感恩中的生活，
有一種平靜、安寧的喜悅。
過著最有成就生活的人
是那些總是喜悅他們所有的人。

感恩揭開生命的豐富。
它把我們所有的轉成足夠和更多。
它能轉拒絕為接受，
轉混亂為秩序，轉模糊為清晰。

它能夠轉變一餐成為盛宴，一間房子成為一個家，一個陌
生人成為朋友。

感恩使得我們的過去有意義，帶來今天的和平，

並為明天創造一個遠景。

充分地活著

成為你希望在世界上看到的改變。

我喜歡獨自走在鄉間的小路上，

兩旁有稻田和野草，

正念地把每一隻腳放在地面上，

知道我走在奇妙的地面上。

在這個時刻裡，存在是一個奇蹟和神秘的真實。

人們通常認為走在水面上或稀薄的空中是一種奇蹟。

但是我認為真正的奇蹟不是走在水面上或在空中，

而是走在地面上。

每天，我們遇見我們甚至不認得的奇蹟：

藍天、白雲、綠葉、小孩黑色而好奇的眼睛…

我們自己的雙眼。

所有這些都是奇蹟。

快樂的在家，

是所有野心最後的結果。

我們生活在一種消耗的生活方式。

我們沒有時間給自己，更少時間給彼此和我們的小孩。

過所有你能夠過的生活，不這樣做是一種錯誤。

你特別所做的並不很重要，
只要你正在做它的時候，你活在當下。

我們多麼容易忘記生活是多麼寶貴啊！
只要我們能記得，我們就一直在這裡，正活著。
不像其它事情，我們有一個好的比較----
黑對白，白天對晚上，好對壞----
我們是如此埋首於生活，
以致我們只能在它的範疇中看見它。
生命只是如此。但是，生命本身是一種禮物。
剛出生是一種禮讚：為這特別的一生，
去感覺、呼吸、思想、玩、跳舞、唱歌、工作等。
今天，讓我們感謝生命。
感謝生命本身！感謝被生出來！

成功或失敗，生命的真理，真正很少與它的品質有關。
生命的品質，總是與喜歡的能力成比例。
喜歡的能力是注意的禮物。

我們活在事行裡，而不是年限；
活在思想裡，而不是電話標度盤上的數字。
我們應該用心悸，來計算時間。
活得最久的人是思想最多、感覺最高貴和行動最好的人。
世界上最好和最美的事情，不能被看到或聽見，
而必須用心來感覺。

透過愛的眼光

為了被愛，去愛人是人類，

但是為了愛的緣故，去愛人是天使。

比起事情，人們更需要被恢復、更新、更生、矯正和贖
回；

不要否決任何人。

在你的生活中，沒有事情是不能救贖的。

恐懼出於我們思想的事情，它住在我們的理性中。

慈悲出於我們發生的事情，它住在我們的感性中。

讓我們彼此更親切。

榮譽的生活

沒有榮譽的成功，是一道未加調味料的菜。

它將滿足你的饑餓，但是它將不會有好味道。

我覺得上天給我一項驚人的能力，

顯示給人們，我是由什麼做成的，是我的職責。

職責是我們的語言中，最高貴的字。

在所有的事情上，盡你的職責。

你不能做得更多；

你絕不應該希望做得較少。

一九一、不要輕易相信你所讀到和聽到的事情

　　一位年輕的修道士來到修道院。他被分配去幫助其他的修道士用手工複製古老的經典和教會法。

　　然而，他注意到所有的修道士都從複本而不是最初的手抄本去複製。於是，這位新修道士去向修道院院長詢問這件事，並指出假如有人在第一複本犯了小錯，它絕對不會被發現。事實上，那個錯誤將繼續出現在所有其後的複本上。

　　修道院院長說：「我們已經從複本複製幾個世紀了，但是你提出一個好的觀點。」

　　他走入修道院底下的黑暗洞穴，在那裡，最初的手抄本被存檔在鎖住的地下室，而且已經有好幾百年沒有被打開過。幾個小時過去了，沒有人看見這位老院長。

　　年輕的修道士開始擔心，而走下去尋找他，看見院長正以頭猛敲牆壁，而啼哭「我們遺漏了『R』，我們遺漏了『R』！」他無法控制地哭叫著，前額都在流血和敲出傷痕。年輕的修道士問老院長：「院長，什麼地方錯了呢？」

　　老院長用一種窒息的聲音回答：「這個字是…慶祝（celebrate）！」

　　佛陀曾說：「不要輕易相信你所讀到和聽到的事情。」

一九二、努力修行的禪師

有一次，一位戒師問一位禪師：「你在實踐道時，仍然努力修行嗎？」

禪師回答：「是的，我仍然努力修行。」

戒師問：「有多努力呢？」

禪師回答：「假如我餓了，我吃；假如我累了，我睡覺。」

戒師問：「其他人都像你一樣努力修行嗎？」

禪師回答：「不，不同樣的方式。」

戒師問：「為什麼不呢？」

禪師回答：「當他們在吃東西時，他們由於想得太多，沒有真正地吃；當他們在睡覺時，由於內心太多的攪亂，他們沒有真正地睡覺。所以，他們並沒有用我相同的方式在修行。」

戒師聽到之後，沉默不語。

一九三、愛的力量

在宇宙間，沒有比愛的力量更大的力量。愛的感覺是你能夠放射的最高頻率。假如你能夠用愛包裝每一個念頭，假如你能夠愛每一件事情和每一個人，你的生活將被轉化。

事實上，過去一些偉大的思想家指吸引律是愛的定律。假

如你思考它，你將了解爲什麼。假如你對其他人有不親切的念頭，你將經驗不親切念頭所顯示的那些。你不能用你的念頭去傷害別人，你只傷害自己。假如你思考愛的念頭，猜，誰接受利益？你！所以，假如你佔優勢的特質是愛，吸引律或愛的定律會用最強的力量回應，因爲你是在最高可能的頻率。你感覺和放射的愛愈大，你正在利用的力量就愈大。

一九四、期盼

　　我們被立刻修理好、現在得到、匆忙地做的市場行銷和現代生活的壓迫步伐所圍繞。我們並不眞正要等待任何事情，不是嗎？或我們願意等待呢？

　　等待我們要的一些事情，有一些長處或德性。我們的祖父母知道這些。當事情「較少方便」時，我們等待。我們寫信寄出，並等待回音。我們存錢或使用分期付款，並快樂的期待我們最後將有「美妙的事情」。

　　我們有機會去擁抱我們內心的期盼；不論它是物質的東西或人的接觸或成長爲責任和成就的地位，我們等待。

　　在期盼的那段時間，我們學習有關自己最不可思議的事情，而我們所成就的變成更有價值。

一九五、感恩的面向和透視

摘要

感恩在快樂的研究中是「被遺忘的因素」。我們從事長期研究計劃，設計來創造和散播有關感恩的性質、它的原因和對人類健康和幸福可能的結果的許多嶄新的科學資料。科學家對感恩的觀念是遲來者。宗教和哲學已經長久擁抱感恩做為德性必要的顯現，和健康、全體和幸福的整體的部分。透過進行高度聚焦、深入的研究感恩的本質、它的原因和結果，我們希望將重要的科學的光明照射在這個重要的觀念上。本文意在提供一篇簡短的概說本研究計劃到今天為止的主要發現。

在目前，我們從事三個主要的探究路線：

（1）發展在日常生活中培養感恩的方法。

（2）發展一種測量，可靠地評估在處理感恩上個人的不同。

（3）設計實驗的研究，使我們去區分感恩和負債不同的因果。

感恩的介入和身心的幸福

在一個實驗的比較裡，那些以每週為基礎保持感恩日記的人，比起那些記錄爭吵或局外的生活事件的人，會更有規律地運動，報導較少的身體徵候，對他們整體的生活覺得比較好，對於即將到來的一週更樂觀。

相關的利益也在個人目標的達成領域內被觀察到：在兩個月的期間內，保持感恩名單的參與者，比起其他實驗條件的

人，更可能已經對重要的個人目標（學術上，人際上和健康
上）有進展。

　　每天感恩介入（自我指導的練習）的年輕成年人，比起把
焦點放在爭吵或向下層社會比較的人（參與者以爲他們比其他
人更富有），導致更高的機警、熱忱、決心、注意和精力的積
極狀態。在這三個團體中，不愉快的情緒水平並沒有不同。

　　每天感恩條件的參與者，相對於爭吵或社會的比較的情
況，更可能報告已經幫助一些人個人的問題，或已經對其他人
提供情緒上的支持。

測量感恩的性情

　＊大多數人報告是感恩的（在7的刻度上，平均的等級是6）
　＊幸福：感恩的人報告較高的積極的情緒水平，生活滿足，
　　活力，樂觀和較低的沮喪和緊張。感恩的性情，比起它減
　　少不快樂的情緒，似乎提高更多快樂的感覺狀態。感恩的
　　人並不否認或忽視生活的消極面。
　＊忠實於既定社會道德準則：有強烈感恩性情的人，有能力
　　是同情的，和採納別人的觀點。他們被他們社會網的人，
　　評比爲更慷慨和更有幫助的。
　＊心靈：定期參加宗教事務和從事宗教活動，例如祈禱，閱
　　讀宗教材料的人，更可能是感恩的。感恩的人更可能承認
　　所有生活互相關聯的信念，和對別人的承諾和責任。
　＊唯物論：感恩的人較少重視物品的重要性；他們較少就所
　　累積的物品，去判斷他們自己和別人的成功；他們較少羨
　　慕有錢人；和比起較少感恩的人，更可能與別人分享他們
　　的所有物。

感恩和負債的不同

在一個故事研究裡，欠別人債務的人，比起對別人感恩的人，寫出較高的生氣水平，較低的感恩、快樂和愛。

* 負債的經驗，相對於感恩的經驗，是較少可能導致想要接近或接觸其他人。因此，負債傾向於嫌惡的心理狀態，有別於感恩。

一九六、你的主要責任

一位朋友對我吐露秘密，在一個戰爭紛擾的世界中，他正掙扎於了解他的責任。我告訴他，答案很簡單：選擇和平。

當你不能控制政治家或其他人的態度或行動時，你對於你散發的思想、感覺和精力，可以完全掌控。假如你埋首於恐懼、生氣、犧牲感或分離，你正助長黑暗。假如你握有和平、完整、慈悲、親切和愛的存在感，你正奉獻於癒合。如吉普林高貴地寫著：「當所有關於你，都輸給別人時，假如你能不氣餒。」

有一次，德蕾莎修女被要求在一個反戰聚會上講話，她拒絕了。「假如它是一個主張和平的聚會，我會參加，」她解釋說：「但是反對戰爭而抗爭，像反對任何事情的抗爭一樣，只是另一種形式的戰爭。」

拉姆·達斯說，在他的供壇上，他有基督、佛陀和許多其他心靈導師的照片。他最近也加了一張喬治·布希的照片。為

什麼呢？拉姆‧達斯解釋說：「直到我能在喬治‧布希身上發現我在其他聖人所發現的靈性，我進退不得。當我能看到和尊敬他的靈時，我才能在抗議的位置上。直到那時，我是無效的。」

　　祈禱和意向的力量是非常有效的。在任何特定的時間，世界的情勢是住在這裡所有的人的意識的真正的表現。當你轉變你的意識在和平、完整和信心的方向時，你輕輕一碰你的平衡在那個方向。照事實地，你變成你所要創造的世界的推動點。

　　較少關心你正在做的事，較多關心你如何在做它。源自於恐懼或仇恨的行動，不管多高貴地包裝，只創造更多同樣的事。源自於信心和愛的行動，不管多卑微地被蔽體，只創造更多同樣的事。

　　在所有的情況下，一個夢想出現，因為他或她看見明顯而易見以外的。在這個時候，世界需要好的夢想。假如你要拯救這個世界，從你自己的意識開始。

一九七、新的開始

　　在吵鬧和急促中，平穩地走，記得和平是在沉靜裡。

　　儘可能不放棄，與所有的人有親切的關係。安靜和清楚地說出你的真實，傾聽別人，即使是愚笨和無知的人；他們也有他們的故事。

　　避開吵鬧和侵略性的人；他們是令精神苦惱的原因。

　　假如你把自己與別人比較，你也許變成自負的或痛苦的，

因爲總是有比你自己更偉大或更渺少的人。

享受你的成就和計劃。保持對你的事業有興趣，不論多卑微，在改變幸運的時刻，它是眞正的所有物。

小心你的商務，因爲這個世界充滿了詭計。但是，讓這個不會使你看不到有德性的人；很多人努力於崇高的理想，而且生活到處充滿了英雄的行爲。

做你自己。不要假裝好意。對於愛，也不要玩世不恭，因爲面對著所有的貧瘠和夢醒，它是如綠草般的四季不斷。

親切地採納年齡的忠告，優雅地放棄年輕的事情。

養育精神的力量在突然的不幸中保護你，但是不要用黑暗的想像使你自己苦惱。很多的恐懼是出於疲勞和孤獨。

除了健全的紀律外，要溫和地對你自己。你是宇宙的一份子，與樹和星星一樣，你有權利在這裡。

你清楚與否，整個宇宙無疑地如同它應該的正在展開。所以，與上蒼和平相處，不論你把祂想成什麼。

不管你的努力和抱負，在吵雜混亂的生活中，保持心靈的和平。

隨著它所有的假冒、苦工和破碎的夢，它仍然是一個美麗的世界。

一九八、蝴蝶

我給你這隻蝴蝶，

因爲牠所代表的意思；

關於蝴蝶令人吃驚的事情

是牠們得到牠們翅膀的方式；

看，蝴蝶開始是很不同的事情；

每一隻蝴蝶都要忍受苦難，

但是牠始終懷著希望：

即不久牠將變成（儘管一開始的挫折）

不再是沒有價值的創造物，

而是一些人心中的喜悅；

假如，你碰巧看到一隻，

爲了那一隻，短暫的時刻停下來…

看著牠飛過去，

記得這個，因爲…

你也像是蝴蝶，

已經忍受了如此多的事情；

從心痛中，變成美麗，

轉化障礙成爲翅膀。

你眞正是一個奇蹟，

而我認爲你應該知道…

不是所發生的事情，

而是我們如何學習成長，

因爲，最後使我們美麗的和爲什麼…

不是我們開始的方法，

而是我們如何學習去飛…

一九九、現在

今天我從日記裡刪去兩天：昨天和明天
昨天是要學習，
明天是今天我所能做的結果。

現在是唯一的時間，
我們如何與它相關，創造了未來。
換言之，假如我們在未來要更快樂，
它是因為目前我們的熱望和努力是快樂的。
我們所做的累積起來，
未來是我們現在所做的結果。

今天是一個特別的日子，它是你的。
昨天溜走了，它不能再以有意義的生活來填補。
明天充滿未知數。
但是這一天，今天，是你的，好好利用它。
今天你能夠幫助別人。
今天是一個特別的日子，它是你的。

二〇〇、心園

我的心是一座花園，
我的思想是種子。
我的收成是花或雜草。

消極的感覺像迷途的貓，
你愈餵牠們，
牠們就愈跟前跟後。

聆聽與否是我們的選擇。
假如你在生氣的時刻是有耐心的，
你將逃過一百天的悲傷。

在每一個社區裡，有要做的工作。
在每一個國家內，有傷痕要癒合。
在每一顆心中，有去做它的力量。

二〇一、愛

愛的經驗是我們做的一種選擇，
一種心理決定要在任何情況下，

視愛爲唯一眞正的目的和價值。

今天，我選擇透過愛的眼光去看每一個人。
我在愛和慈悲中成長，
我的心充滿了愛和慈悲。
今天我能接受愛。
我選擇不吝嗇地給與愛。
今天，我來自於善和愛的地方，
上蒼正移除每一件阻擋我去愛和被愛的能力的事。
今天，我正學習沒有判斷的愛。

愛從我們自己的內心開始。這裡是一些逗人喜愛，來提醒
我們的事情：

考慮多情的蚯蚓，從土壤中伸出頭來，發現一條華麗的
蟲，離地幾英寸。牠被這條蟲的美所迷倒，以致牠向這條蟲當
場求婚。

「我不能與你結婚，笨蛋！」這條蟲回答。

「爲什麼不能呢？」牠問。

「我是你的另一半啊！」

今天走進這個世界，
去愛所有你遇到的人們。
讓你的存在，
點燃人們心中新的光明。

教一個小孩

不要踐踏一條毛蟲，
對小孩來說
如同對毛蟲一樣有價值。

二〇二、坑洞

一位吸毒者掉入一個坑洞出不來。
一位主觀的人走過說：
「我同情你在下面。」
一位客觀的人走過說：
「有人會掉入坑洞是合乎邏輯的。」
一位法利賽人說：
「只有壞人才會掉入坑洞裡。」
一位數學家計算
他如何掉入坑洞。
一位新聞記者要
關於他的坑洞的獨家故事。
一位基本教義派信徒說：
「你值得你的坑洞。」
一位稅務員問他
是否在坑洞裡付稅？
一位自憐的人說：
「直到你已經看到我的坑洞，你還沒有見到任何事。」
一位有魅力的人說：

「只是供認你不在坑洞裡。」

一位樂觀者說：

「事情可能是更壞的。」

一位悲觀者說：

「事情將變得更壞的！」

一位戒復的吸毒者看到坑洞的他，跳進去與他在一起。

這位吸毒者問：

「你爲什麼跳進洞裡與我在一起？」

這位戒復的吸毒者回答：

「因爲有人與我跳進坑洞裡，並顯示這十二個步驟給我，及教我如何出去。」

每一個時刻是另一個機會去提高我們的震動，如此有助於提昇地球和所有它的居民的震動。當我們每一個人放棄恐懼和怨恨，我們正在幫助其他人生命階梯的另一步。我們不是分開。我們的每一個行動、思想和慾望都在宇宙裡迴響，而被別人「拾起」。

二〇三、化不可能為可能

普通人只相信可能的事。

特殊的人所思考的是可能不的事，

而是不可能的事。

想像不可能的事，

他們開始把不可能看成可能。

他們開始採取行動，
化不可能成為可能。
我已經達成這個使人害怕的結論，
即我是決定性的要素。
我個人的處理方法創造了氣候，
我每天的心情創造了天氣。
我擁有具大的力量，
來使生活痛苦或歡樂。
我能夠是折磨或啓示的工具，
我能夠羞愧或順應，傷害或癒合。
在所有的情況下，我的回應決定
一個危機是否升高或降低，
一個人被賦與人性或喪失人性。
假如我們對待人們如同他們本來是，
我們使他們更壞。
假如我們對待人們如同他們應該是，
我們幫助他們變成他們所能夠變成的人。

二〇四、我們是一體的

沒有支配的種族。
沒有最偉大的國家。
沒有唯一真正的宗教。
沒有固有的完美哲學。

沒有總是正確的政黨，
道德上優越的經濟制度，
或唯一升天之道。

從你們的記憶裡，擦掉這些想法。
從你們的經驗裡，消除它們。
從你們的文化裡，根絕它們。
因為這些是分裂和分開的思想。
在這些思想中，你們已經彼此殺害。
唯一的真理是：
我們是一體的。

攜帶這個信息到遙遠的地方，
穿越大陸和橫跨海洋，
到世界各個角落。
當我們看到彼此都有佛性時，
我們將能夠和平相處。

二〇五、盲者的燈籠

夜深了，一位盲者在拜訪朋友後，準備要回家。

「對不起，」盲者對他的朋友說：「我可以帶著你的燈籠嗎？」

「為什麼要帶燈籠呢？」他的朋友問：「你帶著它，也不

能看得更清楚。」

「不，」盲者說：「也許不會。但是其他人將更清楚的看見我，不會撞到我。」

於是，他的朋友給盲人一隻用紙糊在竹片上，裡面有一隻蠟燭的燈籠。盲者帶著燈籠離去。在他走不到幾碼時，「撞擊！」一位旅人正好撞到了他。盲者非常地生氣。

「你為什麼不注意呢？」他怒吼著：「為什麼你不見這個燈籠呢？」

「為什麼你不點上蠟燭呢？」旅人問。

二Ｏ六、光明照破黑暗

恐怖是在人的心，
我們必須從內心移除它。
身體上和心理上破壞人的心，
是我們應該避免的。
恐怖主義的根是誤解、仇恨和暴力。
這個根不能被軍人找到位置。
炸彈和飛彈到達不了心，更不用說要破壞它了。
只有透過深深地修習止觀。
我們的洞察力才能揭露和指認它。
只有深深地修習傾聽和慈悲，
它才能轉化和消除。
黑暗不能被更多的黑暗所驅散。

更多的黑暗只會使黑暗更濃厚。

只有光明能夠照破黑暗。

那些有光明的人，應該展示光明，並提供光明，

使得這個世界不會陷入完全的黑暗。

二○七、每天求生工具箱

一個每天求生工具箱有：牙籤、橡皮圈、護創膠布、鉛筆、橡皮擦、口香糖、薄荷、吻牌糖果和茶袋。

以下是為什麼？

牙籤————提醒你，挑選別人的好品質。

橡皮圈————提醒你要有彈性，事情也許並不如你所願，但是它將解決。

護創膠帶————提醒你，癒合你的或別人受傷的感情。

鉛筆————提醒你，每天列出你的祝福。

橡皮擦————提醒你，每一個人都犯錯，它是可以的。

口香糖————提醒你，堅持到底，你能夠成就任何事情。

薄荷————提醒你，你值得似薄荷般對你的親友。

吻糖————提醒你，每個人每天需要一個吻，或一個擁抱。

茶葉袋————提醒你，每天放鬆，仔細檢查你的祝福名單。

這是我給你的禮物。願你受到充分地祝福。

二〇八、一之妙用

一首歌能激發一個時刻，
一朵花能喚醒夢，
一座森林從一棵樹開始，
一隻鳥能預告春天的來臨。
一個微笑開始一段友誼，
一個握手提昇心靈。
一段旅程必須從一步開始，
一個字是祈禱詞的開始。
一個希望將提高我們的精神，
一個觸摸能顯示你的關心。
一個聲音能夠用智慧講話，
一顆心能知道什麼是真的。
一個生命能關係重大，
你看，它是取決於你。

二〇九、朋友

對世界而言，你也許只是某一個人，但是對某一個人而言，你可能是整個世界。

真正的朋友是那些當你覺得你已經出洋相，他們不覺得你

一直會這樣做的人。

　　有時候，多數只代表所有的笨人都在同一邊。

　　我不需要參加我被邀請的每一個爭論。

　　人們收集很多捆的小樹枝，去蓋他們絕不會跨過去的橋。

　　生命是百分之十你所發生的事，和百分之九十你如何回應它。

　　生命像一個洋蔥；你在一個時間剝掉一層，有時候你會哭。

　　當死亡的時刻來臨時，…確信所有你必須做的是死。

　　朋友是當我們的翅膀不記得如何飛時，扶我們起來的人。

二一〇、求菩薩

　　幫助我們記得昨晚切入我們交通的是一位那天工作九小時的單親媽媽，她正趕回家煮晚餐，幫助孩子作功課，洗衣服，和花寶貴的時間陪小孩。

　　幫助我們記得在結帳櫃台的那位穿孔、紋身和漠不關心的年輕人，是一位悶悶不樂的十九歲大學生，他正在擔心期末考，害怕下學期得不到他的學生貸款。

　　提醒我們看起來使人提心吊膽的無業遊民，每天在同一個地方乞討錢（他真正應該去找一份工作），是我們只能在夢魘裡想像的毒品的上癮者。

　　幫助我們記得在店裡的甬道裡，走得煩人地慢和擋住我們購物進行的老夫妻，正享受這個時刻，知道根據上週她拿回的

切片檢查，這將是他們最後一年一起買東西。

　　讓我們慢一點判定，快一點原諒。讓我們顯示耐心、同情和愛。打開我們的心。不只是給那些我們親近的人，而是給所有的人。

　　每一天提醒我們，您給我們的所有禮物中，最大的禮物是愛。

二一一、小互動大影響

　　積極心理學運動----研究與人相處什麼是對的----的結果，世界卓越學院的知識份子，現在正致力他們的事業於分析積極情緒的影響。冒著大大地過度單純化深入研究十年的危險，很多世界上最有名的科學家，已經在審判消極，而且發現它有罪。這些最近的研究顯示，消極的情緒有害於你的健康，而且甚至可能縮短你的壽命。我們已經知道，一位消極的人能夠破壞整個工作場所，但是消極的情緒也能夠破壞關係、家庭和整個事業。

　　對照之下，最近的發現建議，積極的情緒是為了存活每天基本的需要。它們不僅改善你的身心健康，而且它們也提供對抗憂鬱和疾病的緩衝劑。

每天數千時刻

　　依照諾貝爾獎科學家丹尼爾‧卡尼曼，我們在一個工作天經驗約二萬個個別的時刻。每一「時刻」持續幾秒鐘。假如你

考慮任何強大的記憶力----積極或消極的----，你將注意到你心裡的影像是真正地被你精確的時間點的回憶所界定。中性的遭遇很少停留在你的心----可記憶的時刻幾乎總是積極或消極的。在一些個案裡，單一的遭遇能夠永遠地改變你的生活。

在最近「今天」的電視節目裡，凱蒂·庫立克訪問一位在不安和虐待的環境裡長大的年輕人布萊恩·比芮特。他曾在學校裡掙扎，並在年幼的時候定期地被欺負。現在，布萊恩是一位成功和適應很好的成年人。當庫立克問他：「什麼造成這種影響呢？」這位年輕人立刻回應：當小學老師簡單地告訴他，她關心他和相信他，他生命中的轉捩點發生了。這一小互動使布萊恩·比芮特的生命轉變方向。

在另一個案裡，我們問一位管理顧問克莉斯汀：「妳曾經接受的最大表彰是什麼呢？」她回答：「在一封電子郵件裡的三個字。」然後，我們發現當克莉斯汀的母親死時，在克莉斯汀事業中，她一直很讚美的一位工作良師寫了一封特別的信箋給她。她的良師的電子郵件結尾說：「妳的母親很以妳為傲，『我也是』。」在伴隨她二十五年之後，這三個簡單的字比起克莉斯汀整個生活中所接受的其他讚美具有更多的意義。

魔術比例

當然，很少時刻是如此深遠的，但是即使較少難忘的互動也是重要的。積極心理學專家發現，時常小而積極的行為是重要的。約翰·哥特曼對婚姻先驅的研究建議，就我們積極和消極的互動平衡而論，有一個五比一的魔術比例。當夫妻的互動，積極對消極的比例是近乎五比一時，婚姻是意味深長地更可能成功。當這個比例接近一比一時，婚姻「傾注於離婚」。

　　在一篇迷人的研究裡，哥特曼與兩位數學家組成團隊，來測試這個模式。在一九九二年開始，他們徵募七百對剛拿到婚姻證書的夫妻。研究人員為每一對夫妻，錄影夫妻之間十五分鐘的對話，並計算積極和消極互動的數目。然後，根據五對一的比例，他們預測一對夫妻是否會居住在一起或離婚。

　　十年後，哥特曼和他的同事追蹤每一對，來決定他們最初預測的準確。結果是驚人的。他們預測離婚有百分之九十四準確----根據記下夫妻十五分鐘的互動。

　　這個比例在工作場所也是重要的。一個最近的研究發現，工作團體積極對消極的互動比例是大於三比一的，比沒有達到這個比例的，意義深遠地更有生產力。然而芭貝拉‧佛烈得力克森和瑪沙爾‧羅沙德的積極對消極比例的數學模式，也建議一個上限的存在：假如比例高於十三比一，事情能是更惡劣的。

　　所以這項研究主要把焦點放在增加積極情緒的方法，重要的是注意我們不推薦忽視消極和脆弱；積極必須建立在現實上。消極完全被忽視的「盲目樂觀者」方法，能夠導致反效果的錯誤樂觀----而且有時候是完全困擾的。有時候的確有必要去糾正我們的錯誤和想出如何處理我們的弱點，但是我們大部分人不需要擔心打破上限。在大部分的組織裡，積極對消極的比例是非常不適當的，而留下實質改善的空間。

二一二、生命的秘密

一位八歲的男孩走向一位在許願牆前面的老人。仰望老人的眼睛，男孩問：「我瞭解你是一位很有智慧的人，我想要知道生命的秘密。」

老人俯視著男孩回答說：「在我一生中，我曾想了很多，這個秘密扼要地說，可以用四個語詞表達：第一，思考：思考你希望用什麼價值過生活。第二：相信：根據你對生活價值所做的思考，相信你自己。第三，夢想：根據你對自己的相信和你的生活價值，夢想能夠做的事情。最後，勇敢：根據你對自己的相信和你的生活價值，大膽地使你的夢想成眞。」

華德‧迪斯奈那樣對小男孩說：「思考、相信、夢想和勇敢。」

二一三、緊張管理

一位演講者對聽眾解釋緊張管理時，舉起一杯水問：「這杯水有多重？」

從八盎斯到二十盎斯的回答都有。

演講者說：「眞正的重量並不重要。它端賴你試著要拿它多久。假如我拿它一分鐘，那不是問題。假如我拿它一小時，我的右臂會痛。假如我拿它一天，你們將必須去叫救護車。在

每一種情況下，它的重量相同，但是我拿的愈久，它就變得愈重。」他繼續說：「那是緊張管理的例子。假如我們一直帶著我們的負擔，不久，當負擔變得逐漸重時，我們將不能支持下去。如同這杯水，你必須放下一會兒休息，再拿起它。當我們精神好時，我們能夠支撐負擔。所以今天在你回家之前，放下工作的負擔，不要把它帶回家，你明天將能夠拿起它。不論你現在所揹負的擔子是什麼？假如你能夠的話，把它們放下來一會兒。放鬆；在你已經休息之後，拿起它們。生命是短暫的，享受它。」

下面這些是有趣的，思考一下：

＊接受有些日子你是鴿子，有些日子你是雕像。

＊總是保持說柔軟語和甜蜜語，以免萬一你必須吃下它們。

＊假如你借別人二十元，從未再看見到那個人，它可能是值得的。

＊也許你活著的唯一目的，單純地是要做別人的警惕。

＊絕不買你不能推的車。

＊絕不把兩隻腳同時放在你的嘴裡，因為那時你將沒有腳站起來。

＊沒有人在意你的舞跳得好與否，只是起來跳舞。

＊當每一件事都順你的意時，你是走在錯誤的路上。

＊生日對你是好的。你生日過得愈多，你活得愈久。

＊一些錯誤比只犯了一次，是太多的樂趣。

＊我們可以從蠟筆學到很多。一些是尖的，一些是美麗的，一些是鈍的…一些有奇怪的名字…全部都是不同的顏色，但是…它們必須住在同一個盒子裡。

＊一位真正快樂的人是能夠享受改道時的風景的人。

二一四、星星

「在晚上，你將仰視群星。在我住的地方，每一件事是如此的小，以致我不能指給你，我的星星在那裡。像那樣，比較好。我的星星對你而言，只是群星中的一顆，以致你將愛看天空中所有的星星…它們將全部都是你的朋友。…」
----《小王子》----

二一五、創造和平

伯特蘭德‧羅素說：「戰爭不能決定誰是對的，…只能決定誰活下來。」

有智慧地使用你的思想，瞭解它們的力量，思想有變成與身體同樣的傾向，這是宇宙的基本定律之一。另一個定律是吸引律，敘述「同類相吸」。因為創造現實的是意識，你的意識創造你正在過的這種生活。

為了創造和平，你必須是和平的。停止戰爭唯一的方法是從你的內心開始。你必須解除個人的武裝。得到和維持和平唯一的方法是集中在什麼帶給你和平，並抵抗向下沉倫的消極情緒----為你的不和平，譴責別人。雖然，不可否認地，我們現在處在一個岌岌可危和使人害怕的處境，那並不表示我們無力去改變它。但是唯一要做的方法是改變你那些來自生氣、恨和

恐懼的思想和情緒，成爲那些與慈悲及和平連接的思想和情緒。

觀想所有的菩薩在另一邊努力於保護和提昇我們。知道他們只能在慈悲而非譴責的氣氛裡，完成他們的工作。譴責的能量會阻止他們去連接那些最需要他們啓發和愛的人的心。

知道當你調整你的內心，你的內在智慧，然後，你的能量點燃，你的振動照實地改變。你變成光明及和平的燈塔。你變成一位鼓舞者及和平諦造者。有一個古老的諺語說：「水漲船高，但是它不能使一顆石頭浮在水面上。」停止注視和思考石頭。讓我們一起來提高潮水。記得甘地曾說：「在絕望時，我記得歷史上，眞理和愛之道總是贏得最後的勝利。」

二一六、認識自己

很多年前，一個名叫法蘭西斯・蓋伯的商人匆忙地趕火車，當時他看到一位衣衫不整的人縮在一個角落。他有一個錫杯和一個裝有一些鉛筆的盒子：一角一枝。法蘭西斯匆忙地丟五角到錫杯裡，跑去趕他的火車。但是，他感覺不妥，決定搭下一班火車，回到這個人所在的地方，告訴這個人：「先生，我向你道歉。當你是一個商人時，我對待你像一位乞丐。五角錢我能買多少隻鉛筆？」然後，他拿著他的鉛筆離開了。

幾年後，法蘭西斯再次經過同樣的火車站。當他經過一個報攤時，一個人叫住他。曾經縮在角落的那這個人現在有他自己的報攤。他告訴法蘭西斯：「當你告訴我，我不是一位乞丐

而是一位商人時，我開始把自己看成是一位商人；我開始不同
地做事情。」你有什麼是其他人看到你是，而你也許並不知道
的呢？你能夠認識你自己，認識真正的你嗎？

二一七、微笑

一個微笑是
把每件事情收拾好的曲線。
當你皺眉時，
絕對不可能有微笑。
一個微笑是
你臉上之窗的燈，
告訴人們，你在家。
每個人用相同的語言微笑。
假如你沒有微笑，
我將給你一個我的微笑。
微笑————陽光對你的牙齒是好的。
每一次，你對某人微笑，
它是一種愛的行動，
一個對那個人的禮物，
一件美麗的事情。
美麗是權力，
微笑是它的劍。
和平從微笑開始。

一個微笑不需要花錢，但是它給人很多。

它使得接受的人更富有，

而不會使給與的人更貧窮。

它只花一點時間，

但是，它的記憶有時候持續到永遠。

沒有人是如此富有或有力，

以致他能過生活而沒有它；

沒有人是如此貧窮，

以致藉著它，他不能變得富有。

然而，一個微笑不能被買，

被請求，被借用或被偷，

因為，直到它被給與，

它對任何人都沒有價值。

有些人是太疲倦了，

以致他們不能給你一個微笑。

把你的一個微笑給他，

因為，沒有人比不能給人微笑的人

更需要一個微笑。

二一八、現在

　　在任何時刻，你只能在一個地方。假如你覺得你正遺漏一些事情，那麼你是。但是，你正錯過的，不是宴會，或是與另一個人在一起，它是你自己的生命。只要你在想你可能在那

裡，你心不在焉地在你現在的地方，換言之，你不知道你在那裡。很多人終其一生「不知在那裡」。那不是一種智慧的選擇。

二一九、培養慈悲心

事實上，假如我們看一看周遭，我們不喜歡的人和傷害我們的人仍是少數。當我們在工作、社交聚會或有三十人的弘法中心時，我們眞正不喜歡的人有多少呢？我們也許到處與一些人有問題，但是我們設法留在同一個房間，我們不是嗎？它並不像是我們輕視他們和他們恨我們。在這個世界上，我們不能忍受的人，事實上是很少的。這些人是稀有的。要修習忍辱，我們需要我們不喜歡的人。我們不能與朋友或待我們親切的人修習忍辱。找到我們不喜歡或威脅我們的人，並不是如此容易。所以，當我們最後發現他們時，他們是珍寶。他們是難以找到的。當我們遇見他們時，我們能夠想：「奇異的，我現在開始修習忍辱。」

他們說大菩薩祈求遇到非常討厭和不合作的人，因爲他們要修習忍辱。當然，當你眞正想遇到令人厭惡的人時，他們並未出現。爲什麼他們並不出現在大菩薩面前呢？因爲大菩薩一點也不生氣。我們能夠與很多我們認爲難以忍受的人坐在一個房間裡；但是，大菩薩一點也不把他們看成那樣。對大菩薩而言，這些人是可愛的。菩薩很難找到可憎的人，我們卻很容易遇見他們。所以，當我們發現我們不喜歡的人、覺得被威脅的

人或可鄙的人，我們應該承認在我們的周遭，他們沒有很多。所以，我們應該珍惜他們，並把握機會與他們修習忍辱。

二二〇、光明

從太陽，我學到了這個：當它下沉時，出於無窮盡的財富，它把黃金倒入海中，以致即使最貧窮的漁夫仍然用金色的槳在划船。我曾經看過一次這個景象，當我注意它時，我止不住我的眼淚。

當你活在黑暗時，你為什麼不尋找光明呢？

它是給每個人的一封信，你打開它，它說：「活著。」

二二一、創新

「在生命中，總是有一個思想開始時很小，它只像是一個小樹苗的思想，但是藤會來，它們將嘗試使你的思想枯萎，以致使它不能長大，它將死去；你絕不會知道你曾有過一個偉大的思想，一個如此偉大的思想，它能穿過樹葉的黑暗覆蓋，成長三十哩，而接觸到天空的表面。」

他看著我，繼續說：「藤是害怕獨創性和新思想的人。你所遇到的大多數人是藤；當你是一棵幼小的植物時，他們是危險的。」

他尖銳的藍眼睛看著我的眼睛：「總是傾聽你自己。與其單純地追隨傳統，創新而犯錯是更好的。假如你錯了，沒有關係，你已經學到一些事，你長得更堅強。假如你是對的，你已經朝向一個實現的生命而邁進另一步。」

二二二、慈悲交響曲

我們都坐在它的交響樂團裡，
有些人拉他們的小提琴，
有些人揮動他們的棒子，
今夜是值得演奏音樂的。
讓我們用慈悲來釋放一下，
讓我們沉醉在怡心悅目的
愛的氣氛裡。

二二三、晨鐘

每天，當你醒來時想著：
今天我很幸運地活著，
我有一個寶貴的人生，
我不會浪費它；
我將用我所有的精力去開展自己，

對別人擴大我的心胸；
為了利益眾生去體驗大徹大悟；
我將以親切的思想對待別人，
我將不會對別人生氣或有壞心思。
我將盡可能去利益別人。

二二四、生命的鬥士

不是批評家說了算；不是指出強壯的人如何跌倒，或事情能夠如何做得更好的人，說了算。功勞屬於競技場上的人，他的臉被泥土、汗和血弄髒，他勇敢地奮鬥…他知道偉大的熱忱，偉大的奉獻，把自己貢獻於一個值得的理由。他至多知道最後高度成就的勝利；無論如何，假如他失敗的話，至少勇敢地失敗；以致他的地位絕不會與那些冷血和膽怯，從不知道勝利、也不知道失敗的人在一起。

二二五、新和舊

老朋友離去，新朋友出現；
它就像日子一樣。
舊日子過去了，
新日子來臨。

重要的事是使它有意義：
一位有意義的朋友或一個有意義的日子。

二二六、轉化

糾正自己是在糾正全世界。
太陽單純地是光明的，
它不糾正任何人。
因為它照耀，
整個世界充滿了光明。
轉化你自己是放光的一種方法。

二二七、初學者

這是藝術的真正秘密：
總是做一位初學者。
然後，我們能真正地學習一些事。
在初學者的心，
沒有「我已經成就一些事」的念頭。
假如你能保持你最初的心，
戒律將用不著了。

二二八、地球日

　　快樂是與一棵有蔭的樹分享一碗櫻桃，一本詩集。它並未吃很多和讀很多，而是洗耳恭聽；它是一位最優雅的主人。

　　休息不是閒著，在夏季的一天，有時躺在樹下的草坪上，有時傾聽水的喃喃自語，或有時觀看天上飄過的雲，那絕對不是浪費時間。

　　花園裡的樹總是在譜出音樂，但是我們的心必須很平靜，才能聽到它。假如我們正確地考慮事情真正的性質，每一棵綠色的樹比金銀打造的樹，還要更榮耀。樹是我們最好的古董。

　　我們並非從我們的祖先繼承地球，我們是從我們的子孫借用它。感謝上天，人不會飛，而不能像開墾地球一樣去開墾天空。在一遊海灘之後，很難相信我們住在一個文明的世界。只有當最後一棵樹死去，最後一條河流被污染，最後一條魚被捕捉，我們才能理解我們不能靠吃錢過生活。

二二九、客房

　　做為人像是一間客房，
　　每天早上是一個新的到來，
　　喜悅，憂鬱，卑鄙，瞬間的覺知
　　像意外的客人來訪，

歡迎和宴請他們全部。

即使他們是一群悲傷，

粗暴地掃空你房子的傢俱，

仍然恭敬地對待每一位客人。

他們也許正在淨空你，

使你能容納新的喜悅。

黑暗的思想、羞恥、惡意，

在門口迎接他們，笑著並邀請他們進來。

不論是誰來，都要心存感恩。

因爲每一位都是

菩薩派來指引我們的。

二三○、實踐

只是知是不夠的，我們必須應用。

一點知識但能去實踐，

比很多知識但是閒置著，

值得更多。

二三一、說實話

生氣的時候，說實話是可能的；

　　如果這樣做，人們傾向於聽到生氣，而不是實話。

　　傲慢的時候，說實話是可能的；

　　如果這樣做，人們傾向於聽到傲慢，而不是實話。

　　用欺騙的方式，說實話是可能的；

　　如果這樣做，人們傾向於感覺到欺騙，而把眞實看做是更多的欺騙。

　　用仁慈的方式，說實話是可能的；

　　如果這樣做，人們傾向於聽到愛和眞實。

　　在我的經驗似乎是如此。

二三二、瞎子摸象

　　有一位國王召集全城天生的盲者。他引導他們看一隻象。對一些盲者，他展示象頭；對另一些盲者，他展示象耳；對其他人，他展示象牙，象鼻，象身，象的一隻腳，象的後腿和臀部，象尾，或象尾的毛。他對每一個人說：「這是一隻象！」然後，國王問盲人：「告訴我，盲人，象是像什麼呢？」

　　那些被展示象頭的人回答：「陛下，一隻象正像是一個水壺！」

　　那些被展示象耳的人回答：「一隻象正像是一個篩選盤！」

　　那些被展示象牙的人回答：「一隻象正像是一個犁頭！」

　　那些被展示象鼻的人回答：「一隻象正像是一隻犁竿！」

　　那些被展示象身的人回答：「一隻象正像是一間儲藏

室！」

其他人同樣的就他們所被展示的部份來敘述象的樣子。

這些盲人全都答錯了；一些學佛者也是一樣。他們對佛法是眼盲和看不見的，緊握一宗一派、一經一論之言，自以為得知佛法的全貌，他們不知道佛法。

二三三、幫助別人對治憤怒

當你親愛的人正以恨意或憤怒在談論第三個人時，你應該對他或她說些什麼呢？一方面，對於所愛的人所經歷的感覺你要顯示悲心；另一方面，你不要強化或認可那種恨。一個人也許應該說些什麼呢？

此處，我要說一個故事。一次，有一位噶當派的上師岡波瓦，他負擔很多的職責。有一天，他對噶當派的上師德隆通巴抱怨說，他幾乎沒有時間靜坐或研修佛法。德隆通巴同意他的說法：「是的，那是對的。我也沒有時間。」

然後，一旦親近的關係被建立起來後，德隆通巴善巧地說：「但是，你知道我正在做的是法的服務。所以，我覺得很滿足。」類似地，假如你發現你親愛的人出於憤怒或憎恨，而發言反對某人，也許你的初步反應應該是同意和同情的那種。然後，一旦你已經得到那個人的信任，你能夠說，「但是…」。

二三四、人生五部曲

我走在街上，
人行道上有一個很深的洞，
我跌下去了。
我迷失了…
我是無助的，
它不是我的錯。
脫困出來花我很長的時間。

我走在街上，
人行道上有一個很深的洞，
我自以爲我沒有看見它，
我再掉下去。
我不相信我是在相同的地方，
但是，它不是我的錯。
脫困出來仍然花我很長的時間。

我走在相同的街上，
人行道上有一個很深的洞，
我看見它在那裡，
我仍然掉下去…它是一種習性。
我的眼睛是張開的，我知道我在那裡。
它是我的錯，

我立刻脫困了。

我走在相同的街上，
人行道上有一個很深的洞，
我繞過它。

我走另一條街道。

二三五、感恩

　　我們常把焦點放在我們一生不如意的情況，而不是如意的情況。雖然我們每個人都會面臨一些問題，當我們過份強調它們的重要性時，我們很容易開始以為我們是無能和無用的。這種自怨自尤使我們癱瘓，並阻止我們發展善的品質，並把它們與別人分享。

　　然而當我們看寬廣的景象時，我們能見到我們生活中有很多積極的事。我們歡喜我們活著，而且感恩我們目前所有的健康。我們也有食物（時常太多）、住所、衣服、醫藥、朋友、親戚和很多的好境遇。很多人讀這本書時住在和平的地方，而不是戰爭蹂躪的地方。很多人有他們喜歡的工作及他們感激的家人和朋友。我們不應該把這些視為理所當然。從精神的觀點，更重要地，我們正走在一條追求真理的大道上，有良師指導我們，有善友鼓勵我們，我們有真正的精神渴望和時間去修習這些。逐一想起這些好的條件，我們將充滿了喜悅，任何的

無能和無助感將消失無蹤。

二三六、母親

假如我們一直反覆輪迴再生，很明顯地我們需要很多的母親生下我們...引發菩提心的第一因是認知所有的眾生曾是我們的母親。

我們的母親在這一生所給我們的愛和仁慈是很難報答的。當我們是無能為力的嬰兒時，她忍受很多不睡的夜晚來照顧我們。她餵我們，並一直願意犧牲每件事情，包括她自己的生命，來照顧我們。當我們以她奉獻的愛做楷模，我們應該考慮每一個眾生在整個存在當中，都曾經用這種方式對待我們。每一隻狗、貓、魚、蒼蠅和人在無始過去的一些時候，都曾經是我們的母親，並給我們無法抵抗的愛和仁慈。這樣的想法應該引發我們真正的感恩。

假如從無始以來一直對我們很親切的眾生正在受苦，我們如何能夠讓自己僅是致力於追求自己的幸福和快樂呢？不顧別人正在受苦，去追求我們自己的幸福和快樂，是悲慘和不幸的。所以，很清楚地我們必須嘗試去解脫所有眾生的苦難。

二三七、抗憂鬱自然療法

　　一篇新的研究指出，暴露在友善的土壤細菌下，能夠如抗憂鬱藥一樣有效地增強免疫系統，並改善心情。

　　研究人員把老鼠暴露在無害的土壤細菌 Mycobacterium vaccae,之下，然後讓老鼠去做通常用來測試抗憂鬱藥的效力的一種行為的工作。

　　老鼠被放在一個大水杯五分鐘，然後觀看在牠們放棄之前，牠們能繼續游水和尋找出口多久。研究人員發現，曾暴露在此細菌下的老鼠，比對照的老鼠，繼續撩水更久。

　　「冒著擬人化之危險，你能說暴露在細菌下的老鼠，有更多活力的處理風格，」該研究的領導人英國布利斯托大學克利斯‧蘿莉說。

　　蘿莉接著說，吃抗憂鬱藥的老鼠也似乎更決心要逃避。這個發現在網路上由《神經科學》雜誌詳細登載。

人類實驗

　　這種新研究的結果很類似幾年前的一個醫學實驗，在該實驗中，癌症病人用這種細菌來治療，在他們生活的品質上有明顯的改善。

　　「M. vaccae 不再被用來治療癌症，因為它不會延長壽命，但是病人在活力、認知功能和減少痛苦上卻增加了，」羅莉告訴《生命科學》說。科學家仍然不知道 M. vaccae 如何改善心情。「我們不知道這種機制。那是我們不顧一切想要知道

的一些事情，」蘿莉說。

　　然而，研究人員懷疑這種細菌藉著促成免疫細胞釋放一種化學品 cytokines，間接影響腦部。

　　「我們知道這些 cytokines 活化神經，把身體的信號傳給腦部，」蘿莉接受電話訪談時說。

5—羥色胺連結

　　被刺激的神經，使腦部的一些神經元，釋放一種化學物叫5—羥色胺，到前額葉皮質，它是腦部中涉及心情規劃的地區。

　　「腦中只有很少量的神經元製造5—羥色胺，但是它們有大量的分枝投射到腦的每一個部份，」蘿莉說。

　　科學家認為腦部缺乏5—羥色胺是促使人們憂鬱的原因。以前的研究已經連結幼兒暴露在細菌下，得以避免過敏和氣喘。這個新發現採納這種觀念，稱這種「衛生學假說」更進一步，並認為暴露在此細菌下，不僅增強免疫系統，也改變我們對如憂鬱狀況的脆弱。

　　「這些研究幫助我們瞭解，身體如何與腦部溝通，及健康的免疫系統為什麼對維持心理健康是重要的，」羅莉說：「它們也使我們懷疑，是否我們不該花太多時間玩泥沙。」

二三八、有機蔬果

消費者指南————購買有機的蔬果、並避免「污穢的十二種蔬菜和水果

　　依照環境工作團體對傳統農產品中的殺蟲劑所做的四萬三千次試驗的資料分析，避免最被污染的食物，可以消除百分之九十以上食物中殺蟲劑的攝取。「污穢的十二種」中，最被污染的食物是桃子（百分之九十七測試殘留物呈陽性的），蘋果（百分之九十二測試殘留物呈陽性的），甜鐘形辣椒，芹菜，油桃，草莓，櫻桃，洋梨，進口葡萄，菠菜，萵苣，和馬鈴薯。

　　「一貫乾淨的」蔬果是洋蔥（百分之九十測試呈陰性的），鱷梨（百分之九十），甜玉米（百分之九十），鳳梨，芒果，蘆筍，香碗豆，彌猴桃，香蕉，甘藍菜，球花甘藍和番木瓜。

　　「聯邦農產品測試告訴我們，一些水果和蔬菜是如此可能被殺蟲劑污染，以致你總是應該買有機的及其他如此一貫乾淨的蔬果，你才能夠較少擔心吃它們，」環境工作團體的資深副總裁李查‧威里斯說。

為什麼你需要關懷殺蟲劑呢？

　　在科學界有逐漸增加的一致意見，少量的殺蟲劑和其他化學品能不利地影響人們，特別是在胎兒發展和幼兒的脆弱時期，暴露在殺蟲劑能導致長久而持續的效果。因為殺蟲劑的含

毒效果是令人煩惱的，沒有好好地被瞭解，或在一些個案中完全未被研究，聰明的消費者要儘可能減少暴露在殺害劑之下。

清洗和剝皮有幫助嗎？

幾乎所有用來列出這些名單的資料，已經考慮人們如何典型地清洗和準備農產品（例如，在測試之前，清洗蔬果，香蕉被剝皮）。雖然清洗和沖洗新鮮的農產品，也許減少一些殺蟲劑的量，但是它不能消除它們。剝皮也減少暴露，但是有價值的營養物時常隨著剝皮，從下水管流掉了。最好的選擇是吃不同的食物，清洗所有的農產品，和儘可能選擇有機蔬果，來減少暴露在可能有害的化學物之下的可能。

排名	水果或蔬菜	分數
1（最壞的）	桃子	100（殺蟲劑最高的負荷）
2	蘋果	89
3	甜鐘形辣椒	86
4	芹菜	85
5	油桃	84
6	草莓	82
7	櫻桃	75
8	洋梨	65
9	葡萄（進口）	65
10	菠菜	60
11	萵苣	59
12	馬鈴薯	58

13	胡蘿蔔	57
14	青豆	53
15	辣椒	53
16	黃瓜	52
17	木莓	47
18	梅子	45
19	葡萄（本國）	43
20	柳橙	42
21	葡萄柚	40
22	橘子	38
23	蘑菇	37
24	羅馬甜瓜	34
25	香蜜瓜	31
26	蕃茄	30
27	甘薯	30
28	西瓜	28
29	筍瓜	27
30	花椰菜	27
31	藍莓	24
32	番木瓜	21
33	球花甘藍	18
34	甘藍菜	17
35	香蕉	16
36	獼猴桃	14
37	香碗豆	11

38	蘆筍	11
39	芒果	9
40	鳳梨	7
41	甜玉米	2
42	鱷梨	1
43（最好的）	洋蔥	1（最低的殺蟲劑負荷）

二三九、有力問題的藝術

「假如我有一小時解答一個問題，而且我的生命仰賴這個答案。我將花最初的五十五分鐘決定適當的問題去問，因為一旦我知道適當的問題，我就能夠在五分鐘內解答這個問題，」艾伯特・愛因斯坦說。

有力問題的藝術

什麼時候是最後一次你參加一個會議而對自己說：「這完全是浪費時間！」它是昨天嗎？或甚至是幾小時以前呢？為什麼那個聚會覺得如此冗長呢？也許它是因為領導者在會議的開始問了錯誤的問題。或者是更糟的是，也許他們沒有問任何動人的問題，結果這個會議充滿了乏味的報告或其他形式的單項溝通，以致不能吸引人們的興趣或好奇。

我們所得到的知識的用處，和我們所採取行動的效力，仰賴我們所問的問題的品質。問題打開對話和發現之門。它們邀

請創造力和突破的思考。問題能夠引導關鍵議題的運動和動作；藉由產生創造的觀察，它們能啟動改變。

考慮這種可能性，即今天我們對我們世界所瞭解的每件事情的出現，是因為人們是好奇的。他們對於激起他們的興趣，或深深與他們有關的一些事情，明確地陳述一個問題或一系列的問題，引導他們去學一些新的事情。很多諾貝爾得獎者描述，當正確的問題揭露它自己，也是他們發現「有了！」的時刻，即使它花他們相當的時間去提出最後的答案。例如，愛因斯坦的相對論是由他仍是一位青少年時所懷疑的一個問題產生：「假如我以光速坐在光束的末端，宇宙會看起來像什麼呢？」

假如問適當的問題是如此的重要，為什麼我們多數人不花更多的時間和精力去發現和想出它們呢？理由之一，也許大多數的西方文明，特別是北美社會的那些，把焦點放在正確的答案，「而不是找出正確的問題！」我們的教育制度，比起尋求新的可能的藝術，把焦點放在記憶和機械性的答案更多。我們很少被問去發現令人嘆為觀止的問題，我們也沒有被教導為什麼我們首先應該問這樣的問題。隨堂考試、考試和性向測驗都加強正確答案的價值。我們大多數對不知道的事不舒適，這件事有任何懷疑嗎？

在我們的文化裡，厭惡去問創造的問題，被連接到強調發現應急之道，和執著於黑/白，只能二選一的思考。除此之外，我們生活和工作快速的步伐，不常提供我們機會去參與反照的會話，使我們在做成關鍵性的決定之前，能夠探測接觸反應的問題和創新的可能性。這些因素配上了流行的信念，即真正的工作主要是在於詳細的分析、立刻的決定和立刻的行動，

與下列的觀點相抵觸，即有效的知識工作由問深刻的問題、和就實質的議題主持廣泛的戰略談話所組成。

在我們的組織裡的報酬系統，進一步加深了這種困窘。領導者相信他們被付錢來解決問題，而不是促進突破的思考。

在我們很深的執著於答案，任何答案，和我們憂慮於不知道之間，我們不注意地阻撓我們為深的創造和清新的觀點的集體能力。不幸地，有鑒於我們在我們自己的組織，和做為一個全球的社區，所面臨的空前的挑戰，我們現在比以前更需要這些技術…。

要學習精心想出有力的問題的基本原理是十分容易的。然而，一旦你瞭解詢問的重要，要阻止是很困難的。當你的問題變得比以前更深廣，你生活的經驗也是如此。一個有力的問題也許會引導你到那裡是不明確的。